아산재단 연구총서 第345집

한국인의 공공봉사동기

- 세계적 보편성과 한국적 특수성 -

김 상 묵

집문당

머리말

결국은 사람이다. 훌륭한 정부를 만들고자 조직과 제도를 아무리 뜯어고쳐도 공무원들이 바뀌지 않으면 소용이 없고, 아름다운 사회를 만들고자 아무리 적절한 제도와 체제를 갖추어도 사회성원들이 변하지 않으면 성공할 수 없다. 제도나 법률도 잘 갖추어야 하지만 사람도 변해야 한다. 공공봉사동기(public service motivation)에 관한 연구는 아직 일천하지만, 오랜 인류 역사를 통하여 보편적으로 추구해 온 '더불어 잘 사는 사회를 만들려는' 인간의 노력과 맥을 같이 한다.

공공봉사동기는 공공가치 실현과 공익의 증진을 위하여 노력하려는 동기 또는 국가와 사회를 위하여 봉사하려는 성향을 의미한다. 공공봉사동기는 정도의 차이가 있을 뿐 누구나 가지는 인간의 보편적인 동기이며, 경험과 사회화를 통하여 증진될 수 있다. 세계의 많은 학자들이 주목하는 이유는 그것이 주는 긍정적인 영향 때문이다. 공공봉사동기는 개인을 변화시키고 정부를 발전시키며 좋은 사회를 만드는 열쇠가 될 수 있다.

이 책은 공공봉사동기의 세계적 보편성을 고려하면서도 한국인의 특성과 한국적 상황을 바탕으로 한국인의 공공봉사동기를 체계적으로 분석하고 설명하고자 한다. 먼저 국내외 선행연구에 대한 검토와 심층면접을 토대로 가설을 설정하고, 이를 검증하기 위한 다양한 경험적 연구와 분석 결과를 설명하였다. 책의 구성을 보면, 먼저 공공봉사동기 연구의 배경을 소개하고(제1장), 개념 구성과 측정방법을 설명하였다(제2장). 그리고 한국인의 공공봉사동기는 어떻게 형성되며(제3장), 어떤 영향을 미치는지(제4장), 다른 나라와 비교할 때 어느 정도 수준인지를 살펴보고(제5장), 이를 증진하기 위한 방안들을 모색하였다(제6장).

우리 모두는 알게 모르게 누군가에게 도움을 주며 또한 누군가로부터 도움을 받으며 살아왔듯이(제7장), 이 책 또한 무수히 많은 이들의 도움이 있었기에 빛을 볼 수 있었다. 미래의 독자를 포함하여, 이 책과 저자가 빚을 진 모든 이들에게 감사의 마음을 전한다. 그리고 이 책이 독자와 연구자들에게 조금이나마 도움이 될 수 있기를 소망한다.

2013년 3월

| 차 례 |

| 표 차례 |

제1장
연구의 배경

제1장 연구의 배경

“검은 바다가 천안함 46명의 용사를 집어삼켰던 2010년 3월. 차가운 바닷속으로 자취를 감춘 장병들을 구조하기 위해 침몰 당일부터 발 벗고 수색 작업에 나섰던 이가 있었다. 바로 해군 특수전여단(UDT)의 전설 고(故) 한주호 준위다. 한 준위는 2010년 3월 30일께 천안함 실종장병 수색 작업 도중 순직했다. 한 준위는 한 명의 장병이라도 더 구조하기 위해 하루에 몇 차례씩 수심 25m의 깊은 바다에 몸을 던졌다. 53세의 고령의 나이에 쉽지 않은 일이었다. 결국 한 준위는 잠수병 증세로 치료 중 순국했다.

그는 운명을 달리하기 전 아내와의 마지막 통화에서 “오늘 안으로 모든 실종자들을 책임지고 구조하겠다”고 말했다. 동료들에게도 “함수 객실을 전부 탐색하고 나오겠다”며 수색 작업에 남다른 정성과 열의를 보였다. 이 말이 유언이 될 줄 그 누구도 알지 못했다.”[1)]

““10m 높이의 거대한 쓰나미가 몰려옵니다. 마을 주민들은 어서 고지대로 피하세요.” 2011년 3월 11일 규모 9의 강진이 강타한 동일본 대지진 직후 일본 미야기(宮城)현 미나미산리쿠초(南三陸町). 젊은 여성

1) 이 인용문은 헤럴드경제 2010년 12월 27일자 “〈다시 돌아보는 인물 2010〉 한주호 준위” 기사의 일부.

의 다급한 외침이 마을 전체에 울려 퍼졌다. 엔도는 두 손으로 마이크를 꽉 잡고 필사적으로 방송했다. "엄청난 쓰나미가 오고 있습니다. 빨리, 빨리, 빨리 고지대로 대피하세요. 빨리 대피하세요." 침착하던 목소리가 절규로 변해 있었다.

오후 3시 15분, 쉴 새 없이 반복되던 안내방송이 갑자기 끊겼고, 시커먼 바닷물이 시가지를 삼켰다. 방재대책청사 건물에서 최후까지 마이크를 쥐고 대피방송을 하던 공무원 엔도 미키(遠藤未希, 당시 24세). 시커먼 바닷물이 섬뜩한 소리를 내면서 방파제를 타 넘은 뒤 마을을 닥치는 대로 집어삼켰다. 청사 건물에 있던 직원 30여 명 중 10명만 살아남았다. 생존자 중 엔도의 모습은 보이지 않았다. 절체절명의 순간까지 몸을 돌보지 않고 주민을 구하려던 엔도는 쓰나미에 휩쓸린 지 43일 뒤인 지난해 4월 23일 시신으로 발견됐다. 이곳 주민들은 확성기를 통해 전해지던 그녀의 음성을 '천사의 목소리'라고 부른다."[2)]

위의 사례에서 볼 수 있는 바와 같이, 우리는 종종 주변에서 국가와 국민을 위하여 자발적으로 봉사하거나 자신을 희생하는 사람들을 보고 그들의 헌신과 희생에 감동하기도 한다.[3)] 누구에게나 자신의 생명과 재산은 소중하며, 사람들은 평생 동안 오직 자신의 개인적 이익을 증진하고자 살아간다고 해도 과언은 아니다. 그럼에도 역사를 되돌아보면 많은 사람들이 손해를 보고, 때로는 생명을 희생하면서까지 국가와 사회를 위하여 헌신해 왔기에 인류사회가 발전해 왔다고 볼 수 있을 것이다. 임진왜란 때 나라를 지키고자 전국 각처에서 일어났던 의병이나 한국전쟁 당시 군인이 아님에도 자원하여 입대한 학도

2) 경향신문 2012년 1월 28일자 "쓰나미 대피방송 '천사의 목소리'… 일본 교과서 부교재에 실린다" 기사의 일부를 편집한 것이다.

3) 이 장의 내용은 다음 논문을 토대로 작성된 것이다.
김상묵. 2012. 유학사상과 공공봉사동기와의 관계. 『한국정책연구』, 12(2): 79-96.

병, 그리고 4・19 민주혁명이나 7~80년대 민주화운동에 참여한 수많은 시민들도 개인적 이해관계가 아닌 국가와 사회의 공공선(公共善)을 위하여 기꺼이 개인적 희생을 감수하고자 하였다. 한편, 우리나라에서는 예부터 공직수행 능력과 청렴, 근검, 도덕, 경효(敬孝)와 인의(仁義) 등의 덕목을 겸비한 맑고 깨끗한 청백리를 칭송하고, 또한 본받고자 해왔다.[4] 그뿐만 아니라 지역사회의 일을 내 일처럼 여겨 지역이나 이웃을 위하여 자발적으로 봉사하고 헌신하는 이웃들도 자주 볼 수 있다. 이처럼 국가와 사회를 위하여 자발적으로 봉사하거나 희생하는 사람들은 사리사욕에 눈이 어두워 자신의 영달과 이익 추구에만 관심이 있고 온갖 부정과 비리를 저지르는 사람들과는 뚜렷하게 구분된다. 그럼, 왜 어떤 사람들은 사회와 국가를 위하여 자신을 기꺼이 희생하고자 하는가? 왜 어떤 사람들은 자기 자신보다는 이웃과 사회를 위하여 봉사하고자 하는가? 이에 대한 해답을 찾고자 개발된 개념이 공공봉사동기(公共奉仕動機; public service motivation)이다. 즉, 국가와 사회를 위해 봉사하려는 성향이라고 할 수 있다. 사례를 하나 더 들어보자.

> "지난 2007년 12월 7일, 검은 기름이 태안반도를 덮쳤다. 삼성중공업 해상크레인 예인선과 홍콩 선적 유조선 허베이 스피리트호가 충돌해 원유 1만 2,547*kl*가 바다로 쏟아졌기 때문이다. 태안의 바다는 푸른빛을 잃고 검은빛으로 둔갑했다. 하지만 지금, 태안 앞바다는 다시 청정해역으로 돌아왔다.
>
> 지금까지 116만 명이 넘는 자원봉사자들이 태안반도를 찾았다. 한반도 역사상 최악의 기름유출 사고에 모두 한마음으로 태안을 살리기

---

4) 네이버 백과사전, 청백리(淸白吏) 참조(2012년 5월 26일 검색).

위해서였다. 고사리 손도, 장애인도, 외국여행 대신 달려온 젊은이도, 70대의 노부부도 하나가 돼 태안반도를 덮은 검은 기름 덩어리를 걷어냈다. 조약돌을 닦고 또 닦았다. 열정에 추위도 멀리 도망갔다. 바위도, 갯벌도, 모래사장도 하나둘 제 색깔과 모습을 드러내기 시작했고 바닷물도 하얀 포말을 몰고 왔다. 주민들의 '검은 절망'도 희망으로 바뀌기 시작했다. 많은 도움의 손길로 이제 태안에 드리운 검은 기운을 찾을 수가 없다. 수많은 자원봉사자의 땀이 만들어낸 '태안의 기적'이다."[5)]

태안반도에 기름유출 사고가 나자 전국 각지에서 생업을 팽개치고 달려와, 인체에 유해할 수도 있는 상황에서 기름을 제거하는 힘든 일을 자처한 많은 국민들은 어떻게 설명할 수 있을까? 공공봉사동기를 연구하는 학자는 다음과 같이 풀이한다. 자원봉사자들은 기름으로 범벅이 된 태안반도의 아름다운 해안과 큰 피해를 입은 태안주민들에 대하여 마치 내가 당한 아픔인양 안타까운 마음에, 경제적인 손해를 기꺼이 감수하면서 빨리 기름을 제거해야 한다는 사명감으로 현장에 가 열심히 봉사활동을 하였다. 이처럼 많은 자원봉사자들이 움직인 것은 기름유출 사고로 인해 이들의 공공봉사동기가 고양된 때문이라고 본다. 즉, 피해를 입은 국토와 국민의 안타까움을 자신의 처지로 받아들이고(동일시 동기), 피해를 빨리 복구하여야 한다는 일념에서(가치기반적 동기), 손해를 감수하면서도(자기희생), 복구활동에 참여하도록(수단적 동기) 자원봉사자들을 움직인 것이 바로 공공봉사동기라고 해석할 수 있다.[6)]

---

5) 서울경제 2007년 12월 18일자 사설, "자원봉사자가 이룬 '태안반도의 기적'" 각색. 태안군청 홈페이지의 유류유출사고에 대한 자료 참조. http://www.taean.go.kr/html/kr/info/info_05_03_t17.html.

6) 미국 대학생들을 대상으로 한 조사에서도 공공봉사동기가 높은 사람들은 자선(慈

한 가지 사례를 더 들어 보자.

> "정부는 1997년 11월 21일 "외환위기 타개를 위해 국제통화기금(IMF)에 200억 달러 규모의 구제금융 지원을 공식 요청했다"고 발표했다. 국내 외환시장에서 달러화가 크게 부족해지자 환율이 폭등했고, 일부 금융기관들이 외채를 갚을 수 없는 위기 상황에 빠져 정부는 긴급하게 IMF에 지원을 요청하게 되었다. 이런 백척간두(百尺竿頭)의 위기에서 국민들은 '금모으기 운동'으로 부족한 외환(달러)을 메우고자 했다. 제2의 국채보상운동이라 불렸던 금모으기 운동에 서민들은 장롱 속에 있는 금을 기꺼이 내놓으면서 동참했다. 당시 모두들 고통 받는 속에서도 김대중 대통령 당선인의 호소에 따라 무려 351만 명이 자발적으로 자신이 소유하던 금을 기부해 약 227t의 금을 모았으며, 이러한 금모으기 운동은 한국경제에 대한 국제사회의 긍정적 평가를 이끌어 내는 데 도움을 주었다. 당시 한국은행의 금 보유량은 10여t에 불과하였다."[7]

이러한 국가적 위기상황에서 조금이나마 도움을 주고자 많은 국민들이 금모으기 운동에 참여하였다. 왜 이들은 자신의 금을 내놓았을까? 물론 이를 강한 애국심 때문이라고 단순하게 해석할 수도 있다. 하지만 조금 더 분석적으로 보면, 금모으기 운동에 자발적으로 참여한 국민들은 국가적인 차원의 외환위기를 마치 자신의 일처럼 여기고(동일시 동기), 국가적 위기를 극복하는 것이 시급하다고 판단하고(가치기반적 동기), 비록 자신에게는 경제적 손해를 초래하지만(자기희생), 자

善)활동에 참여하는 경향이 높다고 한다(Clerkin, Paynter, & Taylor, 2012).

7) 권순철. 〔그때 그 장면〕 금모으기 운동. 주간경향 752호(2007년 12월 4일자); 백학순. '우리' 정체성의 회복. 경향신문 정동칼럼 기사(2013년 1월 9일자, 31면).

신이 보유하고 있던 금을 기꺼이 기부하고자(수단적 동기) 하였다. 따라서 당시 금모으기 운동에 참여한 국민들의 공공봉사동기 수준이 높았다고 해석할 수 있다.

공공봉사동기는 "공공가치 실현과 공익의 증진을 위하여 노력하려는 동기"라고 볼 수 있다. 이는 타인지향적(other oriented) 동기이다(Brewer, Ritz, & Vandenabeele, 2012). 즉, 국가와 사회를 위하여 봉사하려는 욕구이다. 공공봉사동기는 인간이 가지는 욕구 가운데 하나이다. 사람들은 여러 가지 다양한 경쟁적인 욕구들을 가지고 있고, 욕구를 충족시키려는 열망은 행동에 영향을 미친다. 이론가들이나 연구자들은 인간의 욕구구조를 규명하고자 노력하며, 이러한 욕구가 다양한 상황에서 어떻게 행동에 영향을 미치는지를 설명하고자 노력한다. 공공선을 위한 활동은 공공봉사동기를 가진 사람의 욕구를 충족시킨다. 공공봉사동기는 사람들로 하여금 자신의 개인적 욕구를 충족시키기 위하여 공공선을 증진하는 활동을 하도록 유도한다(Wise, 2000). 이처럼 공공봉사동기는 이타주의(altruism)나 친사회적 행동(pro-social behavior)과 같은 개념과 동일하지는 않으나, 이와 유사한 타인중심적 지향성을 반영하고 있다(Perry, 2011).

공공봉사동기는 원래 민간부문 종사자들의 동기와는 구별되는 공무원들의 독특한 동기를 설명하기 위하여 미국에서 개발된 개념이다(Perry & Wise, 1990). 미국에서는 민간부문에 취업하는 것이 봉급도 많고 승진 기회도 많은데, 왜 어떤 사람들은 민간의 좋은 일자리를 마다하고 굳이 공무원이 되고자 하는가? 공공봉사동기 이론에서는 이를 설명하고자 공사 부문 종사자들은 서로 상이한 가치 및 욕구체계를 가지고 있다고 가정한다. 물론 모든 공공부문 종사자들이 높은 수준의 공공봉사동기를 가지고 있다고 말하는 것은 아니며, 공공봉사동기를 가진 사람들이 다른 물질적 욕구를 가지고 있지 않다는 것도 아니다. 일반적으로 공공부문 종사자들은 공익을 위해 봉사하려는 윤리의식이 강하고, 공직(公職)을 단순히 직업으로 인식하기보다는 공공봉사에 대한 소명으로 인식하는 경향이 있으며, 민간부문 종사자들에 비하여 국가와 사회를 위해 봉사한다는 자부심과 일 자체를 통하여 얻는 내재적 만족을 추구하는 경향이 많을 것이라고 가정한다. 즉, 민간부문 종사자들은 금전적 수익이나 승진과 같은 외재적 보상을 보다 더 추구하지만, 공무원과 공공부문 종사자들은 이들과는 달리 업무수행을 통해 얻는 만족감과 보람 같은 내재적 보상을 보다 더 추구할 것이라고 본다.

실제 영국의 조사결과를 보면, 민간부문에서 공공부문으로 직업을 옮긴 사람들은 남녀 모두 전반적인 직무만족 수준과 담당 업무 자체에 대한 만족 수준이 모두 상당히 증가하였다고 하며 공공봉사동기는 공공부문에서 직업을 선택하도록 하는 동기요인이 될 수 있다고 한다(Georgellis & Tabvuma, 2010).[8] 또한 정부의 업무 자체도 공공봉사에 초점을 두고 있으며, 공공조직은 기본적으로 공공봉사의 가치와 동기를 증진하는 데 관심이 있다고 볼 수 있다. 미국의 민간기업과 공공기관의 중간관리자들이 어떤 보상을 추구하는지를 비교하면서, Rainey(1982)는 공공봉사동기의 개념을 명시적으로 언급하지는 않았으나 다른 사람들을 돕고 공공선을 이루려는 의지가 민간부문보다 공공부문에서 보다 강한 동기요인으로 작용하고 있다는 것을 경험적 연구를 통하여 입증하였다. 그 후 1990년에 합리적 선택이론(rational choice

8) 일부 학자들은 공사 부문 종사자 간에 경제적 보상체계에 대한 선호도의 차이는 존재하지 않을 뿐만 아니라 공공봉사 윤리에 대한 인식도 유의미한 차이가 없다고 주장하기도 한다(Gabris & Simo, 1995; Maidani, 1991).

theory)에 대칭되는 개념으로, 공공봉사동기는 "공공조직에서 중요하게 나타나는 동기에 부응하려는 개인의 성향"이라고 정의되었다(Perry & Wise, 1990: 368). 합리적 선택이론(合理的 選擇理論)에서는 사람들이 자신의 효용가치(이익)를 최대화하는 방향으로 의사결정을 한다고 가정하지만, 공공봉사동기 이론에서는 사람들의 의사결정과 행동은 보다 나은 사회를 만들려는 희망, 즉 다른 사람들을 도와서 그들의 상황을 개선하려는 희망과 연관되어 있다고 본다.

공공부문의 경우 공익지향적인 조직의 사명과 목적으로 인해 정부 및 공공기관은 전반적으로 공공봉사 욕구를 충족시킬 수 있는 기회를 보다 많이 제공한다. 이로 인해 공공봉사동기를 우선적으로 고려하는 사람들은 공공부문에서 일하고자 희망할 것으로 여겨진다. 더욱이 정부가 공공봉사동기에 가치를 부여하게 되면, 정부기관의 조직문화는 공공봉사동기를 보다 함양하고 강화할 것이라고 예상할 수 있다(Wise, 2000). 그동안 여러 연구성과를 통하여 미국뿐만 아니라 여러 나라에서도 공공부문 종사자들은 민간기업 종사자들에 비하여 일 자체를 통한 보람, 성취감 등 내재적 만족을 추구하는 경향이 높으며, 공공봉사동기 수준도 높다는 사실을 경험적으로 발견하였다(Perry, Hondeghem, & Wise, 2010).

그런데 이후 미국뿐 아니라 유럽과 아시아 등에서도 공공봉사동기에 대한 연구가 활발하게 수행되면서 공공봉사동기가 공무원들이 주로 가지는 동기인지에 대한 의문이 제기되었다. 특히 미국과는 다른 공무원제도를 가진 나라들의 경우에는 개인이 원한다고 항상 공무원이 될 수 있는 상황이 아니며, 공직이 국민의 존경을 받지 못하는 경우에는 공공봉사동기가 높은 사람들이 공직 이외의 다른 직업을 선호할 수도 있다. 또한 이러한 동기가 굳이 직업적 차원에서만 나타나고 개인 생활에서는 나타나지 않는다고 할 수도 없다. 예를 들면, 비영리 조직이나 자원봉사단체에서 활동하는 사람이나 정부와 계약을 맺고 일하는 사람, 민간기업에서 근무하는 사람 또는 순수한 자유의지를 가진 일반 시민 등 여러 사람들도 각기 다른 주어진 상황에서 저마다 국가와 국민을 위하여 그리고 공공복리 증진을 위해 중요한 역할을 수행할 수 있다(Brewer, 2011). 따라서 공무원인지 아닌지와 같은 직업 요건은 공공봉사를 위한 전제조건이 될 수 없다. 다양한 상황에서 많은 사람들이 다른 사람들을 돕고 공공선과 공익을 증진하고자 노력한다. 공무원이든 아니든, 직업과 관계없이 공공봉사를 할 수 있는 것이다. 따라서 공공봉사동기는 개인적 특성에 대한 개념이지, 특정한 분야나 직업에 국한된 개념은 아니라고 보는 것이 보다 타당하다.

이러한 공공봉사동기 수준은 민간부문 종사자보다 공공부문 종사자가 높을 것이라고 가정할 수는 있다. 하지만, 공공봉사동기(public service motivation)는 공공부문의 동기(public sector motivation) 또는 공무원의 동기(public employee motivation)와는 분명한 차이가 있다(Brewer, 2002; Brewer, Ritz, & Vandenabeele, 2012; Pandey, Wright & Moynihan, 2008).[9] 통상 민간부문 종사자들은 공공부문 종사자들에 비하여 상대적으로 금전적 보상에 대한 욕구가 강하지만 공공부문 종사자들은 내

9) 공공봉사동기는 부문(sector) 또는 영역에 특정한 개념이 아니다. 만약 정부조직이나 공공부문에만 해당하는 동기라면, 이를 공공부문의 동기(public sector motivation)라고 부르는 게 타당하다. 공공봉사동기는 "공익(public good)을 위한 봉사와 관련된 동기"를 의미하고, 공공부문의 동기는 직원(공무원)을 이끌고자 정부조직이 제공하는 일련의 보상을 의미한다. 여기에는 신분보장, 연금, 승진, 교육훈련 기회, 일-가정 양립 가능성, 전반적인 삶의 질에 대한 인식, 흥미 있는 업무 등 다양한 동기요인들이 포함된다(Brewer, Ritz, & Vandenabeele, 2013; Perry & Hondeghem, 2008). 따라서 공공봉사동기는 공공조직에서 보다 많이 나타난다고 예상하지만, 공공부문이든 민간부문이든 관계없이 두루 나타난다고 볼 수 있다 (Houston, 2011).

재적 보상에 대한 욕구가 민간부문 종사자들보다 강할 것이라고 가정할 때, 공공부문 종사자들은 높은 수준의 공공봉사동기를 가지기 때문에 공공정책 추진이나 행정업무수행으로 인한 만족도나 성취감·보람 등 내재적 만족도가 클 것이라고 예상할 수 있다. 하지만 공공부문의 경우에도 공공봉사동기와는 무관한 신분보장, 연금, 권력, 사회적 지위 등 여러 가지 외재적 보상이 많기 때문에 공무원이 되고자 하는 지원자들이 많은 편이다. 하지만, 만약 공공부문과 민간부문에서 정년보장 등 다른 모든 조건이 동일하다고 가정한다면 공공부문으로 진출하고자 하는 사람들은 민간부문으로 진출하려는 사람들과는 다르게 국가와 사회를 위해 봉사하려는 어떤 특징이나 속성을 지니고 있을 것이라고 가정할 수 있다. 아무런 금전적 보상이 없어도 다른 사람들을 꾸준하게 돕는 자원봉사자 또는 다른 사람의 위급한 상황을 보고 자기 자신을 희생하는 의인과 같은 경우에도 공공봉사동기 수준이 높다고 예상할 수 있다. 따라서 직업이 무엇이든지, 하는 일이 무엇이든지 관계없이 누구나 높은 수준의 공공봉사동기를 가질 수 있다.[10] 일반적으로 금전적 보상보다는 내면적 만족을 중시하는 사람들의 공공봉사동기 수준이 높다고 여겨지고 있다.

공공봉사동기가 공공부문에만 적용된다고 보기 어려운 다른 이유는 공공부문과 민간부문 간의 경계가 점점 더 모호해지고 있을 뿐만 아니라, 조직의 목표와 업무도 공사 부문 간에 서로 겹치는 경우도 많아지고 있기 때문이다(Wise, 2000). 공공부문 종사자들은 민간부문

10) 미국 대학생들을 대상으로 직업 선택 의사를 조사한 결과, 강한 공공봉사동기를 가진 사람들은 공공부문이든 민간부문이든 부문과는 관계없이 타인에 대한 서비스를 많이 하는 업무를 담당하려는 경향이 강하다고 한다(Christensen & Wright, 2011).

종사자들이 하는 업무와는 전혀 다른 업무를 수행하기도 하지만, 두 부문 모두 서로 유사한 업무를 수행하는 경우도 많다. 또한 많은 사람들이 비영리조직 또는 자원봉사단체에서 일하는데, 이들은 높은 수준의 공공봉사동기를 가지고 있으며 여러 가지 중요한 친사회적 활동을 하고 있다(Brewer, 2011). 최근 연구 결과에서는 공공봉사동기가 민간부문에도 적용 가능할 뿐만 아니라(Steen, 2008), 공공봉사동기의 영향 정도는 공사 부문 간 차이보다는 조직의 공공성(publicness) 정도에 보다 의존하고 있다고 한다(Moynihan & Pandey, 2007).[11] 이처럼 연구의 범위가 확대되고 연구성과가 축적되면서 공공봉사동기를 교육과 경험을 통해 개발 가능한 인간이 가진 보편적 심성(心性)으로 이해하려는 경향이 보다 확산되고 있다(Brewer, 2011; Brewer, Ritz, & Vandenabeele, 2012; Kim & Vandenabeele, 2010; Perry & Hondeghem, 2008).

공공봉사동기에 대한 최초의 연구(Perry & Wise, 1990)는 미국에서 시작하였으나, 미국 이외의 여러 국가에서도 이 개념이 매우 유용하다는 사실을 발견하였다. 이처럼 공공봉사동기가 광범위한 세계적 관심을 끈 이유 가운데 하나는 공공봉사 윤리에 대한 인류의 오랜 신념과 관심 때문이라고 볼 수 있다(Horton, 2008). 그동안 이러한 신념과 관심에 대한 개념화 및 정교화가 이루어지지 않았으나, 이제 공공봉사동기라는 개념을 바탕으로 공공봉사 윤리에 대한 이론화 및 체계화가 가능하게 되었다. 공공봉사 윤리의 중요성은 국적을 불문하고 학

11) 동일한 업무를 수행하는 사람들은 공공부문에 종사하든지 민간부문에 종사하든지 공공봉사동기 수준에는 차이가 없다고 한다. 덴마크 물리치료사들을 대상으로 조사한 결과, 공립병원이나 민간병원에서 근무하는 물리치료사 간에는 공공봉사동기 수준의 차이가 나타나지 않았다. 단지 민간병원 물리치료사들은 환자 개개인에게 잘하려는 동기가 보다 강한 반면, 공립병원 물리치료사들은 일반적인 공익과 연계된 동기 수준이 높고 동정심 수준이 높다고 한다. 이처럼 고용 부문에 따라 이타적 행동의 대상은 달라질 수 있다(Andersen, Pallesen, & Pedersen, 2011).

자들이 국제적으로 공공봉사동기를 측정하고 평가하려는 노력을 기울이도록 유도하고 있다.

공공봉사동기는 단지 정도의 차이가 있을 뿐이지 누구나 가지는 인간의 보편적인 동기라고 할 수 있다. 어떤 직업을 가지든지, 어디에서 생활하든지, 무슨 일을 하든지 관계없이 이웃과 사회를 위하여 좋은 일을 하고자 노력한다면 그 사람의 공공봉사동기 수준이 높다고 볼 수 있다. 공공봉사동기가 높은 사람일수록 국가와 사회를 위하여 자신의 사리사욕을 억제할 줄 알며, 주변의 어려운 사정에 공감하고 국가와 국민을 위하려는 애국심이 강하다고 볼 수 있다. 또한 공익과 공공가치 증진을 통하여 보다 나은 사회를 만들려는 의지가 강하며, 실제로 국가와 사회의 발전을 위해 공직에 진출하거나 정책과정 또는 지역사회활동에 참여하고자 노력할 것으로 예상된다. 따라서 한 사회의 공공봉사동기 수준이 높을수록 개인이나 집단 간 이해관계 충돌이나 여러 양태의 사회적 갈등을 보다 원만하게 해결하며 이해관계가 첨예한 정책이슈에서도 사회적 합의를 보다 용이하게 도출할 수 있을 것으로 예상된다. 국민들의 공공봉사동기 수준이 높아짐에 따라 사회가 보다 성숙할 것이고, 공무원의 공공봉사동기 수준이 증진될수록 정부의 성과가 높아질 것이라고 기대할 수 있다.

우리나라는 오랜 역사를 가지며 독자적인 문화를 형성하여 왔다. 우리는 나라가 위기에 처했을 때나 잘못된 나라를 바로잡기 위하여 분연히 떨치고 일어난 역사를 가지고 있으며, 품앗이와 두레 등과 같은 공동체의 연대를 통해 이웃의 아픔을 나의 아픔처럼 여기고 서로 도왔던 무수히 많은 사례들을 기억하고 있다. 또한 유교적 가치를 바탕으로 한 우리나라의 집단주의적 문화는 외국의 개인주의 문화와는 대비되는 여러 특성을 가지고 있다(조태준·윤수재, 2009; Hofstede, 1991).

그러므로 고유한 문화와 역사적 전통을 가진 한국인의 공공봉사동기는 외국과는 다른 특성을 지닐 것으로 예상되지만, 한편으로는 공공봉사동기는 인간이 가진 보편적인 심성이므로 외국의 경우와 유사한 특성을 지닐 것으로 생각되기도 한다. 따라서 공공봉사동기의 세계적 보편성을 고려하면서도, 한국인의 특성과 한국적 상황을 바탕으로 한국인의 공공봉사동기를 보다 체계적으로 분석하고 설명하고자 한다.

제2장
공공봉사동기란 무엇인가?

제1절 공공봉사동기의 개념
제2절 유학사상과 공공봉사동기
제3절 공공봉사동기의 측정방법
제4절 맺음말

제 2 장 공공봉사동기란 무엇인가?

제1절 공공봉사동기의 개념

공공봉사동기의 개념 정의는 다양하게 이루어지고 있으나 기본적인 맥락은 유사하다.[1] 먼저 Perry & Wise(1990: 368)는 공공봉사동기(public service motivation)를 "정부기관과 공공조직에 고유한 또는 이에 우선적인 기반을 둔 동기에 대응하려는 개인의 경향"이라고 이해한다.[2] 이 정의는 민간부문과는 성격이 다른 공공부문에 근무하는 사람들이 가지는 독특한 특성에 초점을 두고 있다. 여기에서 동기라는 용어는 개인이 제거하려는 충동을 느끼는 심리적 결핍 혹은 욕구라는

1) 이 장의 내용은 다음 논문을 토대로 작성된 것이다.
김상묵. 2012. 유학사상과 공공봉사동기와의 관계. 『한국정책연구』, 12(2): 79-96.

2) 영어로 'public service'란 용어는 (1) 한 사회나 공동체의 모든 구성원들을 위하여 정부가 제공하는 의료, 교통, 쓰레기 수거 등 다양한 공공서비스 또는 공공사업, (2) 여러 사람들을 위하여 힘쓰는 사회봉사 또는 공공봉사, (3) 공무원, 공직 등 다양한 의미를 지닌다. 또한 'motivation'이란 용어는 자극, 동기, 동기 유발, 동기부여 등으로 번역되며, "소망하는 목표를 달성하려는 행동을 하도록 자극하고, 이러한 목표지향적 행동을 유도하고 통제하고 지속하도록 만드는 심리적 특성"을 의미한다(Wikipedia, 2013년 1월 13일 검색).

의미로 사용된다. 동기는 사람들이 특정 행동을 하도록 유도한다. Brewer & Selden(1998: 417)은 공공봉사동기를 "개인이 의미 있는 공공봉사를 하도록 조장하는 동기부여적 영향력"이라고 설명한다. 그리고 Rainey & Steinbauer(1999: 23)는 공공봉사동기를 "공동체, 국가, 국민 또는 인류의 이익을 위해 봉사하려는 일반적인 이타적 동기"라고 정의한다. 공공봉사동기는 "사적인 이익이나 조직의 이익이 아니라 보다 큰 정치적 실체의 이익에 관심을 기울이고 적절한 행동을 하도록 동기를 부여하는 신념, 가치 및 태도(Vandenabeele, 2007: 547)", 또는 "다른 사람을 위하여 선행(善行)을 하거나 사회의 안녕에 기여하려는 의도를 가진 공공영역에서의 동기와 행동(Perry & Hondeghem, 2008: 3)"이라고 정의하기도 한다. 이처럼 공공봉사동기에 대한 개념정의 자체는 학자들에 따라 약간씩 차이가 있으나, 공익(公益)에 대한 헌신, 타인에 대한 봉사, 그리고 자기희생과 같은 특징들이 공공봉사동기의 기초라고 보는 데에는 이의가 없을 것이다(Houston, 2006).[3)]

공공봉사동기는 여러 가지 의미를 포괄하는 다차원적인 개념으로 이해할 수 있다. Perry & Wise(1990)는 공공봉사동기 개념을 합리적(rational), 규범적(norm-based), 정서적(affective) 동기라는 3가지 차원으로 구분하고 있다. 합리적 차원은 개인적인 효용극대화에 기반을 둔 행동을 포함하고, 규범적 차원은 규범을 따르려는 노력에 의해 초래된 행동을 의미한다. 마지막으로 정서적 차원은 다양한 사회적 상황에 대한 감정적 대응에 기초한 행동을 뜻한다.

3) Lee(2010)는 공공봉사동기 개념에 대한 정의를 시기별로 고찰하여, 제1기의 정의는 공사 간 구분에 초점을 두며(Perry & Wise, 1990), 제2기에서는 인간의 일반적·이타적인 동기라는 점에(Rainey & Stainbauer, 1999), 그리고 제3기는 공동체의 이익, 자기희생에 초점을 두고 있다고(Vandenabeele, 2007; Kim & Vandenabeele, 2010), 그 특징을 구분하고 있다.

합리적 차원은 합리성을 추구하는 개인이 정책과정에의 참여를 통하여 자신의 효용을 극대화하고자 노력한다는 것을 나타낸다(이근주·이혜윤, 2007). 이는 정책과정에 참여하여 사회적으로 의미 있는 일을 수행하고자 하는 동기로, 여기서 극대화하고자 하는 효용은 자연인으로서의 사적 이익이 아니라 국민을 위한 봉사가 개인적 가치로 전환된 효용이라고 볼 수 있다. 합리적 동기는 공공성의 원칙을 갖고 좋은 정책을 만드는 데 참여하려는 개인의 열망, 정책형성과정에의 참여를 통한 자존감의 실현, 정책참여를 통한 개인적 욕구의 충족, 선호하는 정부프로그램에 대한 헌신, 특정 집단을 위한 이익의 주창(主唱) 등과 관련이 있다. 규범적 차원은 공공선을 증진시키고 공동체에 속한 시민으로서의 의무를 성실히 수행하고자 하는 동기이다. 규범적 동기는 공익(公益)을 위해 봉사하려는 열망, 애국심, 국가에 대한 충성과 의무, 사회적 형평성을 증진하면서 서비스를 효율적이고 경제적으로 제공하는 것 등과 관계가 있다. 정서적 차원은 정부 프로그램의 사회적 중요성에 대한 확신을 바탕으로 정부 프로그램에 헌신하는 것과 박애의 애국심(patriotism of benevolence), 체제 가치와 타인에 대한 애정, 인간에 대한 감정적 반응, 타인을 위해 희생하려는 의지 등과 관련이 있다. 박애의 애국심이란 국민 모두에게 공식적으로 부여된 모든 기본권이 보호되어야 한다는 의미에서 모든 사람에 대한 광범위한 애정을 의미한다(Frederickson & Hart, 1985).

요약하면 다양한 합리적, 규범적, 정서적 동기가 공공봉사와 우선적으로 혹은 배타적으로 연관되어 있다고 본다. 공공봉사동기가 개인적인 효용극대화를 나타내는 경우는 극히 적지만, 공공정책과정에의 참여, 개인적인 이념에 부합하는 정부 프로그램에의 헌신, 특정 이익에 대한 주창 등은 분명히 성격상 합리적이다. 공공봉사동기는 대체로 공익을 위해 봉사하려는 열망, 의무와 국가에 대한 충성, 사회적 형평성 등 규범적 지향성과 연계되어 있다. 공공봉사동기의 정서적 측면은 상대적으로 소홀히 취급되어 왔지만, 박애의 애국심과 같은 동기는 개인의 감정적 상태에 기반을 두고 있다고 여겨진다. 이러한 논의를 바탕으로 Perry & Wise(1990)는 공무원의 공공봉사동기가 증가할수록 공직에 머물려는 경향이 증가할 것이고, 정부조직에서 공공봉사동기는 성과에 긍정적인 영향을 미치고, 공공봉사동기 수준이 높은 공무원들이 선호하는 정부조직은 공무원의 성과관리 시 공리주의적 인센티브에 보다 덜 의존하는 경향을 갖는다고 주장한다. 즉, 공공봉사동기 수준이 높은 사람은 공무원이 되려는 경향이 높고, 공무원이 된 후의 직무성과도 높다고 예측할 수 있다.

또한 Brewer, Selden, & Facer(2000)는 공공봉사동기에는 한 가지 개념만 있는 것이 아니라 사마리아인, 공동체주의자, 애국자, 인본주의자라는 네 가지 상이한 개념 유형이 함께 존재한다고 주장하였다. 사마리아인(Samaritans)은 사회 내 도움이 필요한 불우한 이웃과 약자를 돕는 일에 주로 동기부여가 되어 있으며, 공동체주의자(communitarians)는 민주시민으로서의 책임감과 공공봉사 의식에 의해 동기부여가 되고, 애국자(patriots)들은 공익 또는 국익과 같은 보다 높은 차원의 선을 위한 행동에 고무된다. 또한 인본주의자(humanitarians)들은 사회정의를 실현하기 위한 열망에 의해 동기부여가 된다고 한다. 사마리아인은 다른 사람들에게 관심을 가지고, 공동체주의자는 자신들의 공동체에, 애국자는 국가에, 그리고 인본주의자는 인류에 대하여 관심을 가진다. 이러한 모든 유형에는 공공봉사동기와 동일시되는 핵심 가치가 있다. 여기에는 국민에 대한 봉사, 사회적 책임성과 시민으로서의 책무, 공익과 국익, 자기희생이 포함된다. 이러한 유형들의 공통적이면서 우선적인 동기는 국민에 대한 봉사, 사회의 발전에 대한 기여, 개인적·사회적 형평성에 대한 추구라고 볼 수 있다. 아울러 정치와 정책 결정에 대한 관심은 공공봉사동기의 개념 유형 가운데 어느 유형의 특징에도 해당되지 않는다는 점을 발견하였다.

미국에서는 이러한 가치의 대부분이 미국 헌법을 지탱하는 가치들에 그 근원을 두고 있다고 여겨지지만, 다른 나라에서도 유사한 가치들이 존중되고 있다(Horton & Hondeghem, 2008). 네덜란드와 프랑스에서도 공공봉사동기와 유사한 개념이 확인되었으며(Vandenabeele & Hondeghem, 2005), 캐나다에서는 이를 '공공선의 윤리(the ethics of the common good)'라고 부르는데, 이 윤리의 핵심은 사익에 근거하지 않고 법적 규칙에 기반을 두는 사심(私心)이 없는 행동이라고 한다(Chanlat, 2003). 영국에서는 이를 '공공봉사 기풍(public service ethos)'이라고 한다. 공공봉사 기풍의 핵심 요소는 책무성, 공익, 이타적 동기, 관료적 행동과 직업·조직·공동체에 대한 충성심(Pratechett & Wingfield, 1996), 또는 공공부문에 우선적으로 적용되는 가치와 윤리적 원칙이라고 정의하기도 한다(Brereton & Temple, 1999). O'Toole(2000)은 공공봉사 기풍을 사적인 이익은 제쳐두고 이타적으로 고무되고, 공공선의 목적을 위하여 다른 사람들과 협력하며 성실하게 일하는 것으로 묘사하고 있다. 독일과 오스트리아에서는 이러한 동기를 '윤리(Beamtenethos)'라고 부르는데, 이는 법치국가의 근간이 되는 기본 원칙과 그 실천을 의미한다. 여기에는 객관성, 청렴, 형평성, 법정주의, 절차주의, 영속성, 지속성, 전문성, 비밀주의, 법의 지배 등이 포함된다(Meyer & Hammerschmid, 2004).

초기 Perry & Wise(1990)의 공공봉사동기 개념 구성은 공공봉사동기를 이해하는 데 유용한 분석틀을 제공하였으나, 이후 연구가 진척

되면서 이 개념 구성은 문제가 있다는 지적을 받게 된다. 첫째, 합리적 동기는 사익 추구 동기의 가능성을 내포하고 있다는 주장이다(Wise, 2000; Wright & Pandey, 2008). 합리적 동기의 전제는 여러 행동대안에 대한 개인의 선택은 각 대안에 대한 효용극대화 평가 결과에 의해 영향을 받는다는 것이다. 이 동기는 행동의 결과에 기반을 둔 '계산된' 행동 또는 '결과의 논리'로 묘사된다(March & Olsen, 1989). 물론, 이러한 동기가 반드시 사익 추구를 의미하지는 않는다. 합리적 동기는 개인적 이익 또는 개인적 욕구 충족뿐만 아니라 특정 이익을 대변하려는 욕구를 포함하고 있다. 합리적 동기에서는 사람들이 개인적으로도 도움이 되는 특정한 이익을 주창하거나 자신의 권력 욕구를 충족하거나 자신의 존재가치를 부각시키고자 정책형성과정에 참여하려 한다고 주장한다. 정책형성이나 프로그램 집행에 참여하려는 동기는 권력, 타인의 존중, 자기존중 등의 욕구에 기반을 두고 있다. 공공봉사동기 이론은 원칙적으로 사익(私益)을 초월하는 이타적 동기에 기반을 두고 있는데, 합리적 동기는 공익이 아닌 사익을 실현하기 위한 동기로 이해할 수 있다. 따라서 합리적 동기는 공공봉사동기와의 관계가 애매하다는 비판을 받고 있다.

둘째, 규범적 동기와 정서적 동기가 개념적으로 구별되지 않는다는 주장이다(Wright & Pandey, 2008). 규범적 동기는 무엇이 적절하고 타당한지에 대한 사회적 가치와 규범에 기반을 두며, 박애의 애국심과 같은 동기는 개인의 정서적 상태에 기반을 두고 있다. 박애의 애국심은 타인에 대한 사랑과 체제에 대한 사랑을 결합한 의미이며(Frederickson & Hart, 1985), 이는 정부와 의무에 대한 충성, 사회적 평등의 제고, 공익에의 헌신 등과 밀접하게 연관되어 있다. 아울러 규범적 동기와 정서적 동기는 공익이나 타인의 복지 증진과 같은 이타주의

(altruism) 개념과 중복되는 측면도 있다(Batson & Shaw, 1991; Dovidio, 1984; Hoffman, 1981; Piliavin & Charng, 1990). 정서적 동기 측면에서 사회적 중요성으로 인해 어떤 프로그램에 헌신하려는 것은, 규범적 동기 차원에서 정부와 지역사회에 대한 의무감으로 공익을 증진하고자 봉사하려는 열망과 엄격하게 구분되지 않고 있다(Wright & Pandey, 2008). 이처럼 합리적 동기는 공공봉사동기의 구성요소로 적절하지 않으며, 규범적 동기와 정서적 동기 간에는 상당한 중복이 존재한다고 볼 수 있다. 이 때문에 공공봉사동기 개념은 보다 분명하게 정의될 필요가 있다는 연구 결과들이 나오게 되었다.

공공봉사동기에 대한 연구를 세계적으로 더욱 활성화하기 위해서는 개념적 규정을 더 명확하게 하여야 한다. 그동안 제기된 비판과 문제의식을 기반으로 하여, Kim & Vandenabeele(2010)는 공공봉사동기가 수단적 동기(instrumental motives), 가치기반적 동기(value-based motives), 동일시 동기(identification motives) 및 자기희생(self-sacrifice)으로 구성된다는 수정된 개념을 제시하였다.

첫째, 수단적 동기는 의미 있는 공공봉사를 하기 위한 수단 선택에 대한 것이다. 이타적 동기에 기반을 둔 수단적 동기는 유익한 공공봉사와 사회, 타인에 대한 기여를 위하여 공공부문에서의 근무, 정책과정과 지역사회 활동에의 참여, 사회 발전에의 기여, 특정 공공정책과 프로그램에 대한 주창이나 지지 등을 포함한다.

둘째, 가치기반적 동기는 사람들이 성취하려고 노력하는 궁극적인 공공가치에 관한 것이다(Bozeman, 2007; Jørgensen & Bozeman, 2007). 사람들은 공공가치를 내재화하고자 한다. 즉, 개인들은 공공가치를 자신의 가치로 받아들이는 경향이 있고, 그러한 가치 실현에 기여할 때 만족감과 성취감을 갖는다. 공공가치로는 공익, 사회적 책임성, 민주성,

사회적 형평성, 공정성, 사회정의, 중립성, 책무성 등이 포함된다.

셋째, 동일시 동기는 봉사하려는 대상이나 집단에 관한 것이다. 타인과의 정서적 연대는 다른 사람을 위해 봉사하려는 행동의 감정적 기반이 된다(Knoke & Wright-Isak, 1982). 자신과 동일시하려는 대상과의 일체감은 동일시하는 대상을 위한 정책 및 프로그램을 개발・실행하거나 동일시하는 대상을 위하여 직접적인 도움을 주거나 자기 자신을 희생하도록 유도한다. 이렇게 재정의된 공공봉사동기 개념의 구성요소는 가치(무엇을 위하여), 태도(누구를 위하여), 그리고 행동(어떻게)에 초점을 두고 있다. 수단적 동기는 행동과 관련되며, 가치기반적 동기는 가치 및 윤리와, 동일시 동기는 태도와 연계되어 있다.

넷째, 자기희생(self-sacrifice)은 공공봉사동기 실현을 위한 토대가 된다(Batson & Shaw, 1991; Piliavin & Charng, 1990). 공공봉사에 대한 동기는 국민을 위해 봉사하려는 윤리에 기반을 두고 있다. 따라서 공공봉사는 개인의 자기희생, 즉, 물질적인 개인에 대한 보상 대신에 다른 사람을 위해 봉사하려는 의지를 요구한다(Perry, 1996). 수단적, 가치기반적, 그리고 동일시 동기를 충족시키기 위하여 공공봉사를 하는 사람은 자신의 사적인 이익을 희생하거나 보다 적은 금전적 보상도 감내하려는 의지를 갖고 있다. 따라서 자기희생은 공공봉사동기 실현을 위한 기초가 되는 것이다. 즉, 자기희생에 기초하여, 개인은 사회의 안녕과 타인을 위하여 봉사하고자 한다. 개인의 공공봉사동기가 클수록, 개인적 손실을 감내하면서도 국가와 사회를 위하여 도움이 되는 행위를 하고자 할 것이다. 공공봉사동기는 행동과정의 한 부분으로, 공공봉사를 위한 동기는 국민을 위한 행동을 유도한다. 공공봉사동기는 금전적 보상에 초점을 두는 동기에 대한 합리적 이론 또는 사익 추구 중심의 이론에 대한 대안으로서 중요한 의미를 가진다

(Perry, 2000).

공공봉사동기 개념은 〈그림 2-1〉과 같이 자기희생을 기반으로 수단적 동기, 가치기반적 동기, 동일시 동기로 구성되어 있다. 그림 앞에서 소개한 태안반도 자원봉사자들의 행동을 공공봉사동기 개념을 이용하여 다시 설명해 보자. 자원봉사자들은 본인의 시간·비용·에너지를 소비하였을 뿐만 아니라 그동안 다른 일을 하였을 경우 얻을 수 있는 수익과 혜택을 포기하였다는 점에서 자기희생을 감수하였다. 또한 그들은 태안반도의 오염된 해변과 피해를 입은 지역주민들에게 안타까운 마음(동정심)을 가졌다는 점에서 동일시 동기를 가졌다고 볼 수 있으며, 오염된 해변을 정화하여 깨끗한 국토를 되찾아야 한다는 신념을 가졌다는 점에서 가치기반적 동기를 가졌다고 볼 수 있다. 그리고 그들이 실제 기름을 제거하는 봉사활동에 직접 참여하고자 하였다는 점에서 수단적 동기를 가졌다고 할 수 있다. 이처럼 개인의 공공봉사동기는 이러한 4가지 구성요소에 의해 형성된다고 볼 수 있다.

공공봉사동기에 대한 연구가 본격적으로 시작된 지 아직 얼마 되지 않았기 때문에 충분한 연구와 조사가 이루어졌다고 볼 수는 없다

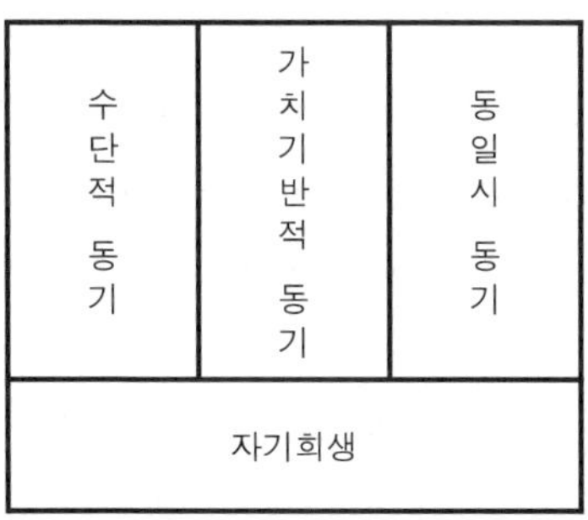

자료: Kim & Vandenabeele(2010: 704).

〈그림 2-1〉 공공봉사동기의 개념 구성

(Perry, 2011). 먼저 공공봉사동기의 존재 여부 및 정부부문과 민간부문과의 비교에 관한 주요 연구 결과를 소개하면, Rainey(1982)와 Wittmer(1991)는 미국 공무원들은 다른 사람들을 돕고 사회적으로 기여할 수 있는 업무를 수행하는 데 우선적 가치를 부여한다고 한다. Crewson(1997)은 미국 연방정부 공무원들은 민간기업 종사자들에 비하여 사회와 다른 사람들에게 유익한 업무를 수행하고 성취감을 느끼는 것을 보다 중요한 직무특성으로 간주하는 경향을 보인다고 한다. Naff & Crum(1999)은 미국 연방정부 공무원들의 경우 직무만족, 성과, 공직에 남으려는 의도, 정부 개혁노력에 대한 지지 등과 공공봉사동기 간에 유의미한 상관관계가 있음을 발견하였다. 공공봉사동기가 높은 공무원은 그렇지 않은 공무원에 비하여 직무만족 수준이 높고, 업무성과가 높으며, 공직을 떠나려는 의도가 적고, 정부개혁에 대하여 긍정적으로 인식하는 것으로 나타나고 있다. Houston(2000)은 공공봉사동기가 존재하며, 미국 공무원들은 보다 내재적으로 동기부여되는 데 비하여, 민간기업 종사자들은 보다 외재적으로 동기부여된다고 주장한다. 그는 미국 공무원들은 성취감을 줄 수 있는 중요한 업무를 수행함으로써 얻는 내재적 보상에 보다 큰 가치를 부여하는 경향이 있다는 결과를 보여 주고 있다. Frank & Lewis(2004)는 정부부문에서는 다른 사람들을 돕는 과제나 기회가 주어지기 때문에 더 열심히 일하게 된다고 확인하였다. Houston(2006)은 공무원의 공공봉사동기 수준이 민간기업 종사자들보다 높으며, 공무원들은 자원봉사 활동이나 헌혈에 보다 적극적으로 참여한다고 한다. Buelens & Van den Broeck(2007)는 벨기에 공무원들은 민간기업 종사자들보다 외재적 동기부여의 정도가 낮다고 발표하였다. 미국과 서유럽 국가들의 공사 부문 관리자들을 대상으로 한 분석에서, Houston(2009)은 공공

부문 관리자들은 내재적 업무동기에 보다 가치를 부여한다고 한다.

우리나라에서도 공공부문 종사자들의 공공봉사동기 수준은 민간부문 종사자들에 비하여 상대적으로 높게 나타나고 있다(이근주, 2005a; 2005b).[4] 공공조직과 민간조직의 차이를 실증 분석한 국내외 논문에 대한 메타분석 결과에서도 공공조직에서 일하는 사람들은 민간조직에서 일하는 사람들에 비하여 금전적 보상 등 외재적 유인보다 직무 자체의 중요성 등 내재적 유인에 의해 더욱 동기부여되며, 특히 공공봉사동기가 더 강하다는 등 동기부여에 관한 가설들은 국외연구에서 높은 지지를 받았을 뿐만 아니라 국내연구의 결과에서도 유사한 것으로 나타나고 있다(전영한, 2009). 또한 여성이 남성에 비해 낮은 공공봉사동기 수준을 보이고 있다. 이와 같이 남성들의 공공봉사동기가 높은 이유에 대해 이근주・이혜윤(2007)은 한국적 특수성을 지적하고 있다. 한국사회에서는 남성들이 국가에 대한 헌신과 충성, 공익에 대한 봉사에 더 중요한 가치를 두도록 사회화되기 때문에 서구사회와는 다른 성 역할 관념을 갖게 되며, 이로 인해 남성이 여성보다 더 높은 수준의 공공봉사동기를 가지게 된다고 본다. 연령별로는 연령이 높을수록 공공봉사동기가 높아지는 경향을 보이고 있다. 또한 지방자치단체 공무원을 대상으로 한 연구에서도 남성 공무원에 비하여 여성 공무원들의 공공봉사동기 수준이 낮게 나타나고 있는데, 원숙연・전소연(2010)은 그 이유를 공공조직의 문화적 특성과 그에 따른 남녀 경험의 차이, 그리고 직급의 차이로 해석하고 있다. 또한 공무원들의

---

4) 중국에서도 공공부문 종사자들의 공공봉사동기 수준이 민간부문 종사자들보다 높다고 한다. 특히, Perry(1996)의 공공봉사동기 하위차원(제2장 제3절 참조) 가운데 정책에 대한 호감도 및 공익몰입 차원에서는 상당한 차이가 존재하지만, 자기희생 차원에서는 통계적으로 유의미한 차이는 나타나지 않고 있다(Liu, Du, Wen, & Fan, 2012).

경우 나이와 재직기간이 공변(共變)하는 속성이 강해 나이가 많아질수록 공직생활 중에 공공성과 관련된 사건을 경험할 가능성과 공공봉사동기가 높은 사람들과 상호작용할 가능성이 높아지기 때문으로 해석할 수 있다(김서용, 2009).

제2절 유학사상과 공공봉사동기

서양학자들은 공공봉사동기의 근원을 플라톤(Plato)의 『국가론(Republic)』과 아리스토텔레스(Aristotle)의 『정치학(Politics)』에서 찾는다. 이들 주장의 핵심은 공직자는 공동체를 위해 봉사하는 자신의 임무를 수행하기 위하여 자신의 사적 이익을 제쳐둔다는 것이다. 이들은 공동체를 위한 헌신은 가족이나 친족 또는 개인에 대한 헌신보다 높은 차원의 헌신이라고 보았다. 아리스토텔레스는 이기적인 동물인 인간이 이렇게 행동할 것으로 예상하는 것은 비현실적이지만, 이런 성향이 동기요인으로 작용하는 것이 이상적(理想的)이라고 보았다. 플라톤과 아리스토텔레스 모두 공공선을 위해 헌신하는 이상적 인간이 되기 위해서는 오랜 교육이 필수적이라고 보았다. 이후 중세 신학자인 토마스 아퀴나스(Thomas Aquinas)도 모든 지도자는 공공선을 추구하고자 개인적 이익은 멀리해야 한다고 지적하였다. 이러한 사상적 흐름은 자연스럽게 유럽과 미국을 비롯한 서양의 관료제, 공직윤리, 행정이념, 행정문화로 이어졌다고 볼 수 있다(Horton 2006, 2008; Vandenabeele & Hondeghem 2005; Vandenabeele, Scheepers, & Hondeghem, 2006).

그렇다면, 동양에서도 공공봉사동기의 근원을 찾아볼 수 있지 않을까? 우리나라와 같은 유교문화권에서는 공공봉사동기의 뿌리를 유학(儒學)에서 찾을 수 있지 않을까? 이 절에서는 한국사회에 큰 영향을 미친 유학의 가르침과 공공봉사동기 간에 어떤 연관성이 있는지를 분석하고자 한다.5) 이를 통해 공공봉사동기에 대한 관심이 단순히 서양 문명의 유산만이 아니고 동양문명에서도 그 연원을 찾아볼 수 있으며, 나아가 인류문명의 보편적 염원을 반영하고 있음을 밝히고자 한다. 먼저 유학사상의 중요한 내용과 유학이 한국사회에 미친 영향을 살펴본 후, 유학사상이 공공봉사동기의 개념적 구성요소와 어떤 연관성이 있는지를 검토하고자 한다.6)

1. 유학사상과 한국사회

유학은 동양사회에 오랜 세월동안 막대한 영향을 끼쳐 왔다. 유학은 어느 한 절대자나 초월자의 영감 또는 예언에 근거한 종교나 사상이 아니며, 오랜 인류의 역사를 통하여 공동체 생활에서 조성된 윤리·도덕·문화가 응축된 사상체계이다. 유학은 중국의 춘추·전국시대

5) 보통 유교(儒敎)와 유학(儒學)을 혼용하여 사용하고 있다. 교(敎)란 가르친다는 의미이고 학(學)은 배운다는 뜻으로, 베푸는 사람의 입장에서는 유교이고 배우는 사람의 입장에서는 유학인 것이다(김승혜, 2001: 17-18). 따라서 굳이 의미상의 차이를 따질 필요는 없다고 본다.

6) 정성호(2011)는 한국 행정학자들의 『논어』 읽기를 비판적으로 검토하고 있다. 행정학자가 『논어』를 읽는 경우는 세 가지인데, 첫째는 모든 문제를 유교적 전통에서 답을 찾고 유교적 가르침을 실천하고자 할 때이며, 둘째는 자기 생각을 정당화하고자 취사선택하여 읽는 경우이며, 셋째는 지금의 한국행정을 성찰하고 변화를 모색하고자 하는 경우라고 한다. 이러한 정성호(2011)의 분류에 따르면, 저자의 경우는 둘째 방법인 '필요에 따라 취사선택하여 읽는 경우'에 해당한다. 또한 저자의 능력 부족으로 인해 원전(原典)을 직접 읽기보다는 유학을 소개한 다른 학자들의 글을 바탕으로 유학을 설명한다.

의 혼란을 배경으로 태어났는데, 초기 유학자들은 유학의 왕도사상을 펼치고 제자백가(諸子百家)와의 경쟁에서 유학을 수호하는 일을 사명으로 삼고 있었다. 이 시대의 유학을 선진유학(先秦儒學) 또는 원시유학(原始儒學)이라고 하는데, 이 시기는 공자(孔子), 맹자(孟子), 순자(荀子) 같은 사상가들이 유학사상의 기초를 완성한 시기이다(조긍호, 2007: 37).[7] 이후 유학사상은 관학으로 승격되어 국가의 통치이념으로 부각된 한당유학(漢唐儒學), 송대(宋代) 이후의 신유학(新儒學), 청대(淸代) 이

7) 선진유학이란 진(秦)나라가 중국을 통일하기 이전까지의 원시적 확립기의 유학을 가리키며, 따라서 공자 · 맹자 · 순자의 사상이 중심이 된다. 내용적으로는 선왕(先王)과 공자의 가르침을 통해 덕화(德化)를 실현하려는 도덕적 · 정치적 사상체계를 가리킨다. 여기서 공자가 계승한 선왕은 요(堯) · 순(舜) · 우(禹) · 탕(湯) · 문왕(文王) · 무왕(武王) · 주공(周公)을 가리킨다. 공자는 『시경(詩經)』과 『서경(書經)』을 핵심으로 하는 주대(周代)의 전통 문화를 수기안인(修己安人)이라는 인간론을 중심으로 해석함으로써 유가(儒家)의 기본적 방향을 제시했다. 맹자는 공자의 인간론을 진심론(盡心論)으로 발전시켜 인간의 도덕적 주체성을 강조했다. 순자는 제자백가(諸子百家)의 학설이 갖는 한계성을 지적하면서도 그들이 지닌 진리의 한 측면을 수용해 그것들을 유가적으로 재해석하면서 공자의 인간론을 예론(禮論)을 중심으로 체계화했다. 이와 같은 선진유학의 정신은 후대에 계승되면서 각 시기의 변동에 따라 새롭게 해석되고 변모했다. 한당(漢唐) 유학이 선진유학에서 제시된 보편적 인간상으로서의 군자(君子)를 추구하기보다 임금이야말로 인정(仁政)을 통해 인간의 선한 본질을 구현하는 주체가 된다고 주장했던 것은, 한당 유학이 중앙집권적 전제군주제의 이념으로 기능했기 때문이다. 송명(宋明) 유학은 모든 사람이 성인(聖人)이 될 수 있다는 보편적인 인간상을 회복시킴으로써 선진유학의 정신으로 되돌아갈 것을 표방했다. 그러나 이 시기의 유학은 도교와 불교의 사상적 대립 속에 그 자극을 받으면서 사변적인 성격을 띠게 되었다("선진유학" 한국 브리태니커 온라인, http://timeline.britannica.co.kr/bol/topic.asp?article_id=b12s0389a, 2013년 1월 11일자 기사).
따라서 2,500년 유교 역사의 원형은 공자(孔子), 맹자(孟子), 순자(荀子)가 확립한 초기의 유교이며, 성리학(性理學)도 이 초기 유교, 즉 선진유학에 대한 하나의 해석체계이다(김승혜, 2001). 우리가 흔히 유교 사상으로 알고 있는 것들은 실상 공자와 맹자의 본래 사상이 아니라 한나라 이후 국가이데올로기로 왜곡된 유교이다(배병삼, 2012). 여기에서는 선진유학의 중심인 공자와 맹자의 사상을 중심적으로 논의한다.

후의 고증학적 유학을 거치면서 오늘에 이르고 있으나, 『논어(論語)』, 『맹자(孟子)』, 『순자(荀子)』 등 선진유학이 가장 순수하고 원형적인 유학사상의 정수라고 볼 수 있다(김승혜, 2001).

유학의 창시자인 공자의 가르침은 인간에 대한 관심, 인간의 생명과 평안, 더 나아가 인간이란 과연 어떻게 자신의 인격을 키워야 하고 남과의 관계를 바르게 하여 올바른 사회를 이룰 것인가 하는 데 있다(김승혜, 2001: 103). 공자가 말하는 도(道)는 어디까지나 인간성을 키우는 실천적 길이었다. 공자는 도에 뜻을 두고 인(仁)을 임무로 삼는 것을 인생의 목표로 삼았고, 품덕(品德), 업적, 훌륭한 말(言)을 세워 사회에 이바지하는 것을 참다운 인생의 가치라고 생각했다(성균관대, 1996: 133). 맹자는 공자의 사상을 변호하고 체계적으로 해석하는 데 공헌하였으며, 순자도 공자 사상의 이론적 체계화에 기여하였다(김승혜, 2001).

유학사상은 인간 존재의 사회적・도덕적 특성(人性論)을 전제로 하여, 이러한 존재 특성을 지닌 인간이 지향해야 할 이상적 상태(君子論・聖人論)를 정립한 다음, 이상적 인간의 사회적인 삶의 모습(道德實踐論)과 이상적 인간의 상태에 도달하기 위해 개인적으로 노력해야 할 바(修養論)를 제시한 이론체계라고 정리할 수 있다. 이와 같은 네 체계 가운데 유학사상의 기초는 역시 인성론이라고 볼 수 있다(조긍호, 2007: 98).

선진유학의 가르침은 한마디로 수기(修己)와 안인(安人)의 가르침이라고 말할 수 있다(최준식, 1999). 우선 스스로를 닦고 이를 바탕으로 다른 사람을 편안하게 해 주는 것이다.[8] 다른 말로는 내성외왕(內聖外

8) 자로(子路)가 군자에 관하여 여쭈어 보았다. 선생님께서 말씀하시기를, "경(敬)으로써 자신을 닦는(修己) 것이다." 자로가 말하기를, "그렇게 할 따름입니까?" 선생님께서 말씀하시기를, "자신을 닦음으로써 남을 편안하게(安人) 하는 것이다."

王)으로 표현하기도 하는데, 이는 안으로 덕을 쌓아 성인이 되고 바깥으로는 쌓은 덕을 가지고 정치를 한다는 내용이다. 초기 유학의 기본적인 성격은 안으로는 자신의 도덕적 품성을 완성하고 밖으로는 사회를 도덕적으로 교화하여 평화로운 질서를 세우는 것이었다(성균관대, 1996: 163).

수기를 행하는 데 있어 첫 번째는 인(仁)의 실천이다. 공자는 인을 극기복례(克己復禮)라고 한다.[9] 소아적(小我的)인 나, 사욕에 찬 나를 극복하고 공동체의 규범인 예를 서로 잘 지켜 편안한 사회로 만들자는 것으로 풀이될 수 있다. 인을 구성하는 극기와 복례는 수기와 안인에 대응될 수 있다. 극기와 수기는 자신의 인격을 닦는 일이고, 복례와 안인은 사람들과의 관계 안에서 이루어지는 것이다. 따라서 극기와 수기는 개인적·사적 영역에 관한 것이고, 복례와 안인은 공적·사회적 영역에 관한 것이라고 볼 수 있다(김승혜, 2001: 141). 인을 이루는 처방으로는 유교의 황금률인 충(忠)과 서(恕)가 있다. 충은 인을 실천하는 적극적인 면을 반영하고, 서는 무엇을 하지 말라는 소극적인 측면을 반영한다. 인의 또 다른 설명은 애인(愛人), 즉 사람을 사랑하는 것이다.

자로가 또 말하기를, "그렇게 할 따름입니까?" 선생님께서 말씀하시기를, "자신을 닦음으로써 백성들을 편안하게(安百姓) 한다. 자신을 닦음으로써 백성들을 편안하게 하는 일은 요순도 힘들어 했던 것이다." 〔論語, 憲文 42장〕(김승혜, 2001: 132).

9) 안연(顔淵)이 인에 대하여 묻자, 선생님께서 말씀하시기를, "자기를 극복하고 예로 돌아가는 것이 인을 이루는 것이다(克己復禮爲仁). 어느 날이건 자기를 극복하고 예로 돌아간다면, 천하가 인에 따르게 될 것이다. 인을 이루는 것이 자기로부터 나오는 것이지 남에게서 나올 수야 있겠느냐." 안연이 그 세목을 청하자, 선생님께서 말씀하시기를, "예가 아니면 보지 말고, 예가 아니면 듣지 말고, 예가 아니면 말하지 말고, 예가 아니면 움직이지 말라." 〔論語, 顔淵 1장〕(김승혜, 2001: 140).

수기를 행하는 데에 있어서 두 번째는 의(義)의 준수이다. 의는 도덕적으로 행해야 할 바를 의미할 뿐만 아니라, 더 나아가서는 어떤 상황에서 마땅히 취해야 할 바를 가리킨다. 수기의 세 번째는 예(禮)를 갖추는 것이다. 예란 인간과 인간 사이의 관계를 올바르게 묶어주는 것이다(김승혜, 2001: 145).

안인(安人)은 다른 사람을 편안하게 해주는 것이지만, 사람들의 가장 기본적 욕구인 안정감을 충족시켜 주는 정치와 경제를 뜻하기도 한다. 정치는 국정뿐만 아니라 모든 인간관계를 바르게 하는 것이다. 덕(德)으로써의 정치를 주장하는 공자의 정치관은 정명(正名)사상이다. 정명이란 내용과 이름이 일치해야 한다는 뜻으로 각자가 지닌 권한과 책임이 그 직위와 맞는 것을 뜻한다. 이에 따르면 왕은 왕답게, 신하는 신하답게, 어버이는 어버이답게, 자식은 자식답게 행동해야 한다. 또한 지도자는 백성들이 기본적으로 먹고 살 수 있도록 해주어야 하는데, 이것을 항산(恒産)이라고 한다. 백성들에게 항산을 유지할 수 있는 환경을 마련해 주어 백성들이 본래 갖고 있는 인의예지의 마음(四端)이 자라날 수 있게 해주어야 한다는 것이다.

유학에서는 이상적 인간을 군자(君子) 또는 성인(聖人)이라고 칭한다. 유학자들은 인식 없는 실행이나 실행을 전제로 하지 않는 인식은 모두 공허한 것으로 보고 배격하는 입장을 취하며, 도덕주체로서의 인간에게서 이 두 측면(인식과 실행)이 통합되는 것이 바로 덕을 이루어(成德) 군자가 되는 길이라고 본다(조긍호, 2003: 331). 유학은 진리를 배우는 것(學道)과 몸소 실천하는 것(躬行)을 통하여 인격의 완성에 도달한다는 것을 분명하게 주장하고 있다(성균관대, 1996: 137). 따라서 유학의 오랜 고민은 지행합일(知行合一)이라고 할 수 있다. 앎과 행동이 일치되지 않았다면, 다시 말해 앎이 행동을 통해 드러나지 않았다면 이것은 안다고 할 수 없는 것이다(이상호, 2011: 94). 맹자는 이렇게 도를 깨달아 인식하는 일(明道)과 이를 일상생활에서 실행하는 일(集義)의 조화(配義與道), 즉 도덕 인식과 실행의 통합을 군자가 되는 핵심이라고 본다(조긍호, 2003: 332). 이러한 집의(集義)를 통하여 사람은 스스로 체득한 도를 일상생활에서 실천하게 되고, 또한 다른 사람들과 함께 인(仁)을 이룰 수 있게 되는 것이다(조긍호 2003: 359).

공자는 군자의 특징을 "자기를 닦음으로써 삼가는 일(수기이경: 修己以敬)", "자기를 닦음으로써 사람들을 편안하게 해주는 일(수기이안인: 修己以安人)", "자기를 닦음으로써 온 천하 사람들을 편안하게 해주는 일(수기이안백성: 修己以安百姓)"의 세 가지로 보고 있다. 여기서 수기이경은 자기 완성, 수기이안인은 관계에서의 조화 달성(관계 완성), 그리고 수기이안백성은 사회적 책무의 자임과 달성(사회 완성)을 의미하는 것이다. 그러므로 공자는 개인적 인격의 수양과 완성뿐만 아니라, 타인에 대한 관심과 배려 및 사회에 대한 책임감을 이상적 인간의 기본적인 특징으로 보고 있는 것이다. 즉, 공자는 인간은 스스로 타고난 도덕적 인격을 완성해야 할 뿐만 아니라, 기본적으로 이를 타인과 사회에 대한 배려와 책임감으로 승화시켜야 하는 존재라고 보고 있는 것이다(조긍호, 2003: 336).

맹자는 이상적 인간(聖人)의 특징으로 청(淸), 화(和), 임(任)을 들고 있다. 성지청(聖之淸)은 수기를 통하여 인의를 체득함으로써 본래 타고난 깨끗함과 순수함을 견지하는 상태를 의미하며, 성지화(聖之和)는 수기를 통하여 체득한 인의를 대인관계에서 발현함으로써 사람들과의 사이에 조화를 이루는 상태를 말한다. 성지임(聖之任)은 수기를 통하여 체득한 인의를 사회적으로 구현함으로써 사회적 책임을 다하는 상태를 말한다(조긍호, 2003: 337-341). '수기이경'은 '성지청', '수기이안인'은 '성지화', 그리고 '수기이안백성'은 '성지임'에 해당하는 것이라고 볼 수 있다. 순수함과 깨끗함, 대인관계에서의 조화 및 사회적 관심과 책임의 완수가 이상적 인간의 특징이라는 것이 공자와 맹자의 공통된 생각이다(조긍호, 2003: 342).

유학에서는 우주 만물이 생성·소멸하면서 조화를 이루고 있는 것처럼 모든 사람들이 모여서 화목하고 안락하게 살 수 있는 화(和)의 사회, 곧 대동세계(大同世界)를 이룩하고자 하였다. 대동세계란 만민의 신분적 평등과 재화의 공평한 분배, 그리고 인륜(人倫)의 구현을 특징으로 하는 유교의 이상사회를 말한다. 대동이라는 개념이 정립된 것은 『예기(禮記)』 예운(禮運)편인데, 여기에서 공자는 당시 사회의 어지러움을 탄식하며 자신이 동경하는 이상사회를 언급하고 있다. 대동세계의 구체적인 내용은 다음과 같다. 첫째, 천하를 사유화하지 않고 공공의 공유물로 한다. 둘째, 사람들은 모두 전체의 이익을 위해 노동하며 노동의 산물인 재화는 모든 사람이 공동으로 향유한다. 셋째, 노동 능력이 있는 자에게 노동에 종사할 수 있게 하며 노동 능력이 없는 노인이나 어린이는 일종의 사회보장제를 통해 잘 부양한다. 넷째, 통치자는 어질거나 능력 있는 자를 선택하여 신의와 화목을 구현한다. 다섯째, 자기 부모나 자식뿐만 아니라 모든 사람에게 널리 사랑을 베푼다. 여섯째, 악의적인 음모나 모략을 배제한다. 일곱째, 도둑질·횡령·착복 등 질서 문란자가 발생하지 않는다. 여덟째, 전쟁이 일어나지 않는다. 공자는 남녀노소를 불문하고 모든 사람들이 자기 자신의 도리를 다하고, 인(仁) 곧 남을 배려하면서 화목하게 살아가는 대동사회를 이룩하기 위하여, 구성원들이 각자 자신의 도리를 다해야 한다고 말하였다. 즉, 공자는 "임금은 임금의 도리를 다하고, 신하는 신하의 도리를 다하고, 어버이는 어버이의 도리를 다해야 하고, 자식은 자식의 도리를 다해야 한다"고 하였다. 맹자는 이러한 대동사회를 구현하기 위하여 사회구성원들 간에 지켜야 할 구체적인 윤리 규범으로 오륜(五倫)을 제시하였다(정진일, 2005: 168-170). 이후 이 대동사상은 동양인들 모두에게 보편적 이상사회로 자리하였으며, 많은 사상가들에 의해 계승되었다(성균관대, 1996: 143-145).

유교문화권 국가들에서는 유교적 사상과 풍습이 사람들의 의식구조 속에 무의식적인 습성으로 자리잡고 있다고 한다(뚜웨이밍 / 정용환, 1999). 한국인들은 일상생활에서 유교의 가족중심주의나 장유유서(長幼有序)와 같은 유교적 원리에 충실하게 살아간다(최준식, 1999). 1989년에 실시한 한국갤럽의 조사에 따르면 불교인의 경우 72%가, 개신교인의 경우 63%가, 천주교인의 경우 61%가, 그리고 무종교인의 경우 70%가 유교적인 의식성향을 지닌 것으로 나타났다(한국갤럽, 1990). 즉, 이 당시 종교에 상관없이 약 70%에 가까운 한국인들이 아직도 유교적 가치관을 갖고 있었다는 것이다. 고병익(1996)은 우리나라의 모든 사람은 유교인이라고 본다. 그 이유는 개인의 종교가 무엇이든지 간에 실생활에서는 한국인의 압도적 다수가 실제로 유교에서 요구하는 삶의 자세와 생활 관습을 따르고 있기 때문이라는 것이다. 고병익(1996)에 따르면, 전체 조사 대상 400명 가운데 종교가 유교인 응답자는 2명에 지나지 않았으나, 불교인의 100%, 개신교인의 76.6%, 천주교인의 90%, 무종교인의 96.8% 등 응답자의 91.7%가 유교의 행동과 습성을 보이고 있어서 최소한 유교의 '주변성원'으로 볼 수 있다고 한다. 즉, 대다수의 한국인은 일상생활의 기본 실천, 일반적 관행이나 집단 행사에의 참여 등에서 일정 정도 이상으로 유교적 행동과 습관을 보이는 것으로 조사되었다.

하지만 한국에서 유교적 가치는 세대를 지나며 점점 자본주의적이고 자유주의적인 성향에 의해 희석되고 있다(김영평·정인화, 2004: 218). 2004년 한국갤럽조사연구소가 전국 성인 남녀 1,500명을 대상으로 한 「한국인의 종교와 종교의식」 조사 결과, 전체 조사대상자 중 비종교인은 46.5%이며, 불교인 24.4%, 개신교인 21.4%, 천주교인 6.7%, 기타 종교 0.9%로 나타났다(한국갤럽, 2004). 유교성향을 측정하기 위한 지표로서 '집안에서 남자 어른의 주도권', '남편과 아내의 역할 구분', '부모에 대한 자식의 절대적 순종' 등 세 가지 문항을 마련하고, 이 문항에 대한 긍정은 유교성향을 지니는 것으로, 부정은 지니지 않는 것으로 간주하고 분석하였다. 그 결과, 가장의 주도권에 동의하는 응답비율은 51.6%로 반대하는 응답비율(44.9%)보다 높았지만, 부부유별과 부모 뜻에 대한 순종은 '아니다'라는 부정적인 응답비율이 각각 58.8%, 59.6%로 나타나 '그렇다'는 응답비율(39.4%, 35.9%)보다 더 높았다. 종교인 별로 보면, 불교인은 유교적 성향에 동조하는 응답비율이 상대적으로 높은 반면, 개신교인과 천주교인은 유교적 성향에 대해 긍정하는 비율이 상대적으로 낮았다.

2006년 전국의 성인 남녀 2,580명을 대상으로 한 「한국인의 의식·가치관 조사」에서 우리 사회가 유교적인 문화인지 여부에 대한 설문에 대하여, '우리 사회는 유교적인 문화라고 볼 수 있다'는 응답자의 비율이 43.6%인데 비하여, '우리 사회는 유교적인 문화라고 볼 수 없다'는 응답자의 비율은 21.8%, 중간 정도라는 응답자의 비율은 34.5%로 나타났다(국정홍보처, 2006). 우리 사회는 유교적인 문화라고 볼 수 있다는 응답은 연령이 높을수록 높고, 대학 재학 이상의 고학력자(46.6%), 농어민(50.3%), 보수성향(45.3%), 천주교 신자(48.4%)에서 높게 나타난 반면, 유교적인 문화라고 볼 수 없다는 응답은 연령이 낮고 학력이 낮을수록 높은 경향을 보이며, 관리/전문직(26.0%), 기독교 신자(25.6%)에서 상대적으로 높게 나타나고 있다.

유학사상은 오랜 역사를 통하여 한국인의 사고방식과 태도에 많은 긍정적·부정적 영향을 미쳐 왔다. 현상윤(1949)은 한국인이 유학사상의 영향으로 자기수양이 잘 된 높은 교양, 화목한 가족애와 질서 있는 사회 유지, 이기적 욕구의 절제와 절개의 숭상 등의 긍정적 특징을 갖게 되었으나, 자기비하와 사대주의, 내·외집단 구분의 엄격성, 가족중심주의, 계급 차별, 직업 차별, 명분 중시 및 과거지향성 등의 부정적 특징을 갖게 되었다고 한다(조긍호, 2003: 533에서 재인용). 윤태림(1969, 1970)은 유학사상의 영향으로 개인의 자유보다 권위를 앞세우는 자아말살, 가부장적 가족중심주의, 계층의식, 인간관계 중시, 관존민비, 권위존중, 체면 중시, 과거 지향성 등을 들고 있다. 차재호(1994)는 유교의 영향을 보다 세분화하여, 유교와 관련된 행동특성으로 눈치 보기, 의존심, 명분의 존중, 상하의 구별, 감정과 의욕의 억제, 추리력과 창조력의 결여, 높은 향학심을 들고 있으며, 신념과 태도로는 상하의식, 경로사상, 존사(尊師)사상, 조상숭배, 기술천시, 충효사상, 질투나 잔인함에 대한 부정을, 그리고 유교와 연관된 가치로는 효, 학문, 아들과 자손 번창, 조상 등을 들고 있다. 최상진(2000)은 한국인의 고유한 행동 가운데 유교문화의 영향에 의한 행동으로 의례성과 부자유친 성정을 지적하고 있다. 의례성은 유교문화에서 강조하는 예의 중시, 신분서열 강조, 권위주의, 명분 중시 의식으로 인해 발달한 한국인의 형식주의적 성향을 의미하며, 부자유친 성정은 자녀의 효도와 부모의 자애를 근간으로 하는 부모-자녀관계를 의미한다.

우리나라 행정에도 유학사상은 긍정적 영향(이대희, 1991; 황성돈, 1993)과 부정적 영향(백완기, 1982; 한석태, 1999)을 모두 미쳤다. 백완기(1982)는 유학사상은 우리나라 행정문화의 특징인 권위주의, 의식주의, 비물질주의에 영향을 미쳤다고 하며, 한석태(1999)는 유학의 영향으로 인해 우리나라 행정의 권위주의, 상명하복, 중앙집권, 관존민비 등이 조장되었다고 한다. 이대희(1991)는 유교의 가족주의, 권위중시, 수신(修身) 등 유교적 전통의 우수성을 지적하였으며, 황성돈(1993)은 솔선수범 등과 같은 유교적 전통을 긍정적으로 평가하고 있다. 김영평・정인화(2004)는 유교를 바탕으로 한 행정문화를 가족주의(연고주의, 정실주의), 권위주의, 보수주의(명분주의), 현세적 합리주의, 유교민주주의와 유교자본주의로 구분하여 설명하고 있다. 또한 이문영(1996)은 『논어』와 『맹자』를 통해 한국 행정의 문제점과 처방을 논의하고 있다. 이처럼 우리나라에서 유학사상은 시민과 공무원의 의식과 무의식 속에 각인되어 존재한다고 볼 수 있다(정성호, 2011: 22). 이러한 여러 연구를 종합해 보면, 예전보다는 희석되었다지만 유학사상은 여전히 한국인의 가치관과 태도 및 행동에 영향을 미치고 있다고 보아도 과언은 아닐 것이다.

2. 유학사상과 공공봉사동기

공공봉사동기 개념이 미국을 중심으로 서양사상을 기반으로 형성되었다고 하더라도 교육과 경험을 통해 증진될 수 있는 인간의 보편적 심성으로 본다면, 오랜 역사와 고유한 문화를 가진 동양에서도 그 연원은 오래 전부터 존재했을 것으로 예상할 수 있다. 인간과 인간사회에 대한 원시유학의 가르침에서도 이러한 내용이 이미 강조되었을 수 있다. 아래에서는 공공봉사동기 개념의 각 구성요소와 원시유학(선진유학)의 중요한 가르침은 어떤 관련이 있는지 여부를 검토하고자 한다.

먼저 공공봉사동기의 수단적 동기는 공공봉사를 실제 행동으로 실천하려는 동기이다(Kim & Vandenabeele, 2010). 공공선과 공공복리를 증진하고자 공무원이 되거나, 비영리단체에서 활동하거나, 정부 정책 과정에 참여하고자 하거나, 지역사회 봉사활동에 참여하거나, 사회발전을 위한 제안을 하는 등 의미 있는 공공봉사를 실행하는 방법을 모색하는 적극적인 동기이다. 따라서 수단적 동기가 높은 사람일수록 실제 공공봉사를 실천할 가능성이 높다고 할 수 있다.

유학은 기본적으로 성덕(成德)의 학이고, 이러한 성덕은 수기를 통한 인의의 도를 일상생활에서 실천함으로써 완성된다. 이렇게 일상생활에서 인의의 도를 실천하는 것을 맹자는 집의(集義)라 표현했다. 이러한 집의를 통하여 사람은 스스로 체득한 도를 일상생활에서 실천하게 되고, 그렇게 함으로써 다른 사람들과 함께 선을 이룰 수 있게 되는 것이다. 즉, 이 일상적 도덕 실천을 통하여 사회적 관계망 속에서 생존하고 있는 사람들이 그들의 사회적 존재 의미를 달성하여 사회적 책임을 다하게 되는 것이다(조긍호, 1998: 377-378). 더욱이 공자가 말하는 사회적 책무의 자임(自任)과 달성(修己以安百姓)이나, 맹자가 말하는 수기를 통하여 체득한 인의를 사회적으로 구현함으로써 사회적 책임을 다하는 상태(聖之任)는 사회적 관심과 책임의 완수와 같은 실행을 강조하고 있다. 따라서 도덕에 대한 인식과 실행의 통합(知行合一)과 같은 유학의 가르침은 공공봉사동기의 수단적 동기와 일맥상통한다고 볼 수 있다.

둘째, 공공봉사동기의 가치기반적 동기는 사람들이 공공봉사를 통하여 성취하려고 노력하는 궁극적인 공공가치에 대한 몰입 내지 헌신을 의미한다(Kim & Vandenabeele, 2010). 일반적으로 공공가치는 공공선 혹은 공익을 포괄하지만, 사람들이 실현하고자 노력하는 공공가치는 매우 다양할 뿐만 아니라 시대적 상황이나 개인적 여건에 따라 달라질 수 있다. 즉, 독재국가에서는 자유 · 민주 · 정의가 보다 중요한 가치로, 사회의 빈부 격차가 심한 경우에는 평등 · 기회균등 · 사회적 형평성이 보다 중요한 공공가치로 여겨질 가능성이 높다고 할 수 있다. 또한 개인적 성장환경이나 경험에 따라 동시대 한 사회 구성원 사이에도 서로 추구하는 공공가치가 상이할 수 있다.

선진유학의 가르침도 시대적 맥락에서 이해되어야 하기 때문에 현대사회에서 추구하는 공공가치의 잣대를 그대로 들이댈 수는 없다. 그럼에도 당시 시대상황에서 유학이 구현하고자 했던 가치인 의(義), 예(禮), 인정(仁政)은 언급할 필요가 있다. 의는 인간관계 속에서 사회적인 평등 혹은 공공성(公共性)이라고 할 수 있으며, 예는 문화적인 조화 내지는 질서를 이루는 것이라고 할 수 있다(성균관대, 1996: 114). 의는 사람이 행해야 할 가장 마땅한 도리, 가장 옳은 길을 의미하며, 국가나 집단의 테두리 안에서 그 구성원에게 공통의 규범에 맞는 행동을 사람이 스스로 하는 것이다. 의는 모든 일의 판단 기준이므로 어떤 일에 대해서 편견이나 사심(私心)을 가지고 판단해서는 안 되며, 의라는 가치기준에 따라 행동해야 한다. 맹자는 의를 '사람의 바른 길(人之正路)'이라고 하였다(성균관대, 1996: 116-118). 예는 인간생활 전체의 틀이며 사회질서를 유지하기 위한 윤리적 규범이다. 예는 사람이 사회에서 남과 더불어 살아가기 위하여 갖추어야 할 기본 요건이며 남과 조화를 이룰 수 있는 객관적 기준이 된다. 공자가 생활하던 당시는 각국이 부국강병에 전념하던 시기로, 공자는 도덕적 인간성 회복에 중점을 두고 극기복례를 강조하였는데, 예는 인간다움의 실천적 의미를 지니는 것으로 결국 복례의 의도는 인간성을 회복하는 것이다(성균관대, 1996: 118-120).

공자는 도덕을 세상에 실현하여 그 세상을 바르게 다스리는 것이 정치라고 하여, 인을 바탕으로 하는 도덕정치(仁政)를 지향하였다. 이는 곧 충서(忠恕)의 도가 사회 및 정치 전반에까지 확대되어 적용되도록 하는 것이다. 바로 도덕에 의해 백성들을 교화하고 예에 의해 백성들이 자발적으로 질서를 유지하도록 하는 덕치주의(德治主義)를 뜻한다. 맹자는 이를 계승하여 인간의 도덕성을 인정하며 인의의 실현을 이상으로 한 왕도사상(王道思想)을 주장하였다(성균관대, 1996: 120-127). 또한 민심이 천심(天心)이라는 민본사상(民本思想)을 강조하고, 백성을 다스리는 자는 자연스럽게 '모든 백성과 더불어 즐거움과 걱정을 함께 나누어야 한다(여민동락: 與民同樂)'는 것을 강조하였다. 맹자는 사회정의 구현은 오직 여민동락하는 데 있다고 하였는데, 이는 당시 대다수의 평민들이 전쟁과 학정에 시달렸던 시대 상황을 반영한 것으로 해석할 수 있다(성균관대, 1996: 129-130). 따라서 선진유학에서 강조하는 의, 예, 인정 등은 당시의 시대적 상황이 반영된 사회적 가치이다.

셋째, 공공봉사동기의 동일시 동기는 불우한 이웃이나 도움이 필요한 사회구성원 · 공동체 · 민족 등 봉사하려는 대상 혹은 집단에 대한 관심과 배려, 공감, 동정심, 정서적 교감과 연대, 일체감 등 정서적 동기를 의미한다(Kim & Vandenabeele, 2010; Perry & Wise, 1990). 이에 대응하는 유학의 가르침은 인(仁)이다. 인이란 남의 불행을 그냥 두고 보지 못하는 것, 즉 타인의 고통에 대하여 안타까움을 느끼는 인간의 본질적 능력을 말한다(김영평 · 정인화, 2004: 51). 공자의 인은 사람다움이다. 공자는 인을 가정에서 부모 형제를 사랑하고, 나아가서 모든 사람을 사랑하고 배려하는 근본적인 덕이라고 하였다. 맹자는 인을 사람뿐만 아니라 만물을 두루 사랑하는 덕으로 말하였다(정진일, 2005: 187-188). 맹자는 "사람은 누구나 '사람으로서 차마 할 수 없는 마음

(不忍人之心)'을 가지고 있다"고 하며, 이를 네 가지로 설명했는데 이것이 바로 선한 정감, 즉 사단(四端)이다(이상호, 2011: 112-115). 맹자의 사단은 타인지향적 정서로 개념화되고 있을 만큼 정서적인 측면이 강하다(정양은, 1970; 한덕웅, 1994).[10] 맹자는 "다른 사람을 측은하게 여기는 마음(측은지심: 惻隱之心)은 모든 사람이 가지고 있으며… 다른 사람을 측은하게 여기는 마음이 바로 인함(仁)"이라고 한다(이상호, 2011: 118). 맹자는 모든 사람에게 선천적으로 타인의 아픔을 나의 아픔으로 여기는 정감이 있다고 강조했고, 이것을 기반으로 개인과 사회, 나아가 국가의 윤리를 만들려고 했다(이상호, 2011: 120). 이처럼 유학에서는 사람에게는 자신의 처지에 대해 느끼는 사적 정감만 있는 것이 아니라, 타인의 상황을 보면서 그것에 자신의 정감을 이입(移入)하여 느끼는 정감, 즉 이타적 정감이 존재한다고 본다(이상호, 2011: 43). 따라서 공공봉사동기의 한 요소인 동일시 동기는 유학에서 말하는 인(仁)이나 측은지심과 매우 유사하다고 볼 수 있다. 순자는 타인

10) 맹자가 제시하려고 한 것은 인의예지(仁義禮智)의 근거가 되는 사단(四端)이 인간 본성에 내재되어 있는 자연적인 것이라는 점이다(조긍호, 2003: 322). 조긍호(2012년 2월 4일, 개인적인 이메일 교환에서)는 사단은 모든 인간관계에서 그 내용이 드러나며, 아무런 인위적인 노력이 없이도 또 아무런 목적이 없어도 그것이 발단되는 상황이 되면 자연스럽게 나오게 된다고 한다. 하지만 이상호(2011)는 맹자가 말한 선한 정감인 사단은 사람이 가진 공적 정감을 증명하는 과정에서 나온 개념이라고 설명한다. 자신에게만 한정되어 있는 정감이 아니라 공적 관계에서 느끼는 정감들이다. 즉, 다른 사람이 처한 상황을 안타깝게 여기는 정감(측은지심: 惻隱之心)이나 타인의 시선 속에서 나의 잘못된 행동을 부끄러워하는 정감(수오지심: 羞惡之心), 아무리 배가 고프고 힘들어도 다른 사람의 호의를 부끄럽게 여기면서 사양하는 정감(사양지심: 辭讓之心), 그리고 내가 하고 있는 행동을 남이 어떻게 판단할 지를 스스로 알고 있는 정감(시비지심: 是非之心)은 철저하게 공적 관계 속에서 느끼는 것이다. 선한 정감과 그렇지 않은 정감을 공(公)과 사(私)로 구분하는 유학의 오랜 습관은 여기에서 나온 것이라고 한다. 이상호(2011: 43-44)는 유학의 이론은 선한 정감의 근거를 확보하고, 이로써 사람에게서 선한 정감을 지속시키기 위한 이론화의 과정으로 규정할 수도 있다고 주장한다.

에 대한 관심과 배려는 다른 사람을 너그럽게 포용하는 일로 드러난다는 겸술론(兼術論)을 제시하고 있다(조긍호, 2007: 116-117). 더불어 공자는 타인에 대한 관심과 배려에서 나오는 정서(哀, 愛, 矜)를 권장하고 있다. 애(哀)는 상을 당해 죽은 사람을 위해 슬퍼하거나, 죽음 그 자체를 아쉬워하거나, 곤경에 빠진 사람을 불쌍히 여기는 것을 의미하며, 애(愛)는 다른 사람을 아끼고 사랑하는 감정으로 표현하고, 긍(矜)은 대체로 능력이 모자라거나 곤경에 빠진 사람을 불쌍히 여기는 감정으로 그려진다(조긍호, 2007: 287). 그러므로 봉사하려는 대상과의 정서적 유대와 일체감을 강조하는 공공봉사동기의 동일시 동기는 타인에 대한 관심과 배려를 강조하는 유학의 가르침과 연관이 있다고 볼 수 있다.

넷째, 공공봉사동기에서 자기희생은 다른 동기들의 토대가 되는 요소이다. 수단적, 가치기반적, 동일시 동기를 충족하기 위해서는 개인적 이익의 희생을 감수하면서 공공봉사를 위해 많은 시간과 노력을 투자하여야 한다. 따라서 자기희생은 공공봉사동기를 실현하기 위한 기반이 되는 것이다(Kim & Vandenabeele, 2010). 유학사상의 핵심은 중의경리(重義輕利), 즉 의를 중시하고 이익을 경시함에 있다. 공자는 "지사(志士)와 인인(仁人)은 삶을 구하느라고 인을 해침이 없고, 자신을 희생하여 인을 이룬다"라고 하였다.[11] 이 구절은 유명한 살신성인(殺身成仁)을 뜻하는데, 살신성인이란 목숨을 부지하기 위해 인을 해쳐야 하는 상황에서는 목숨을 버려서라도 인을 위하는 쪽을 선택해야 한다는 뜻이다(박민영, 2008: 227). 공자는 인(仁)을 다른 사람에 대한 자비와 인간애, 동정심으로 본다. 즉, 인은 사람됨의 기본이자 사람이

11) 子曰 志士仁人 無求生以害仁 有殺身以成仁(論語, 衛靈公編).

이뤄야 할 도덕적 경지를 아우르며, 모든 선행의 바탕이 된다. 살신성인은 자기를 내세우지 않고 인을 실현하는 것으로 정의를 위해 목숨을 바치는 일뿐 아니라, 자신의 고통을 무릅쓰고 이웃에 봉사하거나 남을 위해 자신의 이익을 양보하는 경우에도 쓰인다. 따라서 살신성인은 공공봉사동기 이론에서 말하는 '다른 사람들을 위해 선행을 하거나 사회의 안녕에 기여하고자 자신의 사익(私益)을 희생하는' 것과 크게 다르지 않다. 유학사상의 살신성인은 공공봉사동기의 자기희생과 연결될 수 있다. 이처럼 공공봉사동기 개념의 구성요소와 연관된 유학사상의 가르침은 다음 〈표 2-1〉과 같이 정리할 수 있다.

공공봉사동기를 연구하는 학자들은 교육훈련, 사회화, 경험과 실천을 통하여 개인의 공공봉사동기는 증진될 수 있으며, 사람들의 공공봉사동기 수준이 높아질수록 이들은 공공선과 공공복리 증진 등 사회발전에 더욱 이바지할 것이라고 예상한다(Perry, 2011; Perry & Hondeghem, 2008). 따라서 정부 공무원뿐만 아니라 일반 시민의 공공봉사동기 증진을 위한 다양한 방안들을 강구하고 있다(Paarlberg, Perry, & Hondeghem, 2008). 공자 또한 수양에 의한 도덕적 인간의 인격 완

〈표 2-1〉 **공공봉사동기 개념과 유학사상**

공공봉사동기 개념의 구성요소	공공봉사동기 개념과 관련 있는 유학사상의 가르침	관련성
수단적 동기	집의(集義) 수기이안백성(修己以安百姓) 성지임(聖之任)	행동지향성, 실천, 사회적 책무 강조
가치기반적 동기	의(義), 예(禮) 인정(仁政), 여민동락(與民同樂)	시대적 상황에 따라 추구하는 가치는 상이함
동일시 동기	인(仁), 측은지심(惻隱之心) 애(哀), 애(愛), 긍(矜) 겸술론(兼術論)	타인에 대한 관심과 배려 강조
자기희생	중의경리(重義輕利) 살신성인(殺身成仁)	자신의 이익 양보(희생) 강조

성을 추구하였으며, 교육에 의해 인의예지신(仁義禮智信)과 같은 품성은 개발할 수 있다고 보았다(김영평 · 정인화, 2004: 51). 맹자는 스스로 체득한 인의의 도를 일상생활에서 실천함으로써 다른 사람들과 함께 선을 이루도록(與人爲善) 노력하는 것이 삶의 태도라고 보았다(조긍호, 1998: 155). 따라서 유학사상에서 강조하는 도덕적 인격의 함양인 수양(修養)은 공공봉사동기 증진을 위한 교육훈련과 사회화 과정에서도 유념해야 할 필요가 있다.

공공봉사동기 이론에서는 공공봉사동기 수준이 높은 사람을 이상적 인간으로 간주한다. 공공봉사동기 수준이 높은 사람이란 공동선과 공공복리를 위하여 개인적 이익을 희생하려는 자세로 공공가치 실현과 공익의 증진을 위하여 최선을 다하는 사람이라고 할 수 있다. 그래서 개인의 공공봉사동기에 영향을 미치는 요소들을 분석하고, 공공봉사동기 수준을 높이기 위한 다양한 전략과 방법을 모색한다(Paarlberg, Perry, & Hondeghem, 2008). 원시유학에서는 이상적인 인간은 자기를 수양하여 완전한 인격을 성취하는 것을 목표로 삼고(修己), 도덕정치로써 백성을 이끌어 천하에 진정한 평화를 실현하는 것을 목표로 삼는다(安人 · 安百姓)고 한다. 이를 공공봉사동기와 연계하여 비교해 보면, 수기는 공공봉사동기를 증진하기 위한 개인의 노력으로, 안인 · 안백성은 공공가치 실현과 공익의 증진을 위하여 최선을 다하는 것으로 혹은 국가와 사회를 위하여 봉사하는 것으로 음미해볼 수 있다.

서양문명에서는 그리스 철학에서부터 공공봉사동기 개념의 연원을 찾고 있으나, 우리는 공자나 맹자와 같은 유학사상에서 그 연원을 찾을 수 있다. 또한, 선진유학(원시유학)의 가르침에서 공공봉사동기에 대한 관심을 확인할 수 있으며, 보다 구체적으로 공공봉사동기 개념의 각 구성요소와 관련 있는 유학사상의 가르침이 무엇인지 확인해 볼 수 있었다. 공공봉사동기 개념의 핵심 요소들은 유학에서 중요시하는 가르침과 일맥상통하는 면이 있음을 알 수 있다. 또한 공자·맹자의 사상을 굳이 세세하게 언급하지 않더라도, 우리 사회가 중시해 온 살신성인(殺身成仁)이나 환난상휼(患難相恤) 등과 같은 덕목들은 공공봉사를 강조해온 우리의 전통이라고 볼 수 있다. 따라서 공공봉사동기는 우리 문화와 유리된 생소한 개념이 아니며, 그 핵심적인 요소들은 이미 오래 전부터 한국사회에서도 중요하게 여겨져 왔음을 알 수 있다. 공공봉사동기가 낯선 개념이 아니며, 이미 그 내용은 한국사회의 문화적 특성과 역사적 전통에 녹아 있다는 점을 반영하여 가정과 학교, 직장과 사회에서 공공봉사동기를 증진할 수 있도록 '옛것을 익혀 새로운 것을 알아내는(溫故而知新)' 다양하고 적실성 있는 방안들을 모색하고 실행하는 것이 필요하다고 본다.

제3절 공공봉사동기의 측정방법

1. 척도의 개발

개인의 공공봉사동기 수준은 어떻게 측정할 수 있는가? 공공봉사동기를 측정하기 위한 척도는 1996년 Perry에 의해 처음으로 개발되었다. Perry(1996)는 관련 이론들과 선행연구 검토를 바탕으로 개인의 공공봉사동기는 6가지 하위 구성요소, 즉, 공공정책에 대한 호감도(attraction to public policy making; APM), 공익몰입(commitment to public interests; CPI), 시민의무, 사회정의, 동정심(compassion; COM), 자기희생(self-sacrifice; SS)에 대한 측정을 통해 평가할 수 있다고 제안하고, 이를 측정하기 위한 40개 항목(설문문항)의 척도를 고안하였다. 이 설문문항을 사용하여 행정학 석사과정 대학원생과 공무원 등 다양한 공공부문의 배경을 가진 376명의 응답자들을 대상으로 한 설문조사를 분석한 결과, 사회정의와 시민의무라는 두 가지 구성요소는 공익몰입(CPI)이라는 구성요소와 서로 구분되지 않는다는 점을 발견하였다. 원래 이들 3가지 구성요소는 모두 공공봉사동기의 규범적 측면을 반영한 것이었다. 이러한 분석결과를 바탕으로 Perry(1996)는 공공봉사동기를 측정하기 위한 척도로 APM, CPI, COM, SS의 4가지 하위요소로 구성된 24개 설문문항을 개발하였다. 이 구성요소 가운데 SS를 제외한 3가지 요소는 공공봉사동기 개념의 3가지 동기적 기반과 직접적으로 대응한다고 볼 수 있다(Perry, 2000).

첫째, 공공봉사동기의 합리적 동기 차원은 공공정책에 대한 호감도(APM)를 통해 측정할 수 있다. 이 차원은 공공정책이 형성되고 집행되는 과정에 적극적으로 참여하고자 하는지, 그리고 희소자원의 분배과정인 정책과정에서 발생하는 과정상의 문제점들을 더 큰 사회적 선(善)의 실현과정으로 인식하는지의 정도를 측정한다. 둘째, 규범적 동기 차원은 공익 실현을 위하여 노력하는 정도(CPI)를 통해 측정한다. 사적인 문제보다 공익에 더 큰 관심을 가지고 있는지, 그리고 사익에 우선하여 공익을 추구하고자 노력하려고 하는지를 측정함으로써 규범적 차원의 공공봉사동기를 측정한다. 마지막으로 정서적 차원은 동정심(COM)과 자기희생(SS)의 두 차원으로 구성되는데, 동정심은 사회적 약자에 대한 동정심과 사회적 문제 해결에 대한 관심 등을 통하여, 그리고 자기희생은 금전적인 보상과 무관하게 공익과 관련된 문제의 해결을 위한 노력과 이를 통한 만족 등을 통하여 측정한다(이근주, 2005b: 80).

일반적으로 Perry(1996)가 개발한 척도를 다른 나라에 적용한 연구들은 이 측정모형이 외적 타당성(external validity)을 가지며, 미국이 아닌 다른 나라에서도 적용 가능하다는 결론을 내리고 있다(Kim, 2011). 이후 Perry(1997)는 자신의 1996년 연구에서와 동일한 구성요소와 설문문항을 사용하여 공공봉사동기의 선행요인에 대한 가설들을 검

〈표 2-2〉 Perry(1996)의 공공봉사동기 측정문항

하위차원	측정문항
정책에 대한 호감도 (APM)	·정치에 대하여 부정적인 인상을 갖고 있다.* ·정책과정에서 발생하는 거래관계를 받아들일 수 없다.* ·정치인들을 별로 좋아하지 않는다.*
공익몰입(CPI)	·지역사회에서 벌어지고 있는 일에 별 관심이 없다.* ·사적인 이득과 무관하게 지역사회에 봉사한다. ·의미 있는 공공봉사를 중요하게 생각한다. ·공무원은 사익에 반할 지라도 사회 전체적으로 최선인 공익을 위해서 일해야 한다. ·공공봉사는 시민의 의무이다.
동정심(COM)	·사회적 혜택을 받지 못한 사람들의 어려움에 별로 가슴 아파하지 않는다.* ·대부분의 사회정책은 중요하다. ·곤경에 처한 사람들을 보면 불쌍하다는 생각이 든다. ·애국심은 타인의 복지를 돌보는 것을 포함한다. ·내가 개인적으로 알지 못하는 사람들의 복지에 대하여 별로 생각하지 않는다.* ·사람들은 서로에게 의지하고 산다. ·자신의 문제 해결을 위하여 스스로 노력하지 않는 사람은 동정할 필요가 없다.* ·내가 지지하는 사회정책은 별로 없다.*
자기희생(SS)	·개인적인 성취보다 사회에 대한 공헌이 중요하다. ·개인적인 일보다 의무가 중요하다. ·선행을 하는 것보다 돈을 많이 버는 것이 중요하다.* ·내가 하는 일의 대부분은 사회적 대의를 위한 것이다. ·타인을 위한 봉사는 금전적 보상과 무관하게 기분이 좋다. ·사회로부터 받은 것 보다 많은 것을 사회에 환원해야 한다. ·다른 사람을 돕기 위해 손해를 감수한다. ·사회의 선(善)을 위하여 자신을 희생한다.

참고: * 표시된 문항은 역코딩해야 하는 척도임.
자료: 이근주(2005b: 80-81).

증하였다. 이를 통해, 개인의 공공봉사동기는 다양한 경험에 대한 노출, 어린 시절의 경험, 종교생활과 관련된 경험, 전문직업적 삶과 관련한 경험 등이 긍정적으로 영향을 미쳐서 형성된다고 보았다.

한편, 미국정부의 실적제보호위원회(Merit Systems Protection Board)에서는 연방공무원을 대상으로 한 설문조사(1996 Merit Principles Survey)에서 Perry(1996)가 개발한 40개 문항 가운데 6개 문항을 사용하였다. 이 가운데 2개 문항은 자기희생 차원에 관한 것이며, 나머지는 각기 정책결정, 동정심, 공익몰입, 사회정의 차원을 대변하는 문항이다. 요인분석을 해본 결과, 이 문항들은 모두 하나의 요인으로 묶였지만, 정책결정에 대한 설문문항은 요인적재치가 너무 낮아서 이를 제외한 5개 문항을 공공봉사동기를 측정하는 척도로 사용하였다(Alonso & Lewis, 2001). 이후 여러 연구에서 이 축약된 척도를 활용하고 있다(Brewer & Selden, 2000; Christensen & Wright, 2011; Pandey, Wright, & Moynihan, 2008; Wright & Pandey, 2008).

Vandenabeele & Hondeghem(2005)은 유럽 국가들을 대상으로 비교적 접근방법을 사용하여 공공봉사동기를 검토하였다. 이들은 공공봉사동기는 어느 국가에나 적용 가능한 보편적인 개념이라는 결론을 내리고, Perry(1996)가 제시한 공공봉사동기의 4가지 구성요소가 프랑스와 네덜란드의 공공봉사동기를 설명하는 데에도 유용하다는 점을 발견하였다. 이외에도 종교, 민주적·관료제적 가치, 공직의 서비스 전통 등도 프랑스와 네덜란드의 공공봉사동기를 이해하는 데 관련있는 요인이라고 한다. 또한 Vandenabeele, Scheepers, & Hondeghem(2006)은 미국, 영국과 독일의 공공봉사동기를 비교한 분석에서도 이와 동일한 결론을 내리고 있다. 이들은 또한 공공봉사동기에는 Perry(1996)가 제시한 구성요소뿐만 아니라, 형평성, 서비스제공 전통, 공

〈표 2-3〉 축약된 공공봉사동기 측정문항

관련 차원	측정문항
공익몰입	의미 있는 공공봉사는 나에게 매우 중요하다.
사회정의	비록 웃음거리가 된다고 하더라도 나는 다른 사람들의 권리를 옹호하기 위해 나설 용의가 있다.
자기희생	나에게는 사회에 어떤 바람직한 변화를 가져오는 것이 개인적인 성취보다 더욱 큰 의미가 있다.
자기희생	나는 사회의 선(善)을 위해서라면 스스로 매우 큰 희생을 감수할 마음의 준비가 되어 있다.
동정심	나는 일상생활을 통해 우리가 얼마나 서로 의존적인 존재인지를 늘 되새기고 있다.

자료: Alomso & Lewis(2001: 368).

무원에게 요구되는 역량, 관료제적 전통 등도 공공봉사동기에 영향을 주는 관련 요인이라고 주장한다.

Perry(1996)의 척도 가운데 공익몰입(CPI)과 자기희생(SS)의 두 가지 하위척도를 사용하여, Choi(2004)는 공공봉사동기와 윤리적 행위 간의 관계를 분석하였다. 그는 이 가운데 공공봉사동기의 자기희생(SS) 요인만이 미국 공무원의 윤리적인 추론 수준에 영향을 미치는 중요한 요인이라고 한다. 이근주(2005a)는 Perry(1996)의 24개 설문문항을 사용하여, 한국 공무원들의 경우 공공정책에 대한 호감도(APM)는 성과 수준에 영향을 미치지 못하지만 다른 3가지 하위요소들은 성과 수준에 영향을 미친다는 사실을 발견하였다.

DeHart-Davis, Marlowe, & Pandey(2006)는 Perry(1996)의 척도 가운데 공공정책에 대한 호감도(APM), 동정심(COM), 공익몰입(CPI)의 3개 하위척도에서의 성별 차이를 분석하였다. 미국 주정부의 보건 및 인력관리 기관의 274명의 관리자들에 대한 설문조사를 바탕으로 한 이들의 연구 결과를 보면, CPI에 대해서는 성별 간 통계적으로 유의미한 차이는 없으나, COM 및 APM 하위요소에 대해서는 여성이 남성보다 높은 점수를 보였다고 한다. 이와 동일한 데이터를 사용하여 APM 및 CPI 구성요소를 분석한 Moynihan & Pandey(2007)는 공공봉사동기와 교육 수준, 전문가 단체의 가입 여부, 계층제적 권위 및 개혁 노력 사이에는 상당히 긍정적인 관계가 존재하는 반면, 공공봉사동기와 형식주의나 근속기간과는 부정적인 관계가 있다는 것을 보여 주고 있다.

Camilleri(2006)는 Perry(1996)의 24개 설문문항을 사용하여 공공봉사동기와 조직몰입(organizational commitment) 간의 관계를 분석하였다. 이 연구는 2,135명의 몰타(Malta) 공무원에 대한 설문조사를 활용하였는데, PSM의 2차적 요인모형에서 APM 하위요인의 요인적재값은 다른 하위요인들에 비하여 상당히 낮고 통계적으로 의미 있는 관계를 보여 주지 못하고 있다. 분석 결과, 조직몰입이 공공봉사동기를 강화하는 데 영향을 미치며, 이 가운데 정서적 몰입(affective commitment)은 공공봉사동기의 모든 하위요인에 직접적인 영향을 미치는 것으로 나타나고 있다. 프랑스 공무원 754명을 대상으로 한 설문조사를 사용하여, Castaing(2006)은 공공봉사동기가 정부조직에 대한 정서적 몰입의 중요한 선행요인이라는 점을 밝히고 있다. 이 연구에서는 Perry(1996)의 척도 가운데 CPI 요소를 측정하기 위한 4개 설문문항만을 사용하였다.

Coursey & Pandey(2007)는 Perry(1996)의 24개 설문문항을 보다 축약한 10개 문항의 척도를 사용하여 APM, CPI, COM의 3개 하위요인의 적합도를 검증하였다. 미국의 전국 규모 설문조사(National Administrative Studies Project; NASP-II)를 분석한 이 연구는 SS를 제외한 3개 하위요인 10개 문항에 대하여 타당한 검증 결과를 제공하고 있으나, APM에 대한 추가적인 척도 개발과 검증의 필요성도 아울러 제기하고 있다.

Coursey, Perry, Brudrey & Littlepage(2008)는 자원봉사자들을 대상으로 Perry(1996)의 3개 차원 12개 문항의 타당성을 검증하고, SS, CPI, COM 등 3개 차원에 대한 이들 척도의 일반화 가능성을 발견하였다. 또한 Vandenabeele(2008)는 벨기에 공무원들을 대상으로 Perry (1996)의 척도가 적합한지를 검증하였는데, 개별 척도의 적절성 여부는 미국 사례와 좀 상이할 수 있으나 기본적인 하위 구성요소들은 동일하게 적용할 수 있음을 발견하였다. 아울러 '민주적 거버넌스(democratic governance)'를 새로운 구성요소로 포함시킬 것을 제안하였다.

우리나라 공무원을 대상으로 한 설문조사를 통해 Kim(2009b)은 공공봉사동기에 대한 4개 하위요인 모형이 한국적 상황에서도 적용 가능한지 여부를 검증하였다. 그 결과, Perry(1996)의 24개 문항으로 이

〈표 2-4〉 Coursey & Pandey(2007)의 공공봉사동기 척도

하위차원	측정문항
정책에 대한 호감도 (APM)	·정치란 좋지 않은 말이다.* ·정책결정자들이 이해관계에 따라 서로 주고받는 식의 정책결정에 대하여 관심이 없다.* ·나는 정치인들에 대해서는 별로 관심이 없다.*
공익몰입(CPI)	·나는 우리 지역사회를 위해 사심 없이 기여하고 있다. ·의미 있는 공공봉사는 나에게 매우 중요하다. ·비록 내 자신의 이익이 침해되더라도 사회 전체를 위해 최선을 다하는 공무원을 보면 기분이 좋다. ·공공봉사를 나의 시민된 도리로 여기고 있다.
동정심(COM)	·곤궁에 처한 사람을 보면 측은한 감정이 든다. ·나는 일상생활을 통해 우리가 서로 의존적인 존재라고 종종 생각한다. ·자립하려는 시도조차 하지 않으려는 불우이웃에 대해서는 동정심을 전혀 갖지 않는다.*

참고: Perry(1996)의 24개 문항 중 10개 문항만 간추린 것임. 동일한 문장을 〈표 1〉과는 조금 다르게 번역하였음. * 표시된 문항은 역코딩해야 하는 척도임.

자료: Coursey & Pandey(2007: 551).

루어진 초기 모형은 적합하지 않아서 수정과정을 통해 4개 요인 14개 설문문항을 선택하였다. 하지만 2차 요인모형에서 APM은 요인적재값이 너무 낮아 한국적 상황에서 APM이 공공봉사동기의 타당한 구성요소가 될 수 있는지 여부가 의문스럽다고 밝히고 있다. 이와 유사하게, 스위스 공무원들과의 면접조사를 통하여 Ritz(2011)도 합리적·자기중심적인 동기는 APM의 핵심 내용이 되기에는 부적절하고 기존의 APM 측정문항도 타당하지 못하다고 지적하면서 새로운 측정문항을 제시하였다. 이러한 맥락에서, Kim(2009a)은 APM 측정을 위해 더 타당한 척도를 제시하고, 이를 우리나라 중앙부처 및 지방자치단체 공무원을 대상으로 검증하였다. 이를 통하여 공공봉사동기의 4개 하위요소에 대하여 수정된 12개 문항을 제시하고 있다.

미국과 여러 국가들에서 Perry(1996)의 측정척도를 사용하여 공공봉사동기의 선행요인과 효과를 검증하기 위해 많은 연구들이 수행되었다. 하지만 여러 선행연구들은 또한 공공봉사동기의 4가지 구성요소와 측정항목들이 한계가 있음을 보이고 있다. 어떤 경우에는 일부 구성요소들이 적합하지 않아서 분석에서 제외하기도 하고, 때로는 주어진 상황에서 공공봉사동기의 개념적 의미를 충분히 포괄하기 위하여 새로운 구성요소들을 추가하기도 하였다(Kim & Vandenabeele, 2010).[12] 이러한 다양성은 선행연구 결과를 검증하거나 이를 기반으로 추가적인 연구를 수행할 수 있는 가능성을 제한한다고 볼 수 있다. 따라서 여러 나라에 걸쳐서 공공봉사동기를 보다 적절하게 설명

12) 예를 들면, 스위스 학자들은 한 나라의 문화적 맥락과 제도적 특성이 공공봉사동기 측정지표에 반영되어야 한다고 주장하면서, 경험적 연구를 통하여 기존의 4개 하위차원에 "스위스 민주적 거버넌스" 차원을 추가한 공공봉사동기 척도를 제시하고 있다(Giauque et al., 2011).

〈표 2-5〉 Kim(2009a)의 공공봉사동기 척도

하위차원	측정문항
정책에 대한 호감도 (APM)	·나는 국가, 혹은 내가 속한 지역사회의 이익을 위한 공공프로그램(정책) 수립에 관심이 많다. ·공공정책 입안(수립)에 대하여 다른 사람들과 의견을 교환하는 것은 나에게 매력적인 일이다. ·내가 적극적으로 관여한 공공프로그램으로 인해 다른 사람들이 혜택을 보는 것은 나에게 보람 있는 일이다.
공익몰입(CPI)	·나는 공공봉사(국민에 대한 봉사)가 나의 시민으로서의 도리라고 생각한다. ·의미 있는 공공봉사(국민에 대한 봉사)는 나에게 매우 중요하다. ·비록 나의 이익이 침해되더라도 사회 전체를 위해 최선의 방법을 다하는 공무원을 보면 기분이 좋다.
동정심(COM)	·곤궁에 처한 사람을 보면 측은한 감정이 든다. ·나는 일상생활을 통해 우리가 서로 의존적인 존재라고 종종 생각한다. ·사회적 혜택을 받지 못하는 사람들의 어려운 처지를 보면 마음이 아프다.
자기희생(SS)	·개인적인 성공보다 사회에 대한 공헌이 내게는 더 큰 의미가 있다. ·나는 사회를 위해서 기꺼이 희생을 감수할 만한 마음의 준비가 되어 있다. ·나는 내 자신보다 먼저 나의 의무가 중요하다고 생각한다.

참조: APM 차원의 문항은 새로 개발한 것이며, 나머지 문항은 Perry(1996)의 문항을 토대로 부정문을 긍정문으로 고치는 일부 수정을 한 것임.
자료: Kim(2009a: 157).

하거나 예측하기 위해서는 공공봉사동기의 구성요소 및 측정문항에 대한 재검토가 필요하다.

이러한 비판과 선행연구에서 발견된 문제점들을 해결하고자 Kim & Vandenabeele(2010)는 공공봉사동기의 구성요소에 대하여 다시 검토하고 다음과 같은 수정방안을 제시하였다. 첫째, 공공정책에 대한 호감도(APM) 차원은 "공공참여에 대한 호감도(attraction to public participation; APP)" 차원으로 재정의되어야 한다고 한다. APM에 대한 기존 측정문항들은 공공정책 결정에 대한 개인의 호감도를 측정하는데 적절하지 못하므로, 새로 정의된 공공참여에 대한 호감도 차원은 공공부문에서 일하려고 하는 성향, 그리고 정책과정 및 지역사회 활동에 참여하려는 성향에 더 초점을 두어야 한다고 주장한다. 둘째, 공익몰입(CPI) 구성요소는 "공공가치에 대한 몰입(commitment to public values; CPV)" 요소로 재정의되어야 한다고 한다. 기존 문항들은 자기희생(SS) 척도들과 중첩되는 부분이 있으므로 공공가치를 추구하려는 개인적 성향에 더 초점을 둔 가치기반적 동기를 대변할 수 있는 척도가 개발될 필요가 있다고 한다. 셋째, 동정심(COM) 차원을 대변하는 보다 적절한 새로운 측정문항들이 개발되어야 한다고 주장한다. 기존 문항들은 정서적 동기의 독특하고 중요한 특성들을 반영하지 못하고 있으므로 봉사하려는 대상과의 정서적 연대에 보다 초점을 둔 문항 개발이 필요하다고 주장한다.

아울러 Kim & Vandenabeele(2010)는 공공봉사동기와 하위 구성요소 간의 관계에 대해서도 보다 명확한 입장을 제시하고 있다. 공공봉사동기를 다수의 잠재적 구성요소를 가진 다차원적 개념으로 정의한다면, 공공봉사동기와 구성요소 간의 관계를 규정하여야 한다. 이때 공공봉사동기 개념에 의해 각 구성요소가 설명된다고 보면 반영적 모형(reflective model)이라고 하고, 여러 구성요소들에 의하여 공공봉사동기 수준이 결정된다고 가정하면 형성적 모형(formative model)이라고 한다. 이 관계성에 따라 실제 분석결과가 달라지기 때문에 실증적 연구 이전에 먼저 이 관계를 이론적으로 명확하게 하여야 한다.[13] 공공

13) 그동안 신뢰, 직무만족, 조직몰입, 조직시민행동, 리더십 등 인간의 가치·태도·행동 등을 측정하는 데 개념과 척도 간의 관계가 반영적인지 형성적인지에 대한 진지한 고민 없이, 반영적 모형(구조방정식모형(SEM) 통계프로그램의 기본값(default)으로 설정되어 있음)으로 간주해 온 경향이 많았다. 하지만 그릇된 모형 설정은 모수추정치의 오차를 낳고 변수 간 관계에 대한 잘못된 결론을 초래하게 된다. 따라서 잠재변수 연구에서 개념과 척도 간, 또는 개념과 하위 구성요소 간 관계가 이론적·경험적으로 정확하게 설정되어야 한다(Kim, 2011).

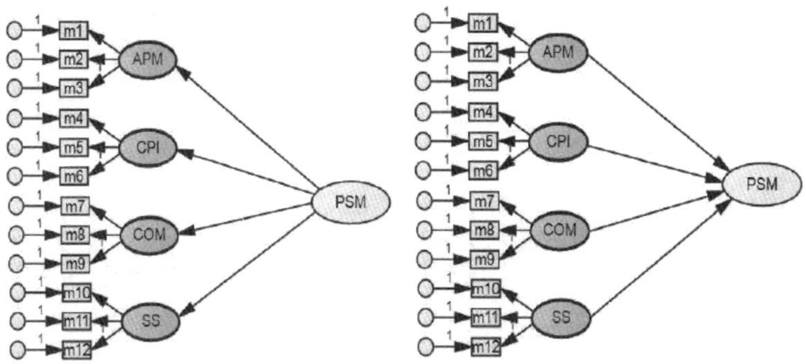

반영적 모형 형성적 모형

〈그림 2-2〉 공공봉사동기의 반영적 모형과 형성적 모형 예시

봉사동기가 반영적 모형으로 정의된다면 하위 요소 중 한두 개가 없어도(측정에 포함하지 않아도) 개인의 공공봉사동기를 측정하는 데 문제가 없으나, 형성적 모형으로 정의된다면 개인의 공공봉사동기를 측정할 때에는 모든 하위 요소가 반드시 포함되어야만 한다. 이 연구에서는 공공봉사동기의 개념 구성 및 측정모형에 대한 논의를 바탕으로, 공공봉사동기는 4가지 구성요소를 가진 이차요인 형성적 모형(second order formative model)으로 정의되어야 한다는 점을 이론적으로 규명하였다. 즉, 〈그림 2-2〉의 형성적 모형에서 알 수 있는 바와 같이 공공봉사동기 개념과 구성요소 간의 관계는 형성적이므로 개인의 공공봉사동기를 측정하기 위해서는 4가지 구성요소를 모두 측정하여야 하며, 각 구성요소와 척도와의 관계는 반영적 모형이므로 각 구성요소를 측정하기 위한 다수의 척도는 일부 추가 및 삭제가 가능하다고 볼 수 있다.

그리고 Kim(2011)은 우리나라 소방공무원 2,497명을 대상으로 한 설문조사를 토대로 공공봉사동기에 대한 이 두 가지 측정모형을 비교한 결과, 모형 적합도 및 설명력에서 형성적 모형이 보다 적합하다는 점을 실증적으로 증명하였다. 따라서 개인의 공공봉사동기 수준은 4가지 구성요소의 합으로 정의하는 것이 이론적·실증적으로 타당하다는 점이 입증되었다.[14] 또한 Kim(2009a)의 4개 하위요소 가운데 동정심(COM) 차원의 경로계수는 통계적으로 유의미하지 않음을 발견하였다. 따라서 앞으로 COM 차원을 보다 적절히 반영할 수 있는 새로운 측정문항 개발이 필요하며, 경험적 연구에서는 4가지 구성요소가 모두 측정되어 포함되어야만 개인의 공공봉사동기 수준을 제대로 측정한 것으로 볼 수 있다는 점 등을 제시하였다.

공공봉사동기의 개념 및 측정방법에 대한 Kim & Vandenabeele (2010)의 연구를 바탕으로 국제적으로 통용가능한 공공봉사동기 척도를 개발하고자 2009년 한국, 미국, 중국, 호주 및 유럽 여러 나라들의 학자들이 모여 공동연구를 시작하였다. 이들은 공공봉사동기는 공공참여에 대한 호감도(APP), 공공가치 몰입(CPV), 동정심(COM), 자기희생(SS)의 4가지 차원으로 구성되어야 한다는 데 동의하고, 각 차원의 의미를 보다 적절하게 대변할 수 있는 35개 예비문항을 개발하였다. 이후 여러 차례의 수정과정을 거쳐서 33개 문항을 선정한 후, 2010년 이를 검증하기 위한 국제조사를 한국, 미국, 중국, 호주, 네덜란드, 덴마크, 리투아니아, 벨기에, 스위스, 영국, 이탈리아, 프랑스 등 12개 국가를 대상으로 실시하였다. 설문대상은 각 국가마다 기초자치단체의 행정부서 및 복지서비스부서에 근무하는 상근 공무원들로 한정하여 국가 간 편차를 줄이고자 하였다. 조사결과에 대한 분석과정에서 APP 차원은 CPV 차원의 공익몰입 측면과 공통성이 많다

14) 즉, $PSM = \gamma_1 APM + \gamma_2 CPI + \gamma_3 COM + \gamma_4 SS + \zeta$(APM: 공공정책에 대한 호감도, CPI: 공익몰입, COM: 동정심, SS: 자기희생)으로 볼 수 있다.

고 평가되어, 이를 통합한 공공봉사 호감도(attraction to public service: APS) 차원으로 수정하였다. 연구진은 이 분석결과를 토대로 2010년에 먼저 국제적으로 사용가능한 APS, CPV, COM, SS의 4개 차원, 20개 문항을 제시하였다(Kim et al., 2010).

이후 보다 심도 있는 통계분석과 보완을 통하여 최종적으로 국가 간 비교연구를 위한 공공봉사동기 척도로 16개 문항이 선정되었다(Kim et al., 2013). 이 과정에서 〈표 2-6〉의 20개 문항 가운데 4개 문항이 제외되었다. 물론 이 16개 문항들도 상이한 문화와 언어를 가진 국가 간에 동일한 의미를 갖는지 여부를 평가하는 측정동일성

〈표 2-6〉 Kim et al.(2010)의 공공봉사동기 척도

하위차원	측성문항
공공봉사 호감도 (APS)	·공공서비스 개선을 위해 노력하는 데 관심이 있다. ·지역사회에 도움을 주는 활동에 참여하는 사람들을 존경한다. ·사회문제를 해결하려는 활동에 동참하는 것이 중요하다. ·의미 있는 공공봉사는 나에게 매우 중요하다. ·내가 공공선(公共善)을 위해 기여하는 것은 중요하다.
공공가치 몰입 (CPV)	·시민에게 동등한 기회를 제공하는 것이 매우 중요하다. ·시민들이 행정서비스가 지속적으로 제공될 것이라고 믿는 것이 중요하다. ·공공정책을 만들 때에는 미래세대의 이익도 고려하는 게 중요하다. ·윤리적으로 행동하는 것은 공무원에게 필수적이다. ·공무원은 항상 자신의 활동이 정당한지 여부를 인식해야 한다. ·나는 개인의 자유와 권리 신장을 지지한다.
동정심 (COM)	·곤궁에 처한 사람을 보면 측은한 마음을 주체하기가 어렵다. ·사회적 약자의 어려운 처지를 보면 동정심을 느낀다. ·어려움에 직면한 사람들을 보면 안타까운 마음이 든다. ·부당하게 대우받는 사람들을 보면 매우 화가 난다. ·다른 사람들의 복지를 고려하는 것이 매우 중요하다.
자기희생 (SS)	·사회를 위해 나 자신의 희생을 감수할 준비가 되어 있다. ·나 자신보다 시민으로서의 의무를 우선시해야 한다. ·나는 사회를 위해 개인적인 손실도 기꺼이 수용할 수 있다. ·비록 내가 비용을 지불하게 되더라도, 가난한 사람들을 돕기 위한 좋은 계획에 찬성한다.

자료: Kim et al. (2010), Appendix.

(measurement invariance) 검증을 완전히 통과하지는 못하여 국제적 비교연구에 적합하다고 볼 수는 없으나, 향후 더욱 타당한 국제적 척도를 개발하기 위한 시발점이 될 수 있을 것으로 본다.15)

〈표 2-7〉 Kim et al.(2013)의 공공봉사동기 척도

하위차원	측정문항
공공봉사 호감도 (APS)	·지역사회에 도움을 주는 활동에 참여하는 사람들을 존경한다. ·사회문제를 해결하려는 활동에 동참하는 것이 중요하다. ·의미 있는 공공봉사는 나에게 매우 중요하다. ·내가 공공선(公共善)을 위해 기여하는 것은 중요하다.
공공가치 몰입 (CPV)	·시민에게 동등한 기회를 제공하는 것이 매우 중요하다. ·시민들이 행정서비스가 지속적으로 제공될 것이라고 믿는 것이 중요하다. ·공공정책을 만들 때에는 미래세대의 이익도 고려하는 게 중요하다. ·윤리적으로 행동하는 것은 공무원에게 필수적이다.
동정심 (COM)	·사회적 약자의 어려운 처지를 보면 동정심을 느낀다. ·어려움에 직면한 사람들을 보면 안타까운 마음이 든다. ·부당하게 대우받는 사람들을 보면 매우 화가 난다. ·다른 사람들의 복지를 고려하는 것이 매우 중요하다.
자기희생 (SS)	·사회를 위해 나 자신의 희생을 감수할 준비가 되어 있다. ·나 자신보다 시민으로서의 의무를 우선시해야 한다. ·나는 사회를 위해 개인적인 손실도 기꺼이 수용할 수 있다. ·비록 내가 비용을 지불하게 되더라도, 가난한 사람들을 돕기 위한 좋은 계획에 찬성한다.

자료: Kim et al.(2013), Table 4.

2. 유의사항

개인의 태도나 행동에 대한 경험적·실증적 연구에서는 자기보고

15) 답항은 보통 리커트(Likert)식 5점 척도 또는 7점 척도로 구성한다. 5점 척도를 예로 들면, 주로 “전혀 그렇지 않다(강한 부정)”=1, “그렇지 않다(부정)”=2, “그저 그렇다(보통)”=3, “그렇다(긍정)”=4, “매우 그렇다(강한 긍정)”=5, 이런 방식으로 응답 결과를 수치화하여 입력한다.

식 설문지(self-reported questionnaire)를 활용하는 경우가 많다.[16] 자기보고식이란 응답자들이 설문문항을 직접 읽고 응답하는 방식으로, 다수를 대상으로 하는 설문조사에서 보편적으로 사용되고 있다. 자기보고식 설문조사는 응답자에게 전적으로 의존하기 때문에, 설문조사를 할 때 응답자는 자신이 실제로 생각하고 느끼는 대로 응답하는 대신에 사회적 승인을 높이는 방식으로, 즉 사회적으로 바람직하다고 평가되는 방향으로 응답하려는 경향을 가질 수 있다. 따라서 개인의 공공봉사동기를 측정하거나 공공봉사동기와 다른 개념과의 관계를 검증하고자 자기보고식 설문조사를 실시할 경우, 응답자들은 어떻게 응답하는 것이 사회적으로 보다 바람직하게 인식되는지를 알기 때문에 자신의 솔직한 생각을 성실하게 반영하여 응답하기보다는 다른 사람 혹은 사회의 눈을 의식하여 '사회적으로 올바른' 응답을 할 개연성이 높다고 볼 수 있다. 즉, 설문지를 받으면 본인의 진솔한 태도와 의견과는 무관하게 마치 '무엇이 정답일까' 하는 자세에서 응답하는 사람이 있다. 이러한 경향을 '사회적 소망성 편향(social desirability bias)'이라고 하며, 이는 자기보고식 설문조사를 통하여 수집된 정보를 왜곡시키고 잘못된 조사결과를 낳는 심각한 문제를 초래할 수 있다.

Wiggins(1964)는 사회적 소망성을 크게 알파(Alpha)요인과 감마

16) 이하의 내용은 아래 Kim & Kim(2012a, 2012b)의 설명에 의존하고 있음.
Kim, Seung Hyun & Sangmook Kim. 2012a. Social Desirability Bias in Measuring Public Service Motivation. Presented at the XVI IRSPM (International Research Society for Public Management) Conference at University of Rome Tor Vergata, Rome, Italy, April 11-13, 2012.
Kim, Seung Hyun & Sangmook Kim. 2012b. Cultural Diversity and Social Desirability Bias in Measuring Public Service Motivation. Presented at the 2012 EGPA Annual Conference, Bergen, Norway, September 5-8, 2012.

(Gamma)요인이라는 두 가지 하위요인으로 구분한다. 알파요인은 자기애(自己愛)에 가치를 두고 권력에 대한 욕구가 강하며 이기적인 편파성을 보이는 자기기만적 고양(self-deceptive enhancement)의 특성을 보이며, 감마요인은 인상관리(impression management)에 가치를 두며 승인에 대한 욕구가 강하고 도덕적인 편파성을 보이는 자기기만적 부인(self-deceptive denial)의 특성을 보인다고 한다. Paulhus(1984)는 경험적 연구를 통해서 사회적 소망성을 자기기만과 인상관리라는 두 가지 요인으로 정의한다. 우리나라처럼 집단주의(collectivism)적 문화 특성을 가진 사회(Hofstede, 1991; 2001)에서는 응답자들이 사회적 조화와 인정에 민감해서 소위 인상관리를 하는 경향이 있다고 알려져 있다(Lalwani, Shavitt, & Johnson, 2006). 집단주의 문화에서는 인간관계를 고려하고 체면을 중시할 뿐 아니라 스스로를 비판적으로 인식한다. 따라서 좋은 이미지를 구축하기 위하여 자신의 행위를 가장 긍정적으로 보여 주려는 경향이 있다. 그러므로 설문에 응답할 때 진솔하게 반응하기보다는 가장과 가식을 할 가능성이 있다고 예상할 수 있다.

공공봉사동기 수준을 측정하기 위하여 설문조사를 하는 경우, 응답자들은 자신의 생각이나 느낌에 기초하여 진솔하게 응답하기보다는 어떻게 응답하는 것이 보다 적절한지, 즉 다른 사람들이 볼 때 어느 답항을 바람직한 응답이라고 볼 것인지를 고려하여 '이렇게 응답하는 것이 바람직하다'고 생각하여 응답할 가능성이 있다.

2012년에 실시한 대규모 온라인 실험조사 결과를 보면, 한국인에 대한 공공봉사동기 측정의 경우 상당한 사회적 소망성 편향이 나타나고 있음을 알 수 있다(Kim & Kim, 2012a). 예를 들면, 〈표 2-8〉은 공공봉사동기의 한 측정문항에 대하여 한국인들을 대상으로 직접 설문조사를 한 경우 긍정적인 응답은 44%이지만, 참지지도(진정한 의견)는

26%에 불과하고 사회적으로 바람직한 답변을 하려는 경향(긍정적으로 응답하려는 경향)이 18%임을 보이고 있다. 즉, 실제로는 이 문항에 대하여 동의하지 않음에도 긍정적으로 응답하는 것이 사회적으로 바람직하다고 여겨 긍정적으로 응답한 경우가 18%에 달한다는 것이다. 이는 자기희생과 같은 공공봉사동기 측정문항에 대하여 사회적으로 바람직한 답변을 하는 경향이 있음을 보여준다. 또한 여성보다는 남

〈표 2-8〉 공공봉사동기 측정과 사회적 소망성 편향

측정문항	사회를 위해 나 자신의 희생을 감수할 준비가 되어 있다.				
	직접 질문 (a)	통제집단 (b)	실험집단 (c)	참 지지도 =(c)-(b)	사회적 소망성 편향 =a-{(c)-(b)}
전체	0.44	1.21	1.47	0.26(0.04)***	0.18(0.03)***
남성	0.48	1.23	1.50	0.27(0.06)***	0.21(0.04)***
여성	0.40	1.19	1.43	0.28(0.06)***	0.12(0.04)**
20대	0.31	1.09	1.28	0.19(0.09)*	0.12(0.06)
30대	0.31	1.11	1.34	0.23(0.08)**	0.08(0.05)
40대	0.47	1.31	1.50	0.19(0.07)**	0.28(0.04)***
50대	0.62	1.24	1.67	0.43(0.09)***	0.19(0.06)***
저소득	0.45	1.17	1.41	0.24(0.08)**	0.21(0.05)***
중간	0.40	1.23	1.45	0.22(0.06)***	0.18(0.03)***
고소득	0.54	1.19	1.59	0.40(0.09)***	0.14(0.06)*
진보	0.48	1.30	1.71	0.41(0.08)***	0.07(0.06)
중도	0.40	1.19	1.39	0.20(0.05)***	0.20(0.03)***
보수	0.54	1.12	1.41	0.29(0.10)**	0.25(0.06)***
불교	0.42	1.14	1.52	0.38(0.09)***	0.04(0.06)
개신교	0.51	1.21	1.40	0.19(0.09)*	0.32(0.05)***
천주교	0.42	1.11	1.63	0.52(0.13)***	-0.10(0.14)
종교 없음	0.42	1.27	1.45	0.18(0.06)**	0.24(0.04)***

비고) 괄호 안의 수치는 표준편차임. ***: $p<0.001$, **: $p<0.01$, *: $p<0.05$.
소득은 저소득(월수입 200만 원 미만), 중간(월수입 500만 원 미만), 고소득(월수입 500만 원 이상)으로 구분하였음.

자료: Kim & Kim(2012a), Table 1.

성이, 연령별로는 40대가, 소득 면에서는 저소득층일수록, 그리고 이념성향에서는 보수성향일수록 사회적 소망성 편향이 높게 나타나고 있다. 또한 종교에 따라서도 상당한 차이가 있는데, 기독교 신자의 경우에는 사회적 소망성 편향이 가장 높은 데 비하여 불교 또는 천주교 신자의 경우는 그렇지 않음을 알 수 있다.

자기희생, 공공봉사 호감도, 직무만족 등 3개 측정문항에 대한 한국인들의 사회적 소망성 편향 정도에 대한 실험적 조사 결과를 종합해 보면(Kim & Kim, 2012a), 여성보다는 남성이, 연령대로는 40대와 50대가, 종교에서는 개신교도와 종교가 없는 사람들에게서 사회적 소망성 편향이 보다 높게 나타났다. 이에 반해, 30대와 불교도 및 천주교도들은 상대적으로 사회적 소망성 편향이 낮은 편인 것으로 나타났다. 그러므로 공공봉사동기에 대한 실증적 연구에서는 응답자들의 사회적 소망성 편향을 고려하여야 할 뿐만 아니라 조사결과의 분석 및 해석에서도 이러한 경향성을 고려하여야 할 것이다.

또한 공공봉사동기 측정에서 사회적 소망성 편향에 대하여 한국, 일본, 미국, 네덜란드를 대상으로 한 국가 간 비교연구 결과를 보면(Kim & Kim, 2012b), 집단주의 문화적 특성이 강한 한국이나 일본 그리고 개인주의적 성향이 강한 미국과 네덜란드 모두 공공봉사동기 측정문항에 대하여 보다 긍정적으로 응답하는 사회적 소망성 편향이 나타나고 있다. 하지만 개인주의적 성향이 강한 나라들에 비하여 집단주의적 성향이 강한 우리나라나 일본에서 사회적 소망성 편향의 정도나 추세가 보다 강하고 일관되게 나타나고 있다.

그동안 사회적 소망성 편향의 영향을 줄이고자 공공봉사동기 연구에서 주로 사용해온 방법은 사후적인 통계적 통제방법이다(Kim, 2006; 2011). 이는 설문조사 이후 통계분석을 통해 변수 간의 관계에 영향을 주는 사회적 소망성 편향을 제거하는 방법으로, 사회적 소망성에 의한 편향이 독립변수와 종속변수에 모두 영향을 미친다고 가정하고 이를 잠재변수로 포함시켜 구조방정식모형(structural equation model)을 통해 그 영향을 줄여보고자 한다(Podsakoff, MacKenzie, Lee, & Podsakoff, 2003). 하지만 이 방법만으로는 사회적 소망성 편향의 영향을 제대로 통제한다고 보기는 어렵다(Kim & Kim, 2012b). 따라서 공공봉사동기 측정 결과에 대한 신뢰성을 증진하기 위해서는 무엇보다도 조사설계 단계에서부터 사회적 소망성 편향을 고려하여야 하며, 가능한 한 이러한 편향을 사전에 제거할 수 있는 방법을 강구하여야 할 것이다.

제4절 맺음말

공공봉사동기라는 개념은 원래 미국에서 공무원의 동기를 설명하고자 개발되었다(Perry & Wise, 1990). 민간부문보다 열악한 근무조건에도 불구하고 굳이 공무원이 되려는 사람들은 아마도 국가와 사회를 위해 헌신하고 봉사하려는 경향이 보다 강할 것이라고 보았다. 하지만 이후 공공봉사동기의 개념을 공공부문이라는 영역 또는 공무원이라는 직업에 한정하지 않고 일반적인 인간의 이타적 동기로 보려는 경향(Rainey & Steinbauer, 1999), 미국과는 다른 공무원제도를 가진 유럽이나 아시아 국가들에서도 나타나는 세계적인 보편적 현상으로 보려는 경향(Perry, Hondeghem, & Wise, 2010), 그리고 공사 부문 간 경계의 모호성이 증가하는 경향(Moynihan & Pandey, 2007) 등이 지적되고, 미국·유럽·아시아 등 세계적으로 공공봉사동기의 형성과 영향에 대한 다양한 경험적 연구성과가 축적되면서(Perry & Hondeghem, 2008), 이제는 공공봉사동기를 교육과 경험을 통해 증진될 수 있는 인간이 가진 보편적 심성으로 이해하려는 경향이 더욱 확산되고 있다(Kim & Vandenabeele, 2010; Perry & Hondeghem, 2008). 따라서 공공봉사동기는 특정 직업과 관계없이 인간이라면 누구나 가질 수 있는 "공공가치 실현과 공익의 증진을 위하여 노력하려는 동기"라고 이해하는 것이 보다 타당하다.

공공봉사동기는 비록 최근에 체계화되고 있는 개념이지만, 동서양을 막론하고 오랜 인류 역사를 통하여 보편적으로 추구해온 공공선, 공적 윤리, 봉사, 공영(共榮)과 맥을 같이 한다고 볼 수 있다. 이러한 공공봉사동기는 서양문화를 배경으로 성립되었지만, 우리나라를 포함한 동양에서도 유학사상에서 그 연원을 찾아볼 수 있다. 공공봉사동기 개념은 원래 합리적 동기, 규범적 동기, 정서적 동기로 구성된다고 보았다(Perry & Wise, 1990). 이후 합리적 동기는 사익 추구 동기의 가능성을 내포하고 있으며 규범적 동기와 정서적 동기 간 개념적 구별이 명확하지 않다는 지적이 제기되면서, 공공봉사동기는 수단적 동기, 가치기반적 동기, 동일시 동기 및 자기희생으로 구성된다는 개념 구성의 수정이 이루어졌다(Kim & Vandenabeele, 2010). 또한 개인의 공공봉사동기를 측정하기 위하여 Perry(1996)는 정책에 대한 호감도, 공익몰입, 동정심, 자기희생이라는 4가지 하위차원으로 구성된 24개 측정문항을 개발하였다. 이 척도를 활용하여 많은 경험적 연구들이 수행되었으나, 어떤 경우에는 일부 하위차원들이 적합하지 않아서 통계분석에서 제외되기도 하고 때로는 새로운 구성요소들이 추가되기도 하였다. 이러한 문제점을 극복하고자 새롭게 공공봉사 호감도, 공공가치 몰입, 동정심, 자기희생이라는 4가지 하위차원으로 구성된 16개 측정문항이 공공봉사동기의 새로운 척도로 제시되었다(Kim et al., 2013).

하지만 아직 상이한 문화와 언어를 가진 국가들 간에 동일한 의미를 갖는지 여부에 대한 측정동일성 검증을 완전히 통과하지 못하여, 국제적 비교연구에 적합한지는 의문스럽다. 앞으로 국제적으로 더욱 타당한 척도 개발을 위한 노력이 필요하다.

인간은 누구나 공공봉사동기를 가지고 있다. 다만 각자 갖고 태어난 공공봉사동기의 씨앗이 교육과 경험을 통하여 얼마나 자라는지에 따라 개개인의 공공봉사동기 수준은 다를 것이다. 하지만 누구나 적절한 환경과 기회가 주어진다면 공공봉사동기를 보다 증진할 수 있을 것이다. 미국, 유럽, 아시아 등 세계 여러 나라의 많은 학자들이 공공봉사동기에 주목하는 이유는 그것이 주는 긍정적인 영향 때문이다. 공직자 개인의 공공봉사동기 수준이 향상되면 공직윤리가 더욱 확립되고 직무태도와 성과에도 긍정적인 영향을 미칠 것이라고 예상한다. 즉, 공공봉사동기 수준이 높을수록 보다 열심히 봉사하고자 할 것이다. 국가와 국민의 입장에 서서 공익을 증진하고자 보다 많은 관심과 노력을 기울이게 될 것이다. 또한 공직생활을 통하여 자신의 영달과 이익 추구에 몰두하기보다는 국가발전과 국민의 복리증진을 위하여 보다 헌신하고자 할 것이다. 공직사회 전반의 공공봉사동기 수준이 향상되면, 정부의 정책 및 활동의 공공성이 제고되고, 정부와 시민의 상호협력이 증진되어 정부의 질(quality of government)과 정부성과가 제고될 것이라고 예상한다. 사회구성원 개개인의 공공봉사동기 수준이 높으면, 자신의 이익에만 집착하기보다는 이웃과 사회에 대한 관심과 배려가 높아지고, 국가발전과 공익 증진을 위한 자발적인 기여가 증대할 것으로 예상한다. 아울러 사회 전반의 공공봉사동기 수준이 높아지면, 사회적 갈등이 줄어들고 공공선이 증진되며 서로 돕고 협력하는 상호부조(相互扶助)의 분위기가 고양될 것이다. 따라서 자연스럽게 국가와 사회의 발전을 위한 시민들의 참여와 협력이 증진되어 사회의 질이 높아질 것으로 기대한다. 세계 모든 사람들의 공공봉사동기가 증진된다면, 세계평화와 인류공영을 위한 공동노력이 보다 활발해질 것으로 기대할 수 있다. 그러면 공공봉사동기는 어떻게 형성되며 어떤 영향을 미치는지, 그리고 우리나라의 공공봉사동기 수준은 다른 나라와 비교할 때 어느 정도인지를 차례로 알아보고자 한다.

제3장

공공봉사동기는 어떻게 형성되는가?

제 3 장 공공봉사동기는 어떻게 형성되는가?

제1절 이론적 논의

1. 선행연구 검토

공공봉사동기 형성에 영향을 미치는 요인은 무엇인가?[1] 공공봉사동기 연구에서의 기본 가정은 사회·역사적 요인과 조직 요인 간의 상호작용을 통하여 공공봉사동기가 형성된다는 것이다(Moynihan & Pandey, 2007; Scott & Pandey, 2005).[2] 공공봉사동기 형성에 영향을 미

1) 이 절의 내용은 2010년 중국 華中科學技術大學校에서 열린 국제학술대회에서 발표된 바 있다.
Sangmook Kim. 2010. Antecedents and Consequences of Public Service Motivation in Korea: In-Depth Interviews with Public Employees. Prepared for presentation at the International Workshop on Public Service Motivation and Public Performance in a Globalized World, sponsored by the School of Pub- lic Management at Huazhong University of Science & Technology, Wuhan, China, July 15-17, 2010.

2) 대만 공무원을 대상으로 한 실증적 연구에 따르면, 개인의 성격적 특성(즉 외향성, 개방성, 친화성, 성실성, 신경성과 같은 Big-Five 성격유형)도 공공봉사동기의 각 하위차원과 밀접한 관계가 있다고 한다(Jang, 2012). 즉, 성격적 특성이 다르면 공공봉사동기 수준도 달라진다는 것이다. 외향성은 정책에 대한 호감도와는 긍정적인 관계가 있으나 자기희생과는 부정적인 관계가 있다. 친화성은 동정심과 긍정

치는 사회·역사적 요인에 대한 미국의 선행연구 결과들을 살펴보면, Perry(1997)는 공공봉사동기가 오랜 시간에 걸친 여러 가지 형태의 훈육활동과 전문직업적인 사회화 경험을 통해 발전한다고 주장한다. Bright(2005)는 미국 공무원들의 경우 여성, 관리직, 고학력자의 공공봉사동기 수준이 높다고 한다. 즉, 높은 공공봉사동기 수준을 가진 공무원은 여성이거나 학력수준이 높거나 관리자일 가능성이 높으며 공공봉사동기 수준이 낮은 공무원에 비하여 경제적 보상을 덜 중요시하는 경향이 있다고 한다. Moynihan & Pandey(2007)는 공공봉사동기는 교육 수준과 전문가 조직에서의 활동과 밀접하게 연관되어 있다는 점을 발견하였다. 또한 공공봉사동기가 가족의 사회화, 종교활동, 자원봉사 경험과 밀접하게 연관되어 있다는 사실도 발견되었다(Perry, Brudney, Coursey, & Littlepage, 2008). 이 연구에서는 또한 심층면접을 통해 영성(靈性), 이웃돕기, 일생을 변화시키는 사건 등도 공공봉사동기 개발에 중요하다는 점을 지적하였다. Paine(2009)은 미국 지방공무원들의 경우에는 신앙심, 부모의 모범, 전문직업의식, 정치적 이념과 연령이 공공봉사동기와 관련이 있다고 보고하였다. 즉, 미국에서는 성장과정을 통하여 보고 듣고 배우고 경험하는 모든 활동이 개인의 공공봉사동기 형성에 영향을 미친다는 사실이 경험적으로 증명되고 있다.

우리나라에서도 가족의 영향이나 봉사활동 경험과 같은 개인적 경험이 공공봉사동기 형성에 긍정적인 영향을 미친다고 보고되고 있다

적인 관계가 있으며, 성실성은 공익몰입, 동정심, 자기희생과 긍정적인 관계가 있다. 신경성은 공익몰입과 동정심과는 부정적인 관계가 있으며, 정책에의 호감도와는 긍정적인 관계가 있다. 개방성은 모든 공공봉사동기 하위차원과 긍정적인 관계를 가진다고 한다.

(김서용 · 조성수 · 박병주, 2010; 김태호 · 김유한, 2010). 경기도 지역 공무원 906명을 대상으로 한 설문조사 자료를 분석한 결과(김서용 · 조성수 · 박병주, 2010), 남성이 여성보다 그리고 연령이 높을수록 공공봉사동기 수준이 높게 나타나고 있다. 하지만 소득이나 직급, 학력은 공공봉사동기와 통계적으로 유의미한 관계를 보이지 않고 있다. 학력과 관련하여 흥미로운 점은 공공봉사동기 수준이 고졸 집단에서는 높았다가 대졸 집단에서는 낮아지고 다시 대학원졸 이상인 집단에서는 높아지는 U자형 패턴을 보인다는 점이다. 공무원 교육훈련에의 참여도는 공공봉사동기에 긍정적인 영향을 미치는 것으로 나타나고 있다. 부모의 역할과 봉사 경험도 공공봉사동기 형성에 기여하는데, 공익몰입과 자기희생은 대외적인 봉사경험에 의해 영향을 받지만 동정심은 장기적인 부모의 역할에 의해 영향을 받는다고 한다. 성장환경에서의 경제적 여유는 영향을 미치지 못하지만, 종교활동은 공익몰입과 자기희생에 영향을 미치는 것으로 나타나고 있다. 서울시와 경기도의 기초자치단체 공무원 934명을 대상으로 한 조사 결과(김태호 · 김유한, 2010), 부모의 영향과 개인의 역할모델(role model)의 존재가 공공봉사동기 형성에 영향을 미치는 것으로 나타났다.

조직 요인, 즉 개인의 조직에서의 업무수행과 조직의 관리방식 · 환경이 공공봉사동기 형성에 미치는 영향에 대한 연구도 매우 중요하다. 개인이 담당하는 직무의 특성, 즉 목표의 구체성과 중요도 및 난이도와 같은 직무의 특성이나 자기효능감(self-efficacy) 같은 직무태도가 공무원의 공공봉사동기에 영향을 미친다고 한다(Scott & Pandey, 2005). 또한 오스트레일리아에서는 공공봉사동기 수준이 높은 사람들은 직업으로 공무원을 선호하며, 일단 공무원이 되면 조직의 정책이나 관행과 같은 조직문화가 공공봉사동기 증진에 영향을 미친다고 한다(Taylor, 2007). 지중해에 있는 몰타(Malta) 공무원들의 경우, 업무 특성, 조직 내 상하관계, 조직에 대한 공무원의 인식과 같은 조직환경이 공공봉사동기에 영향을 미친다고 한다(Camilleri, 2007). 아울러 조직이 얼마나 잘 관리되고 있는지에 대한 직원의 인식이 공공봉사동기를 보다 증진시킨다고 한다(Camilleri & Van der Heijden, 2007). 미국 공무원들은 자신의 업무수행 결과로 인해 혜택을 받은 주민을 직접 만나보는 것만으로도 공공봉사동기가 증진된다고 한다(Grant, 2008). 미국의 경우, 애매한 목표는 공공봉사동기에 부정적인 영향을 미치지만, 명확한 목표, 분명한 조직의 사명, 목표에 대한 헌신, 목표와 업무와의 관련성에 대한 충분한 이해는 공공봉사동기를 증진시킨다는 사실을 발견하였다(Jung & Rainey, 2009). 구체적이면서도 달성하기 어려운 목표를 제시하거나, 돕고 혜택을 주고 베풀거나 다른 사람들에게 도움이 되는 목표를 설정하는 것이 공공봉사동기 증진에 효과적이라고 한다(Wright & Grant, 2009). 또한 Moynihan & Pandey(2007)는 조직의 형식주의와 재직기간은 공공봉사동기와 부정적인 관계를 보이는 반면, 계층제적 권한과 개혁 노력은 긍정적인 관계가 있으므로 조직의 제도적인 영향이 공공봉사동기에 영향을 미친다고 주장하였다. 조직관리자의 변혁적 리더십(transformational leadership) 또한 공공봉사동기 증진에 영향을 미친다고 보고되고 있다(Moynihan, Pandey, & Wright, 2009; Wright, Moynihan, & Pandey, 2011).

우리나라에서도 공무원을 대상으로 한 경험적 연구를 통하여 조직생활이 공공봉사동기 형성에 미치는 영향이 분석되고 있다. 김서용(2009)은 기초자치단체의 1,110명 공무원을 대상으로 조사한 결과, 연령과 직급, 내재적 요인에 대한 만족, 정서적 조직몰입, 동료와의 관계 등은 공공봉사동기에 긍정적인 영향을 미치지만, 형식주의는 부정적인 영향을 미치는 것으로 나타났다고 한다. 하지만 이 연구에서는 공공봉사동기 가운데 자기희생(SS) 차원만을 측정했다는 한계가 있다. 김태호・김유한(2010)의 연구에서는 업무에 대한 자기효능감이 높을수록 공공봉사동기 수준이 높으며, 조직문화 유형 가운데 집단문화가 공공봉사동기에 긍정적인 영향을 미치는 것으로 나타났다. 집단문화는 조직구성원들의 참여, 팀워크, 충성, 사기 등을 특성으로 하기 때문에 참여와 관심을 통한 책임감과 자긍심을 향상시켜주면서 소속감 및 조직에 대한 주인의식을 갖도록 한다. 이러한 측면들이 긍정적인 영향을 미친다고 볼 수 있다. 김서용・조성수・박병주(2010)의 연구에서도 공공봉사동기의 형성에 조직사회화 요인이 영향을 미치고 있다고 나타나고 있으나, 그 정도는 공공봉사동기의 하위차원에 따라 다르며, 특히 하위차원별로 유의미하게 영향을 미치는 변수도 상이하다는 점을 발견하였다. 이들에 따르면, 조직사회화 요인 가운데 상사 역할, 동료 역할, 공직생활 중의 봉사 경험 등이 공공봉사동기 형성에 긍정적인 기여를 한다고 한다. 이를 통해 조직 내에서의 사회적 관계가 중요하다는 점을 알 수 있다. 또한 한 공단을 대상으로 한 연구에서도 직급은 공공봉사동기에 유의미한 긍정적인 영향을 미치는 것으로 나타났으나 근무연수는 유의한 관계를 보이지 못하고 있다(박순애・정선경, 2011). 한에스더・이근주(2012)는 중앙행정기관과 지방자치단체 공무원 415명을 대상으로 한 설문조사 결과를 통하여 조직경험과 업무 특성이 공공봉사동기의 변화를 설명하는 중요한 요인이라는 점을 발견하였다. 업무모호성이 높을수록 공공봉사동기에 부정적인 영향을 주고, 직무만족도가 높을수록 공공봉사동기에 긍정적인 영향을 미친다고 한다. 또한 공직에서 경험된 주요 심리상태가 긍정적일수록, 그리고 집행업무보다는 정책형성업무를 수행하는 경우에 더 높은 수준의 공공봉사동기를 보인다고 한다. 이러한 결과는 공공조직에 참여한 이후 업무와 관련된 다양한 경험을 통하여 공공봉사동기가 변화할 수 있다는 주장(Perry & Wise, 1990)을 뒷받침한다.

2. 심층면접과 가설 설정

한국인의 공공봉사동기를 보다 종합적이고 심층적으로 분석하고 가설을 도출하고자 2010년 봄에 전·현직 공무원을 대상으로 심층면접(in-depth interview)을 실시하였다. 면접대상은 여성 6명, 남성 10명이며, 직급별로 보면 5급 이상 관리직이 6명, 6급 이하 실무직이 10명이다. 중앙부처 공무원은 7명, 지방자치단체 및 기타 정부기관 공무원이 9명이다. 연령별로 보면, 50대가 5명, 40대가 6명, 30대 이하가 5명으로 가급적 다양한 직급과 연령층을 대변할 수 있도록 면접대상을 다음과 같이 선정하였다.

여일씨: 여성, 27세, 8급 공무원, 경력 3년, 공립학교 근무
여이씨: 여성, 50세, 6급 공무원, 경력 26년, 지방자치단체 근무
여삼씨: 여성, 53세, 6급 공무원, 경력 29년, 지방자치단체 근무
여사씨: 여성, 30세, 7급 공무원, 경력 5년, 국회 근무
여오씨: 여성, 29세, 6급 공무원, 경력 1년, 중앙부처 근무
여육씨: 여성, 42세, 7급 공무원, 경력 20년, 지방자치단체 근무
남일씨: 남성, 55세, 고위공무원(2009년 퇴직), 경력 31년, 중앙부처 근무
남이씨: 남성, 54세, 차관(2009년 퇴직), 경력 29년, 중앙부처 근무
남삼씨: 남성, 41세, 5급 공무원, 경력 10년, 중앙부처 근무
남사씨: 남성, 53세, 6급 공무원, 경력 28년, 지방자치단체 근무

남오씨: 남성, 42세, 6급 공무원, 경력 19년, 지방자치단체 근무
남육씨: 남성, 31세, 5급 공무원, 경력 4년, 중앙부처 근무
남칠씨: 남성, 45세, 3급 공무원, 경력 19년, 중앙부처 근무
남팔씨: 남성, 47세, 4급 공무원, 경력 17년, 중앙부처 근무
남구씨: 남성, 28세, 9급 공무원, 경력 2년, 지방자치단체 근무
남열씨: 남성, 44세, 7급 공무원, 경력 17년, 지방자치단체 근무

면접에서는 먼저 공공봉사동기에 대하여 설명한 후 살아온 이야기와 개인적인 경험담을 나누면서 자연스럽게 공공봉사동기와 관련된 주제에 대하여 대화를 나누는 방식으로 진행하였다. 응답자 본인의 경험담을 주로 얘기하였지만, 부자연스러운 경우에는 직장생활을 통해 알게 되는 전반적인 분위기나 동료들의 얘기를 하기도 하였다. 또한 필요한 경우, 이메일로 질문을 하여 답변을 받기도 하였다.

(1) 사회·역사적 요인과 공공봉사동기

미국이나 네덜란드와 같은 서양에서는 학교교육이 공공봉사동기와 긍정적인 관계가 있다고 한다(Bright, 2005; Moynihan & Pandey, 2007; Naff & Crum, 1999; Perry, 1997; Steijn, 2008). 이러한 선행연구들은 다양한 표본을 대상으로 조사하였기에 충분한 외적 타당성을 갖고 있다고 평가할 수 있다. 서양에서 학교교육이 공공봉사동기에 영향을 미친다고 보는 것은 개인의 신념을 형성하고 건전한 시민의식을 함양하는 교육의 사회화 기능과 연관이 있다고 할 수 있다.

그러나, 우리나라의 사정은 서양사회와는 다르다. 모든 여성 응답자와 6명의 남성 응답자를 포함한 대다수의 응답자들은 교육 수준과 공공봉사동기 간의 관계가 없을 것이라고 생각하고 있다. 여사씨는

학력이 높을수록 권력·명예·재산에 대한 욕심이 많아진다는 이유를, 여육씨는 공통적인 학교교육 말고 개인적인 상황과 경험이 더 중요하다고 강조한다. 응답자 대다수는 공공봉사동기는 개인적인 가치 지향성의 문제로 다양한 요인에 의해 영향을 받을 것으로 생각하며, 교육 수준이 높을수록 공공봉사동기 수준도 높아질 것이라는 선형적 관계를 기대하지 않고 있다.

> 여일씨: 학력의 영향이 없다.
>
> 여이씨: 사람들마다 가치가 다르기 때문에 꼭 그렇게 생각하지는 않는다.
>
> 여삼씨: 아니다. 공공봉사동기는 다양한 요인의 복합체라고 생각한다. 예를 들면, 개인의 성향, 가정환경, 조직의 분위기, 학교교육 등이 두루 연관이 있다.
>
> 여사씨: 아니다. 학력이 높을수록 좀 더 안정된 자신의 삶의 체계를 구축할 가능성이 높아지고 그만큼 자신의 세력 확장(권력, 명예, 자산)에 매진하는 경향이 있을 수 있다. 직접적인 연관은 없다고 생각한다.
>
> 여오씨: 아니다. 학력이 높을수록 공공봉사동기가 높아지지는 않으나, 비율상으로 학력이 높은 사람이 자신에 대한 만족도가 높고 이해도가 높은 경향이 있을 수 있기 때문에, 고차원의 지향점이라 볼 수 있는 공공봉사동기가 높은 사람이 좀 더 있을 수는 있다고 본다. 절대적인 관계는 아니다. 서양에서는 그럴 수 있으나 우리나라와 같이 공부하여 진학을 하는 환경에서는 관련이 없다고 본다.
>
> 여육씨: 그렇지 않다. 공공봉사동기는 개인차이고, 개인의 여러 환경적 요인이 복합적으로 작용하여 생긴다.

남일씨: 학력의 영향이 있다. 보고 들은 경험이 중요하다.

남이씨: 학력이 높을수록 사회와 국가에 대한 생각을 하게 되어 긍정적 영향을 준다.

남삼씨: 공공봉사동기는 개인적이고 중립적인 문제이다.

남사씨: 공공봉사동기는 개인 성장과정과도 연관이 있으므로 꼭 일치하지는 않는다고 생각한다. 개인의 성격이나 가정환경, 교육환경 등 다양한 요인이 작용할 수 있어 학력과 공공봉사동기는 비례하지 않는다고 생각한다.

남오씨: 아니다. 관계가 없다.

남육씨: 그렇다.

남칠씨: 상관관계는 어느 정도 있다고 생각된다. 중·고·전문대 졸업자보다는 대학 졸업자가 사회 문제에 대한 인식과 관심, 참여도가 높아질 수 있다고 본다. 다만, 어느 수준 이상이면 더 이상의 상관은 없을 수 있다고 생각한다. 학사·석사·박사의 경우 공공봉사동기가 학력 수준에 따라 높아진다고 보기 어렵다. 특히, 박사는 특정분야 전문가이기 때문에 봉사의식보다는 전문가 의식이 좀 더 강해질 수 있고, 칸막이 사고나 틀에 박힌 사고로 인해 현실참여나 공공봉사의식이 저하될 수도 있다고 생각한다.

남팔씨: 아니다. 공공봉사동기는 학력과 관계없는 개인의 가치지향적 성향과 관계가 있다.

남구씨: 학력과는 큰 관계가 없다고 생각한다.

남열씨: 학력과는 특별한 관련성이 없다고 생각된다.

우리나라에서는 학교교육이 개인의 가치와 신념을 형성하는 데 중요한 역할을 담당한다고 보기는 어려운 듯하다. 거의 모든 국민이 고등학교를 졸업하며 고등학교 졸업생 5명 중 4명은 대학을 진학하는 상황에서, 학교교육은 대학입시를 위한 시험공부에 치중하게 되고, 개인의 가치관 형성은 주로 부모와 친척들을 통해 전수되는 유교적 가치에 의해 영향을 받는다고 인식하는 듯하다. 즉, 일종의 역할분담이 이루어진 듯하다. 최근의 경험적 연구에서도 교육 수준은 공공봉사동기와 관계가 없을 것이라는 응답자들의 견해를 지지하고 있다(김서용, 2009; 김서용・조성수・박병주, 2010). 따라서 다음과 같은 가설을 설정할 수 있다.

가설 1: 한국에서는 학력이 높을수록 공공봉사동기 수준도 높아진다고 보기는 어렵다.

하지만 성장과정에서의 개인적인 경험들은 공공봉사동기 형성에 영향을 미친다고 볼 수 있다. "모르는 타인으로부터의 친절한 응대나 도움을 받은 경험(여일씨)"이나 학창시절의 학급 반장 등 리더십을 발휘할 수 있었던 기회나 봉사활동 경험(남이씨, 남오씨, 여이씨), 그리고 "교우관계나 봉사활동을 통해 배려하는 경험을 자주 한(남구씨)" 사람들은 긍정적인 영향을 받았다고 한다. 또한 배귀희(2012)가 분석한 우수공무원(낭중지추: 囊中之錐) 사례에서는 대학에서의 삶과 수업과 같은 대학생활이 공공봉사동기에 영향을 미쳤다고 한다. 따라서 성장과정에서의 개인적인 경험이 공공봉사동기 형성에 영향을 미쳤다고 볼 수 있으나, 이러한 개인적인 경험은 유형과 정도가 사람마다 다르기 때문에 이를 일반화된 가설로 설정하기는 곤란하다.

모든 응답자들은 학교교육 대신에 부모와 가족 사회화가 공공봉사동기에 많은 영향을 미친다고 지적하고 있다. 특히 남이씨나 남팔씨는 본인의 경험을 말하면서, 부모나 친척 가운데 공무원이 있어서 자녀들을 위한 좋은 "역할모델"이 된다면 공공봉사동기 형성에 좋은 영향을 미칠 것이라고 한다. 한편, 3명의 남성 고위직 응답자들은 학교교육과 가정교육 모두가 중요하다고 한다. 전반적으로 응답자들은 가정에서 이루어지는 부모의 훈육이나 모범이 자녀의 공공봉사동기 형성에 중요하다고 인식하고 있다.

여일씨: 부모의 가정교육이 기본을 형성한다.
여이씨: 부모의 직업에 따라 많은 영향을 미친다.
여삼씨: 매우 그렇다.
여사씨: 그렇다. 어렸을 때의 생각과 가치관 형성이 성인이 되어서도 기본 토대가 되기에 부모의 본보기나 어렸을 때 받은 교육이 사회적 책임감이나 공동체 의식 등에 영향을 준다.
여오씨: 어릴 적에 형성되는 품성과 사고는 매우 중요하다.
여육씨: 어느 정도 영향을 미친다고 본다. 교육에 의하여 국가와 국민을 위하여 봉사하는 것이 좋은 것이라는 느낌을 받고 자랐다면 개인에게 긍정적 이미지를 심어 주었을 것이고, 하찮고 구차한 것이라는 태도가 주입되었다면 부정적 이미지를 가질 것이다.
남일씨: 가정형편이 좋으면 이타심이 증가하므로 정상적인 환경의 집안인지가 중요하다.
남이씨: 영향이 크다. 가족이나 친척 중 공무원이 있으면 역할모델이 된다.
남삼씨: 중대하게 영향을 미친다. 부모의 가치관과 훈육이 자녀의 초기 가치관 형성에 영향을 미친다.
남사씨: 아이는 부모 그림자를 보고 배운다는 말이 있듯이 많은 영

향을 미칠 것으로 생각한다. 어릴 때부터 직접 봐오고 접해 온 환경은 성인이 된 후의 생활에 많은 영향을 미친다.

남오씨: 그렇다. 가정에서 타인을 생각하고 배려하며, 공중도덕에 대해 익힌 자가 공직을 수행할 때 공공봉사동기가 더 높다.

남육씨: 그렇다.

남칠씨: 애정과 과도한 몰입 등을 특징으로 하는 한국적 가정교육의 특성상 영향을 강하게 받는다고 생각한다. 논리보다는 감성이 강한 우리나라 가정은 공공봉사동기 형성에 많은 영향을 미친다.

남팔씨: 부모가 공무원인 자녀는 공익 우선적 가치를 형성하기 쉽고, 가정교육 또한 개인의 가치형성에 영향을 미친다. 내 경우에는 성장하면서 아버지로부터 공무원이 하는 일에 대해 수시로 설명을 듣는 과정에서 공익에 대한 가치를 인식하고 공공봉사동기가 형성되었다.

남구씨: 성장기의 부모 및 가정교육이 공공봉사동기 형성에 중요한 역할을 한다.

남열씨: 부모와 가정교육은 공공봉사동기에 큰 영향을 미친다.

가족 상황에 대하여, Perry(1997)는 부모-자식 간의 관계 및 부모의 본보기가 공공봉사동기를 심어주는 데 중요한 역할을 할 것이라고 가정하고, 미국적 상황에서 부모의 본보기가 공공봉사동기에 긍정적 영향을 미치고 있음을 발견하였다. 부모가 다른 사람들을 돕거나 이타적인 행동을 하는 등 본보기를 보이는 것은 공공봉사동기 형성에 도움이 된다(Perry, 1997). 관찰하면서 배우고 따라하는 것을 통해 가치와 행동유형이 전수되는 과정인 것이다(Bandura, 1986). 우리나라에서의 경험적 연구도 부모의 본보기와 공공봉사동기 간의 관계를 지지하고 있다(김서용 · 조성수 · 박병주, 2010). 김태호 · 김유한(2010)의 연구에서도 부모의 영향과 자신이 모델로 삼고 있는 대상의 존재가 공공봉사동기 형성에 긍정적인 기여를 한다고 보고하고 있다. 배귀희(2012)는 한 우수성과자에 대한 사례연구에서 성정과정에서의 부모, 종교 및 대학(교수)의 영향이 공공봉사동기 형성에 긍정적인 기여를 하였음을 밝히고 있다. 우리나라에서는 인간관계, 예절, 행동규범 등 유교윤리가 주로 부모나 친척에 의하여 자녀들에게 전수되는데 이러한 경향도 관련이 있다. 따라서 우리나라의 경우 윤리의식, 이타적 행동, 공적 가치 등을 강조하고 부모가 본보기를 보이는 것과 같은 가족 사회화는 공공봉사동기 형성에 긍정적인 작용을 할 것으로 예상할 수 있다.

가설 2: 가족 사회화는 공공봉사동기 형성에 기여할 것이다.

종교와 공공봉사동기의 관계도 중요한 관심사이다. Perry(1997)는 교회에 출석하는 것은 공공봉사동기에 부정적인 영향을 미치지만, 신(神)에게 가까이 가 있다고 믿는 사람들의 공공봉사동기 수준은 높았다고 한다. 이는 종교활동이 편협하고 배타적인 경향과 보편적이고 포괄적인 성향을 모두 촉진할 수 있다는 것을 의미한다(Pandey & Stazyk, 2008). Perry(1997)는 다양한 상황에서(예를 들면, 사랑하는 사람과 같이 있는 것, 교회 규칙의 준수, 평화와 정의 실현을 위한 노력 등) 자신이 신에게 가까이 가 있다고 믿는 사람들은 보다 높은 공공봉사동기 수준을 보여준다고 한다. 자원봉사활동을 열심히 하여 상을 받은 사람들은 종교활동이 자신들의 공공봉사동기에 가장 큰 영향을 미친 요인이라고 응답하고 있다(Perry, Brudney, Coursey, & Littlepage, 2008).

문화관광부의 2009년 발표를 보면, 한국인의 22.8%가 불교도이며 개신교도는 18.3%, 가톨릭신자는 10.9%이고, 다른 종교를 믿는 사람은 약 1.0%이다. 그 외 약 47%의 국민은 종교를 갖고 있지 않다. 면담에서도 다수의 응답자들은 종교의 영향을 긍정적으로 보지만, 일부는 관계가 없다고 인식하고 있다. 남일씨나 남삼씨는 종교의 가르침이 긍정적인 영향을 미친다고 보지만, 여일씨나 여오씨는 종교 자체보다는 종교를 통한 봉사활동 경험을 더 중요하게 여긴다. 남팔씨는 종교의 가르침과 종교단체의 봉사활동이 모두 공공봉사동기 형성에 긍정적인 영향을 미친다고 인식하고 있다. 전체 응답자의 3/4는 종교가 공공봉사동기 형성에 기여한다고 보지만, 이 가운데 1/2는 종교가 봉사동기를 장려하고 다른 사람들에게 봉사하는 기회를 주는 경우에만 영향을 미칠 것이라고 인식하고 있다. 특이하게도 여성 응답자들이 남성 응답자들보다 종교생활의 긍정적인 영향을 더 강조하고 있다.

> 여일씨: 영향이 없다. 그러나 종교단체를 통한 봉사활동이 생활화될 경우에는 긍정적인 영향을 미친다.
>
> 여이씨: 그렇다.
>
> 여삼씨: 매우 그렇다. 종교생활 속에서 자연스럽게 봉사동기가 형성된다.
>
> 여사씨: 그렇다. 종교는 궁극적으로 나 자신뿐만 아니라 내 주위를 둘러보게 하는 시야를 넓힐 수 있는 기회를 준다.
>
> 여오씨: 종교는 어릴 적부터 사회봉사활동을 하는 계기를 만들어 준다.
>
> 여육씨: 종교가 공공봉사동기 형성에 긍정적이든 부정적이든 간에 영향을 줄 수 있을 것이다.

남일씨: 종교로 인해 이타심이 증가한다.

남이씨: 영향이 없다.

남삼씨: 영향을 미친다. 종교의 가르침이 공공봉사와 관계가 있다.

남사씨: 교회 단위에서 공공봉사를 강조하는 경우 그럴 수 있다고 본다. 처음에는 관심 없던 사람들도 교회나 성당에서의 활동에 참여하면서 보람과 가치를 깨닫고 자발적인 봉사를 하는 모습을 보았다. 공공봉사동기 형성에 종교가 기회를 부여해 준다는 점에서 영향을 미친다고 생각한다.

남오씨: 아니다.

남육씨: 약간의 영향은 미치지만 큰 영향은 미치지 않는다.

남칠씨: 종교에 따라 다를 수 있으나 대체로 영향을 주며, 정의감 등을 통해 공공봉사동기의 강화요인으로도 작용할 수 있다.

남팔씨: 어느 정도 영향을 미칠 것이다. 종교의 이타적 특징이 공공봉사동기와 유사하고, 종교단체의 봉사활동에 직간접적으로 참여함으로써 공공봉사의 가치를 인식할 수도 있다.

남구씨: 그렇다. 내가 아닌 타인을 위한 봉사활동을 많이 하는 종교단체를 통해서 충분한 동기부여가 된다고 본다.

남열씨: 많은 영향을 미친다고 생각한다.

우리나라 공무원들을 대상으로 한 경험적 연구에서는 종교활동과 공공봉사동기의 긍정적인 관계를 보여 주고 있으나 그 영향에 대해 종교 간에 의미 있는 차이는 없는 것으로 보고되고 있다(김서용 · 조성수 · 박병주, 2010). 그렇다면, 종교가 무엇이든지 간에 이타적 가치와 행동을 장려하고 이웃을 위해 봉사하는 기회를 제공하는 경우에는 종교가 공공봉사동기 형성에 기여한다고 예상할 수 있다.

가설 3: (종교활동이 외부지향적이고 이웃에 봉사하는 기회를 제공한다면) 종교가 무엇이든지 간에 종교인은 그렇지 않은 사람들보다 공공봉사동기 수준이 높을 것이다.

종교활동 이외에도 학창시절이나 직장에서 다양한 봉사활동에 참여할 수도 있다. 방과 후나 방학 중에 봉사활동을 하거나 학교에서 학급일이나 동아리활동을 통해서도 여러 경험을 할 수 있다. 어린 시절 봉사활동을 한 경험은 개인이 성장해가면서 높은 수준의 공공봉사동기를 갖게 만든다고 여겨지기도 한다(Perry, Brudney, Coursey, & Littlepage, 2008). 면담에서 한 명을 제외한 15명의 응답자들이 젊은 시절의 봉사활동 경험은 공공봉사동기 형성에 상당한 영향을 미친다고 인식하고 있다. 남오씨는 학창시절 다른 사람들을 돕는 경험을 한 사람들이 공공봉사동기 수준도 높고 공무원이 되고자 하는 경향도 더 크다고 한다. 남성 응답자이든지 여성 응답자이든지 간에 봉사활동 경험의 긍정적 영향을 인식하는 데에는 차이가 없다.

여일씨: 일회성이거나 단편적인 봉사활동은 당시에는 보람을 주지만 지속되지 않아 가치관 형성과 변화에 별 영향이 없다. 개인 상호 간의 인간관계 경험은 긍정적인 영향을 미치는데, 모르는 타인으로부터의 친절한 응대나 도움을 받은 경험은 공공봉사동기에 긍정적인 영향을 미친다.

여이씨: 학교생활에서 반장 등 직책과 관련되었을 때 영향을 준다.

여삼씨: 매우 그렇다. 봉사활동에 참여하게 되면 자존감을 얻게 된다.

여사씨: 그렇다. 억지로 봉사활동을 한 경우도 해 본 경험으로 남아 있기에 구체적 사건으로 기억이 있는 한, 봉사 계기가 있을

때 더 쉽게 다가설 수 있는 잠재력을 높여준다. 공공봉사에 열정적인 부모 아래에서 자랐거나, 본인이 타인의 봉사활동으로 혜택을 보았을 때도 가능하다.

여육씨: 영향을 미칠 수 있다고 본다.

남일씨: 긍정적이며, 목표의식이 생긴다.

남이씨: 영향이 크다. 학창시절 봉사활동 경험이나 학급 반장 등 리더십 발휘 기회가 긍정적으로 작용하고, 개인적인 실패 경험도 도움이 된다.

남삼씨: 학교생활에서의 봉사활동이 개인적 가치관 형성에 영향을 미쳐서 공공봉사동기에 영향을 준다.

남사씨: 그렇다. 기회를 부여한다.

남오씨: 그렇다. 학창시절 타인을 위한 봉사활동 경험은 공직에 들어오는 계기가 되기도 하고, 공공봉사동기 수준을 높이게 된다.

남육씨: 그렇다.

남칠씨: 다소간 영향이 있다. 이웃에 대한 직간접적인 경험이 영향을 준다고 생각한다.

남팔씨: 어느 정도 영향을 미칠 것으로 생각한다. 공공봉사동기는 개인의 가치지향성과 관계가 있고, 개인의 가치관 형성은 교우관계나 경험 등의 영향을 받는다.

남구씨: 교우관계나 봉사활동을 통해 배려하는 경험을 자주 한 사람들이 공공봉사동기도 높아지게 될 거라 생각한다.

남열씨: 학창시절 자발적인 봉사활동도 영향을 미친다.

우리나라에서의 경험적 연구 결과도 봉사활동과 공공봉사동기의 긍정적 관계를 지지한다. 우리나라 공무원들의 경우, 학창시절의 봉사활동도 공공봉사동기와 긍정적인 관계를 보이지만 공직생활기간 동안의 봉사활동 경험도 공공봉사동기에 긍정적인 영향을 미치는 것으로 나타나고 있다(김서용·조성수·박병주, 2010). 따라서 우리나라에서도 봉사활동 유경험자들이 무경험자들에 비하여 공공봉사동기 수준이 높을 것으로 예상할 수 있다.

가설 4: 봉사활동 경험은 공공봉사동기와 긍정적인 관계가 있을 것이다.

(2) 공공봉사동기와 직업 선택

미국적 상황에서 Perry & Wise(1990)는 공공봉사동기 수준이 높을수록 공무원이 되려는 경향이 증가할 것이라고 예측한다. 공무원이 되려는 사람들의 우선적인 동기는 바로 국가와 사회를 위해 봉사하려는 관심이라고 본다. 이러한 관심은 민간부문에서 일하려는 사람들의 관심과는 다를 것이다. 유인-선발-퇴출이론(Attraction-Selection-Attrition)에 따르면, 사람들은 우연히 상황을 맞이하는 것이 아니라, 자신에게 호감을 주는 상황을 찾아다닌다고 한다(Schneider, 1987). 이 이론을 적용하면, 사람들은 호감이 가는 직장을 미리 마음속에 정하고 있으며, 여기에 채용된 후 직장이 자신과 어울리면 계속 남아 있고 그렇지 않으면 이직한다고 한다. 즉, 공공봉사동기가 높은 사람들은 정부에서 일해야겠다는 생각을 미리 한다는 것이다(Leisink & Steijn, 2008; Wright & Grant, 2010). 실제로 공무원이 되려는 사람들의 공공봉사동기 수준은 민간분야에 진출하려는 사람들에 비하여 높게 나타나는데, 그 이유는 정부가 가치 있는 공공봉사를 할 수 있는 기회를 보다 많이 제공하기 때문에 공공봉사에 관심이 많은 사람들은 공무원을 직업으로 선택하려는 경향이 크기 때문이라고 한다(Brewer, 2002; Perry, 2000; Wise, 2000). Lewis & Frank(2002)는 미국에서는 공공봉사동기 수준이 높을수록 정부 공무원으로 일할 가능성이 증가한다는 사실을 발견하였다. 벨기에의 경우 공공봉사동기 수준이 높은 대학생들은 직업으로 공직을 선택하려는 경향이 높으며(Vandenabeele, 2008), 네덜란드에서는 공공봉사동기 수준이 높은 민간기업 종사자들은 다시 공공부문에서 직장을 구하려는 경향을 보인다고 한다(Steijn, 2008). 미국 대학생을 대상으로 한 경험적 연구에서도 공공봉사동기 수준이 높은 대학생들은 공공조직에서 직장을 구하려는 경향이 높다고 밝히고 있다(Carpenter, Doverspike, & Miguel, 2012; Clerkin & Coggburn, 2012). 독일 대학생 대상 연구에서도 공공봉사동기는 공직 선호도와 밀접한 관계가 있다고 한다(Ritz & Waldner, 2011). 따라서 서양에서는 공공봉사동기 수준이 높은 사람일수록 공공부문에서 직업을 구하고자 한다는 사실이 여러 경험적 연구를 통해 나타나고 있다.[3)]

그러나 한국 상황은 다르다. 서양에서와 같이 공공봉사동기가 높은

3) 물론 다른 연구 결과들도 있다. Bright(2011)는 미국 공공조직 근무자들을 대상으로 조사한 결과 공공봉사동기가 직종(업무) 선택에 영향을 미치지 않는다고 한다. 즉, 공공봉사동기 수준이 높은 사람들이라고 해서 공공봉사 특성이 높은 직종(직접 주민과 접촉하여 서비스를 제공하는 업무)을 선택하지는 않는다고 한다. 또한, 공공봉사동기의 하위차원에 따라 직업 선택에 대한 영향이 상이하다는 연구 결과도 있다. 최근 미국 대학생들을 대상으로 한 온라인 조사 결과, 정부업무에 대한 부정적인 인식과 정부에 대한 신뢰 부족을 감안할 때 공공봉사동기에 대한 Perry(1996)의 척도 가운데 정책에 대한 호감도(APM) 차원만 공직에 대한 관심을 유발하고, 공공봉사동기의 여타 차원인 공익몰입(CPI), 동정심(COM), 자기희생(SS) 차원들은 모두 더 직접적인 도움과 봉사를 하는 영역으로 인식되는 비영리 부문과 교육에 대한 관심을 초래한다고 한다(Rose, 2012). 중국에서는 자기희생 차원은 공직 지원의도와 긍정적인 관계를 보이지만, 공익몰입은 그렇지 않다고 한다(Liu et al., 2011).

사람들은 정부에 들어가면 국가와 사회를 위하여 의미 있는 일을 할 기회가 많다고 생각하여 공직에 지원하고, 정부는 이런 사람들을 공무원으로 채용하여 이들이 보람과 긍지를 갖고 열심히 일하도록 한다는 유인-선발-퇴출이론이 한국에서는 일반적으로 적용되기 어렵다. 관존민비(官尊民卑)로 대변되는 유교문화의 영향과 위험 회피성향이 강한 문화적 특성(Hofstede, 2001)으로 인해 우리나라에서는 공직에 대한 선호도가 매우 높다. 한국사회 전반에는 공직 진출을 입신출세(立身出世)의 수단이나 평생직장이 보장되는 '철밥통'으로 생각하는 경향이 많이 있다. "시골에서 태어나 출세하려고 행정고시 준비해서 고급공무원이 되었다"는 어느 고위공직자의 솔직한 표현처럼(조선일, 2011), 출세·입신양명(立身揚名)·권력 등이 오히려 우리나라 공무원들의 공직 진출을 보다 적절하게 설명해 준다고 볼 수도 있다. 이와 관련하여, 이명진(2010)은 우리나라 공무원들의 직업 선택 동기를 권력 동기로 보고, 높은 수준의 외재적 권력 동기를 가진 사람은 정치적 권력을 추구하지만 낮은 수준의 외재적 권력 동기 또는 높은 수준의 내재적 권력 동기를 가진 사람들은 행정가를 희망할 가능성이 크다고 가정한다. 정책형성이나 정책집행에 참여함으로써 자신에게 영향을 행사하는 근원 중 하나인 정책을 내부적으로 이해하고 만들고 실행하는 작업은 내재적 동기에서 비롯된다고 보고 있다. 또한 '평균적인 중앙부처의 과장급 여성 공무원'에 대한 사례연구에서는(고길곤, 2011), 한 여성 공직자가 공직에 입문하기까지의 과정을 살펴보면 공직에 대한 구체적인 동기나 소명의식에 의해 공직을 선택하지는 않았으며, 오히려 '직업'으로서 공직이 갖는 안정성과 사회로부터 인정을 받을 수 있다는 현실적인 측면이 공직을 선택하게 된 직접적인 동기였다고 한다.

또한, 우리나라에서는 공직을 선택할 때 신분보장이라는 현실적인 요인이 가장 큰 변수로 작용하는 것으로 조사되고 있다. 서울신문 기획기사(2008년 8월 11일자, 14면)에 인용된 조사결과를 보면, 1992~2004년에 3년 단위로 5차례에 걸쳐 현직 공무원을 대상으로 설문조사를 실시한 결과 공직 선택 동기로 '신분보장'을 꼽은 응답자는 평균 35%이며, '경제적 안정'이라고 답한 응답자는 1992년 7.8%에서 2004년 10.1%로 상승세를 보였으나 '사명감' 등 공직자의 역할을 동기로 꼽은 응답자는 평균 14.9%에 그쳤다고 한다.

인터뷰에서, 응답자 가운데 11명은 공무원이 된 주된 이유로 직업 안정성(신분보장)을 지적하고, 3명은 직업 안정성을 공직 선택의 중요한 이유 가운데 하나로 들었다. 물론 공공봉사동기도 공직 선택에 영향을 미쳤다고 볼 수도 있다. 응답자 가운데 남칠씨, 남팔씨, 여육씨 3명은 공공봉사동기를 공직 선택의 가장 중요한 이유로, 4명은 공직 선택의 중요한 이유 가운데 하나로 지적하였다. 특이한 점은 중앙부처에 근무하는 관리직 남성 응답자 6명 가운데 4명이 공공봉사동기를 직업 선택의 가장 중요한 이유 또는 중요한 이유 가운데 하나로 지적하였다는 것이다. 그리고 중앙부처 관리직 남성 응답자 모두를 포함하여 전체 응답자의 1/2은 공직의 사회적 신망을 공직 선택의 중요한 이유 가운데 하나로 언급하였다. 따라서 전반적으로 직업 안정성을 추구하는 사람들이 공직에 지원하는 경향이 많다고 예상할 수 있으나, 5급 공무원시험을 통하여 중앙부처에 들어온 공무원들의 경우에는 공공봉사동기와 공직의 사회적 신망도 공직 선택의 중요한 이유라고 볼 수 있다. 그러므로 하위 직급으로 공직에 입문한 공무원들보다는 공공봉사동기 수준이 높을 것이라고 예상할 수도 있다.

남삼씨: 타 직업과 비교 우위가 있다고 판단했다.

남사씨: 다른 직업보다는 안정적이고, 내가 조금 열심히 하면 사회를 바꿔볼 수 있는 보람도 느낄 수 있어서 선택했다.

남오씨: 우리나라 공무원은 안정적 직업을 선택하려는 자가 대부분이며, 그 이유로는 경제적인 안정이 확보되기 때문이라고 생각한다.

남칠씨: 공익 추구라는 가치가 작용한다.

남팔씨: 공무원은 '국민 전체에 대한 봉사자'이며, 공익을 우선적 가치로 삼아야 하는 직업이므로, 공공봉사동기가 강할수록 공직을 선택할 가능성이 클 것이다.

남열씨: 시대 여건에 따라 공직 선택 동기의 중요도는 변화된다고 생각되나, 현 시점에서 공공봉사동기는 중요한 위치를 차지하기는 힘들 것 같다.

여삼씨: 공공봉사동기를 우선적으로 고려하여 직업(공무원)을 선택한다고 보지 않는다.

여사씨: 공익 추구에 일조한다는 자긍심 · 책임감이 생각보다 클 때, 공직이 미치는 영향이 타 직업보다 높다고 생각한다.

여오씨: 공직을 선택하는 데 공공봉사동기가 많은 영향을 미친다고 보지는 않는다. 하지만, 공직생활에서 경험하는 일들이 공공봉사동기 증진에 도움이 된다고 본다.

여육씨: 내 경우에는 공공봉사동기가 직업 선택의 큰 이유였다.

한국행정연구원이 2010년에 국가공무원 및 지방공무원 1,774명을 대상으로 한 설문조사 결과를 보면, 공무원들이 공직을 선택하게 된 이유에 대하여 "신분보장이 잘 되어 있는 직업인 것 같아서"라는 응답이 전체의 33.7%로 가장 높게 나타났으며, 그 다음은 "보수나 연금 등으로 안정된 경제생활을 할 수 있을 것 같아서"로 19.3%이며,

"국민 전체에게 봉사하는 업무의 역할과 사명이 보람되어서"라는 응답은 17.2%로 나타났다(함종석, 2010: 32-33).[4] 〈표 3-1〉에서와 같이, 근래 정기적으로 실시된 여러 번의 설문조사에서도 공직을 선택하게 된 이유가 신분보장 때문이라고 응답한 공무원의 비율이 가장 높았다.

고길곤 · 박치성(2010)은 우리나라 10개 대학의 행정학과와 정치외교학과 학생 731명을 대상으로 대학생들의 직업 선택 동기를 조사하였다. 분석 결과, 공직을 선택하려는 대학생들의 공공봉사 정신이 민간회사를 선택하는 학생들에 비하여 상대적으로 높은 편이지만 절대적인 중요성에서는 외재적 동기인 직업의 안정성 · 높은 보수 · 사회적 명성이 더 중요한 것으로 나타났으며, 공직에 대한 긍정적 평가가 높은 학생일수록 공직을 더 선호하는 것으로 나타났다. 또한 성별과 부모의 영향이 특별히 공직 선택을 설명하는 중요한 변수라고 보기는 어려운 것으로 나타났다. 인터뷰 결과와 설문조사 결과를 볼 때, 공직을 직업으로 선택할 때 직업 안정성이 가장 중요한 이유로 고려되

〈표 3-1〉 공무원들의 공직 선택 이유 (단위: %)

조사 연도	신분보장	안정된 경제생활	역할과 사명감	권한과 영향력	주변의 권유	공정한 인사제도	사회적 평가와 인식
2001년	39.7	6.2	-	1.7	8.0	6.3	-
2004년	31.6	10.1	14.8	2.0	13.0	11.0	4.5
2007년	32.7	17.8	19.0	2.7	10.6	5.9	8.6
2010년	33.7	19.3	17.2	11.7	9.4	4.7	2.2

자료: 함종석(2010: 33).

4) 이명진(2010)은 우리나라 공무원들의 직업 선택 동기를 권력 동기 측면에서 고찰하고 있다. 〈표 3-1〉의 공직 선택 이유에 대하여, 공정한 인사제도 항목이 가장 소극적 수준의 내재적 권력 동기를 반영한다고 보며, 신분보장, 역할과 사명감, 권한과 영향력 등도 여러 수준의 권력 동기를 반영하는 항목이라고 해석한다.

지만, 일부에서는 공공봉사동기도 공직 선택에 영향을 미친다고 볼 수 있다.

하지만 우리나라의 공무원시험은 워낙 경쟁률이 높아서, 공공봉사동기 수준이 높은 사람이나 직업 안정성을 매우 중요하게 여기는 사람이나 공무원이 되고자 지원한다고 하여 모두 채용될 수 있는 상황은 아니다. 『아주경제』 보도(2011년 9월 10일)가 인용한 행정안전부 자료에 따르면, 청년층 취업난이 심화되면서 공무원 공채 경쟁률이 10년 사이에 2배 이상 높아진 것으로 나타났다.[5] 2011년에 시행된 공무원 채용시험 경쟁률은 평균 93대 1로 집계됐다. 10년 전인 2001년 40대 1의 2.3배 수준이며, 연도별 경쟁률은 2002년 45대 1, 2003년 68대 1, 2004년 85대 1, 2005년 81대 1, 2006년 64대 1, 2007년 51대 1, 2008년 48대 1, 2009년 62대 1, 지난해 83대 1로 상승 추세에 있다. 2011년의 경우 유형별 경쟁률을 보면 7급 공채 경쟁률이 123대 1로 가장 높았고, 9급 공채(93대 1), 5급 외무 공채(55대 1), 5급 공채(50대 1) 순이었다. 이처럼 공무원 공채 경쟁률이 급상승한 것에 대하여 경제 불안에 따라 민간 영역의 신규 채용시장이 좀처럼 회복되지 못하고 있는 상황에서, 상대적으로 안정된 직장으로 분류되는 공무원시험 응시자가 크게 늘었기 때문이라고 신문기사는 분석하고 있다.

가설 5: 직업 안정성을 추구할수록 공무원이 되고자 할 것이다.
가설 6: 공공봉사동기 수준이 높을수록 공무원이 되고자 할 것이다.

5) http://www.ajnews.co.kr/view_v2.jsp?newsId=20110910000154(2012년 4월 검색).

(3) 공직생활과 공공봉사동기

공공봉사동기는 공직생활을 통하여 변화하는가? 공무원들의 공공봉사동기 수준은 민간부문 종사자들에 비하여 높다고 할 수 있는가? 서양에서는 공무원들의 공공봉사동기 수준이 민간기업 종사자들에 비하여 높다는 연구 결과가 많이 발표되고 있다(Brewer, 2003; Crewson, 1997; Frank & Lewis, 2004; Houston, 2006; Steijn, 2008; Taylor, 2008). 우리나라에서도 이와 유사한 조사 결과가 발표된 바 있다(이근주, 2005b). 이러한 공사 부문 간 공공봉사동기 수준의 차이가 발생하는 원인에 대하여 유인-선발-퇴출이론은 원래 공공봉사동기 수준이 높은 사람들이 공무원이 되었기 때문이라고 보지만, 사회화이론은 공무원이 된 후 조직환경과 업무 경험의 영향으로 점차적으로 공공봉사동기가 증진되었기 때문이라고 본다(Brewer, 2008; Wright & Grant, 2010). 조직사회화는 구성원이 조직의 가치와 규범을 배우고 내재화하는 과정을 의미한다. 이를 통해 조직의 핵심 가치와 신념을 증진하고 보강함으로써 외부인을 내부인으로 전환시키게 된다. 조직은 구성원의 공공봉사동기를 형성하고 개발하는 데에 분명한 영향을 미친다고 볼 수 있다(Jacobson, 2011). 따라서 공공봉사동기가 타고난 특성인지 아니면 변화 가능한지 여부에 대한 검증을 통하여 우리나라에서는 유인-선발-퇴출이론이 보다 설득력이 있는지 아니면 사회화이론이 보다 적절한지 여부를 고찰할 필요가 있다.[6)]

모든 응답자들은 공공봉사동기가 공직에서의 업무경험에 의해 개

6) 최근 이탈리아 공립병원 간호사들을 대상으로 한 실험적 연구 결과에서, 간호사들의 공공봉사동기 수준은 유인-선발-퇴출 메커니즘뿐만 아니라 조직생활에 의해서도 영향을 받는다고 한다(Bellé, 2013).

발된다고 동의하고 있으나, 그 이유에 대해서는 중앙정부 공무원과 지방자치단체 공무원 간에 약간 차이가 있다. 일반적으로 지방공무원들은 업무를 수행하면서 주민이나 민원인을 만나는 기회가 많기 때문에 자신들의 업무수행 결과가 지역사회와 주민에게 어떤 영향을 미치는지를 쉽게 알 수 있다. 이러한 업무경험과 지역사업의 수혜자 및 주민과의 접촉이 공공봉사동기에 영향을 미칠 수 있으므로(Grant, 2008; Vinzant, 1998), 지방자치단체 응답자들은 공공봉사동기가 공직에서의 업무경험에 의해 개발될 수 있다고 생각한다. 하지만 중앙부처 공무원이나 고위관리직 공무원의 경우에는 업무와 관련하여 고객이나 일반 시민과 접촉할 수 있는 기회가 많지 않으며 주로 정책문제 해결에 전념하게 된다. 이들은 상급자나 동료들과 많은 상호작용을 하므로 주로 조직문화와 동료들에 의해서 영향을 받는다. 중앙정부 응답자들은 공공봉사동기가 가치 있는 일을 했다는 보람과 성취감에 의해 개발된다고 생각한다. 또한 성별에 따라 차이가 나타나는데, 남성 응답자들은 업무를 통한 공공봉사동기 증진의 기회를 강조하는 데 비하여, 여성 응답자들은 이 점에 대하여 동의는 하지만 한편으로 공공봉사동기는 개인의 고유한 성격적 특성이라고도 생각한다. 그럼에도 모든 응답자들은 공공봉사동기가 삶을 통하여 변화될 수 있으며, 공직에서의 업무수행경험을 통하여 개발될 수 있다고 생각하고 있다.

여일씨: 개인의 특정한 성향과 업무수행 경험이 모두 공공봉사동기에 영향을 미친다.

여이씨: 타고난 자질도 어느 정도 필요하지만, 공직생활을 하는 과정에서 공공봉사동기가 증진된다고 생각한다.

여삼씨: 공직생활을 통해 육성 가능하다. 교육을 통해 선해지듯 조

직에 몸담아 다양한 공공봉사 환경에 노출되어 배운다.

여사씨: 선천적으로 다른 사람이 어려운 처지에 있는 걸 애태우며 지켜보기를 힘겨워하는 사람이 있다고 생각하며, 비단 자란 환경뿐만 아니라 선천적인 것도 부분적 영향은 미친다고 생각한다. 일을 하는 동안에는 기술적인 행정업무 처리에 집중해 대의적인 봉사동기를 생각하는 것이 쉽지는 않으나 사회적 책임감을 느끼고 있고, 육성까지는 아니지만 생각할 수 있는 기회 제공이 많다.

여오씨: 육성 가능하다. 환경이 중요하다.

여육씨: 타고난 자질 50%, 공직생활도 50%라고 생각한다. 두 가지 모두 있어야 한다고 생각한다. 하지만 기본 자질이 없다면 공직생활은 그저 직업일 뿐이다.

남일씨: 공공봉사동기는 육성 가능하다. 공동체가 중요하며, 인센티브도 필요하다.

남이씨: 육성 가능하다. 학교생활과정과 사회화 과정이 영향을 미친다.

남삼씨: 환경의 영향에 따라 변화 가능성이 크다.

남사씨: 처음에는 직업 안정성 때문에 공무원을 직업으로 선택했지만, 혁신과 제도 개선을 통해 나 자신이 무엇인가 사회를 개선시킬 수 있어서 그동안 공공봉사동기는 증진되었다.

남오씨: 공공봉사동기는 공직을 수행하면서 가난한 사람들의 실상을 체험하거나 자신이 사회에 미치는 영향을 경험하면서 높아지게 된다.

남육씨: 공직생활을 통해 공공부문을 경험하면서 공공봉사동기도 커질 수 있다. 경험상 공공봉사동기는 조직에 들어오기 이전 단계에서 개인의 경험 또는 가치관에 의해 형성된 것이 아닌 이상 조직업무수행 중 상위 직급자, 선배, 동료들과의

유대 및 조직문화 등을 통해 자연스럽게 증진될 것으로 보인다.

남칠씨: 타고난 특성은 아닐 것이며, 경험과 지식에 의해 가치관이 형성된다고 보는 것이 타당하다. 공직생활을 통해 공공봉사동기 육성이 가능하다고 생각하지만, 지금의 현안 과제 해결을 우수 인재상으로 보는 관점에서는 육성 가능성이 그리 높지 않은 것이 현실이다.

남팔씨: 공공봉사동기는 환경과 개인의 경험 등을 통해서 형성되는 후천적 성향이다. 공익 우선적 가치판단이 요구되는 공직의 특성상 업무수행 과정에서 자연스럽게 공공봉사동기가 형성될 수 있다. 공직생활에 대한 보람과 긍지를 느낄 경우에는 공공봉사동기가 강화되고, 그 반대일 경우에는 약화될 것이다.

남구씨: 기본적으로 타고난 성품도 중요하겠지만 육성 가능하다고 본다.

남열씨: 직업의식은 동기부여의 큰 부분을 차지한다고 생각되므로 공직생활로 육성이 가능하다.

이러한 인터뷰 결과는 공공봉사동기에 대한 사회화 효과를 지지하는 것으로 볼 수 있다. 조직사회화(organizational socialization)는 조직구성원들이 조직의 가치와 규범을 배우고 내재화하는 과정을 의미한다. 조직사회화는 조직의 핵심 가치와 신념을 확산하고 강화함으로써 외부인을 조직 내부인으로서 온전하게 기능하도록 전환시킨다. 이를 통하여 정부조직에서는 신임 공무원에게 제도화된 논리를 전수하고 공공봉사동기가 형성되도록 한다. 조직사회화는 공공봉사에 대한 의미를 확산하고 그 덕목과 규범을 심어준다. 하지만 아직 공공봉사동기에 대한 조직사회화의 긍정적 영향이 심도 있게 분석되지는 않고 있다(Brewer, 2008).

사회화는 공식적인 교육훈련 프로그램과 사무실에서의 비공식적인 사회적 상호작용을 통해 이루어진다. 공식적·비공식적 상호작용은 신임 공무원들로 하여금 상사와 동료를 보고 배우도록 함으로써 조직의 가치와 기대에 대한 중요한 단서들을 제공해 준다(Paarlberg, Perry, & Hondeghem, 2008). 인터뷰에서 응답자들과 신규 직원의 역할모델이 되는 선배나 상사, 소규모 팀활동, 비공식적인 모임, 교육훈련, 조직문화의 영향 등을 자유롭게 논의하는 과정에서, 남팔씨는 동료들과의 상호작용과 소집단활동의 영향력을 강조한다. 응답자 가운데 7명은 상사 또는 동료의 모범이 자신들의 공공봉사동기에 긍정적인 영향을 미쳤다고 한다. 그러나 조직사회화의 영향이 항상 긍정적인 것은 아니다. 예를 들면, 남삼씨는 상황에 따라 다를 수 있으며, 신규 직원이 누구를 만나 어떤 사회화 과정을 경험하는지에 따라 차이가 난다고 한다. 남칠씨는 공식적이든 비공식적이든, 상사든 동료든지 간에 사회화 과정이 영향을 미친다고 한다.

여이씨: 소속감과 융화가 영향을 준다.

여삼씨: 조직문화에 동화된다고 본다.

여사씨: 교육과정에서 공무원의 의무와 사회적 역할 등에 대한 이해와 납득이 있을 경우, 개인은 사회화 과정을 통해서 공공봉사에 대해 책임의식을 갖게 된다.

여오씨: 환경이 영향을 미친다.

여육씨: 상사와 선배의 태도는 내게 타산지석이 되었고, 지금도 그렇다.

남일씨: 선배, 비공식 그룹, 긍정적 역할모델, 훌륭한 공무원상 등이

긍정적으로 작용한다.

남이씨: 팀 활동, 비공식적 단합대회, 비공식적 모임이 도움이 된다.

남삼씨: 사회화 과정이 중요하다. 어떤 사람을 만나서 어떤 사회화 과정을 겪느냐에 따라 공직의 가치관이 형성된다.

남사씨: 사회화 과정에서 축적된 경험이 공공봉사동기에 영향을 준다.

남오씨: 공공봉사동기 수준이 높은 선배에게서 깨달음을 얻게 되어 동반 상승한다.

남육씨: 상사 또는 선배로부터 공공봉사동기의 본(모범)을 배울 수 있지만, 교육훈련의 경우 훈련과정이 정밀하고 섬세하게 설계되지 않는다면 큰 영향은 없을 것이다.

남칠씨: 동료나 선배 등 공식적이든 비공식적이든 사회화 과정이 공공봉사동기에 영향을 준다. 조직 내의 소그룹이 어떤 성격이냐에 따라 긍정적 또는 부정적인 영향을 미칠 것이다. 교육훈련은 대체로 긍정적 영향을 줄 것이지만, 집합교육이나 강의식 주입식 교육은 효과가 낮을 것으로 판단된다.

남팔씨: 개인은 조직 내 다른 구성원과의 교류 및 소집단활동 등을 통해 가치 형성에 영향을 받는다. 교육은 개인의 가치형성에 중요한 역할을 하기 때문에 교육훈련의 내용 및 정도에 따라 공공봉사동기가 강화될 수도 있고 약화될 수도 있다.

남구씨: 지속적인 교육이 동기부여에 영향을 준다.

인터뷰 결과를 종합해 보면, 한국적 상황에서는 상사와 부하 간의 상호작용을 통해 공공봉사와 연관된 가치와 규범이 전수되며, 조직사회화 및 사회적 학습을 통하여 공무원의 공공봉사동기가 증진될 것이라고 예측할 수 있다. 우리나라에서는 공무원이 된 이후의 업무수행과 사회화 과정을 통하여 공무원들의 공공봉사동기 수준이 높아졌다고 보는 사회화이론이, 공공봉사에 대한 호감으로 인해 공공봉사동기 수준이 높은 사람들이 공무원이 되기 때문에 정부 공무원들의 공공봉사동기 수준이 민간부문 종사자들에 비하여 높다는 유인-선발-퇴출이론보다 더욱 설득력이 있다. 김서용・조성수・박병주(2010)의 연구결과에서도 상사와 동료가 사회화의 핵심적인 역할을 수행하며, 공공봉사동기 형성에는 조직 내의 역할모델인 상사와 동료의 역할, 그리고 공직생활 중의 봉사경험이 중요하다고 한다. 이들은 공무원을 대상으로 한 설문조사를 분석한 결과, 공공봉사동기 형성에 일반사회화 요인뿐만 아니라 조직사회화 요인이 유의미한 역할을 수행하고 있음을 보여 주고 있다. 결국, 우리나라에서는 공무원 재직기간 동안 공공봉사동기를 개발하는 조직적 차원의 요인이 보다 중요하게 작용한다고 볼 수 있다. 따라서 정부조직은 공무원의 재직기간 동안 긍정적인 사회화 경험을 제공할 필요가 있으며, 이를 통하여 조직이 추구하는 핵심적인 공공봉사 가치가 공무원에게 충분히 전수되도록 하여야 한다. 특히 정부 관리자들은 조직의 사회화 과정이 신규 공무원들에게 공공봉사동기의 기반을 형성할 수 있는 중요한 수단임을 인식하여야 할 것이다(Brewer, 2008).

가설 7: 공공봉사동기는 공직에서의 업무경험을 통하여 개발될 것이다.

가설 8: 조직사회화는 공공봉사동기와 관계가 있을 것이다.

가설 9: 한국적 상황에서는 공무원의 공공봉사동기 형성에 유인-선발과정보다 사회화 과정이 더 중요하다.

조직에서의 사회화 과정과 업무경험이 공공봉사동기 형성에 긍정적으로 기여한다면, 공무원으로서의 재직기간이 길수록 공공봉사동기 수준도 높아지는가? 재직기간은 좋든 나쁘든 간에 지속적으로 특정한 업무환경에서 얻은 누적 효과를 반영한다. 미국에서는 공무원의 재직기간은 공공봉사동기와 부정적인 관계가 있다고 한다(Moynihan & Pandey, 2007). 즉, 공무원으로 오래 근무할수록 공공봉사동기 수준은 낮아지게 된다는 것이다. 이에 대해 가능한 추론은 처음 공직에 들어올 때는 국가와 사회를 위해서 열심히 봉사하겠다는 높은 이상을 가지고 있지만, 막상 공무원이 되고 보니 보람 있는 성과를 낼만한 기회가 별로 없어서 시간이 갈수록 공공봉사동기 수준이 낮아지게 된다는 것이다(Scott & Pandey, 2005). 또한 네덜란드 공무원들을 대상으로 한 연구에서(Buurman, Delfgaauw, Dur, & Van den Bossche, 2012), 공무원들은 민간기업 종사자들에 비해 위험회피성향이 높고 기부(寄附)성향은 낮다고 한다. 공무원들은 민간부문에 비해 낮은 보수를 받으면서 오랫동안 사회를 위해서 많은 일을 했다고 인식하기 때문에, 재직기간이 길수록 기부성향과 같은 이타적 동기는 줄어든다고 한다.

인터뷰에서 대부분의 응답자들은 재직기간과 공공봉사동기 간에는 선형적 관계가 없다고 믿었다. 즉, 공무원으로서의 재직기간이 길수록 공공봉사동기 수준이 높아지거나 낮아지는 것은 아니며, 공공봉사동기는 반드시 재직기간과 비례하지 않는다고 생각한다.

> 여일씨: 공직생활 초기에는 자존감이 낮고 업무도 익숙하지 않아서 부정적 관계이지만, 중간(3~10년)은 긍정적이다가 오래되면 부정적 관계일 것으로 생각한다.
>
> 여이씨: 꼭 그렇지 않다.

여삼씨: 아니다.

여사씨: 경험이 득이 될 수도 있으나 어느 선에서는 매너리즘 등으로 인해 한계가 있다.

여오씨: 아니다. 도리어 나태해지거나 목표와 수단의 혼동으로 공공봉사동기는 낮아질 수 있다. 그리고 젊은 시절 공공봉사동기가 강했더라도, 그런 사람들은 도리어 조직이 변하지 않는 것을 감지하는 등의 이유로 빨리 변색(공공봉사동기가 낮아지게)될 가능성도 농후하다.

여육씨: 그렇지 않다. 근속기간이 긴 것과 개인의 만족감이나 성취감은 정비례하지 않는다. 따라서 공공봉사동기와도 상관관계가 없다고 본다.

남일씨: 고위직은 근속기간이 길수록 긍정적이다.

남이씨: 근속기간이 길수록 긍정적이다.

남삼씨: 중립적이다.

남사씨: 반드시 일치하지는 않는다. 근속기간이 길어도 정책결정권 등의 권한이 부여되지 않는다면, 오히려 공공봉사동기를 저하시키는 요인이 될 수 있다.

남오씨: 공직 수행 중 공공봉사동기를 높이는 경험을 하게 되고 따라서 근속기간이 길수록 높아진다.

남육씨: 근속기간이 길수록 공공봉사동기도 높아지지만, 반대의 경우도 있고 오히려 사익추구 동기도 함께 높아질 수 있다.

남칠씨: 초기 5년 내지 10년까지는 높아질 수 있으나 그 이후는 낮아질 수 있다.

남팔씨: 관계 없다. 개인적 경험과 조직생활을 통해 형성된 가치관에 따라 다를 것이다.

남구씨: 기간보다는 개인적 가치관의 문제라고 생각한다.

남열씨: 큰 영향은 미치지 않는다.

한국적 상황에서 공공봉사동기는 공직 재임기간과 긍정적인 관계인지 부정적인 관계인지 설득력 있는 예상이 곤란하다. 여사씨는 매너리즘으로 인한 공공봉사동기 저하 가능성을, 여오씨는 나태와 목표-수단의 도치현상을 지적하며, 여일씨와 남칠씨는 재직기간이 늘어남에 따라 일정기간 동안 공공봉사동기가 증가하다가 이후에는 저하될 것으로 본다. 그럼 직급이 높아질수록 공공봉사동기는 증진되는가? 인터뷰 결과를 보면, 재직기간의 경우와 마찬가지로 직급과 공공봉사동기 간에도 선형적인 관계를 예측하기는 어렵다고 본다.

여일씨: 하위직은 자존감이 낮아 부정적이며, 중간 계급은 자부심과 중요도가 높아서 긍정적이며, 고위직은 권위적이어서 부정적이다.

여이씨: 꼭 그렇지 않다.

여삼씨: 아니다.

여사씨: 직급이 올라갈수록 더 많은 영향력과 (자원 획득으로 인해) 성취가능성을 갖고 있으므로 가능성은 있다.

여오씨: 아니다. 직급이 올라가는 것에는 많은 다른 요인이 작용한다.

여육씨: 직급이 높은 사람이 공공봉사동기가 높다고 볼 수 없다. 다만 승진을 통하여 얻는 만족감·성취감은 공공봉사동기에 영향을 미친다고 본다.

남일씨: 직급이 높을수록 긍정적이다.

남이씨: 직급이 높을수록 긍정적이다. 멀리 보는 여유를 가질 수 있다.

남삼씨: 중립적이다.

남사씨: 비교적 영향을 미친다. 높은 직급으로 가면서 정책에 대한 결정권도 많아지고 자신의 결정이 사회 곳곳에 영향을 줄

수 있다는 책임감도 함께 높아져 공공봉사동기도 높아질 것이라 생각한다.

남오씨: 아니다. 직업으로서 주어진 일을 수행할 뿐, 공공봉사동기가 상승하지는 않는다.

남육씨: 직급이 높아질수록 공공봉사동기도 높아진다고 보지만, 반대의 경우도 있다.

남칠씨: 반드시 그렇지는 않을 것이다. 어느 정도 연관성은 있을 수 있다.

남팔씨: 직급이 높아지면 책임의식이 보다 강해지고 더 큰 가치를 생각하게 되므로 공공봉사동기가 높아진다.

남구씨: 직급의 상승은 책임감을 동반하기에 그렇다고 본다.

남열씨: 직급과는 상관이 없는 것 같다.

인터뷰 결과를 종합해 보면, 일반적으로 공무원으로서의 재직기간이 길수록 또는 직급이 올라갈수록 공무원의 공공봉사동기 수준도 높아지거나 낮아질 것으로 예상하기는 어렵다. 따라서 공직생활을 통하여 공무원의 공공봉사동기가 증진되는지 여부는 공무원 각자가 경험하는 사회화 과정과 업무수행에 더 의존하고 있다고 볼 수 있다.

가설 10: 한국에서는 공무원의 재직기간이 길수록 공공봉사동기 수준도 높아진다고 보기는 어렵다.

가설 11: 한국에서는 공무원의 직급이 높을수록 공공봉사동기 수준도 높아진다고 보기는 어렵다.

정부조직과 직무의 다양한 요소들이 공무원의 공공봉사동기 형성에 영향을 미칠 것으로 예상할 수 있다. 목표이론(goal theory)은 조직의 사명과 담당 업무의 특성이 공공봉사동기 증진에 기여하는 정도를 이해하는 데에 이론적 토대를 제공한다. 정부의 목표가 비록 불명확하고 갈등적 성격을 지니고 있어서 공공조직에서는 목표설정을 위한 적절한 기법들을 제대로 적용하기는 곤란하다고 보지만, 부여된 목표가 중요할 뿐만 아니라 달성 가능하다고 공무원이 인식하며 자신의 업무가 무엇인지 명확하게 이해할 때 업무성취에 대한 동기가 보다 더 유발된다(Perry & Porter, 1982; Wright, 2007). 애매모호한 목표는 공공봉사동기를 위축시키지만 분명한 목표는 이를 증진시킨다. 미국 공무원들을 대상으로 한 연구에서, 조직의 사명과 업무상의 목표를 명확하게 이해하고 목표의 중요성을 충분히 인식하는 경우 임무를 충실히 수행하겠다는 의지가 강하게 나타난다고 한다(Jung & Rainey, 2009). 따라서 국민에게 혜택을 주고 도움이 된다는 것을 강조하도록 목표를 설정하는 것이 중요하다. 보다 구체적이면서도 열심히 노력하면 달성할 수 있는 목표를 설정하는 것이 공공봉사동기 증진에 매우 효과적이라고 한다(Wright & Grant, 2010).

남일씨: 목표의 중요도와 난이도는 긍정적으로 작용한다.

남이씨: 목표의 특성이나 중요도, 구체성이 긍정적 영향을 준다.

남삼씨: 다수에게 도움을 줄 때 긍정적인 영향을 미친다.

남사씨: 다른 사람에게 도움을 주는 경우에는 보람을 느끼고, 목표가 중요하고 구체적일수록 난이도가 높을수록 높은 해결능력이 요구됨으로 공공봉사동기에 영향을 미친다.

남오씨: 목표의 특성이나 중요도는 긍정적이다.

남칠씨: 대체로 공직에서 달성하는 목표가 중요하고 추상적일수록

자신의 능력이 투영되어 공공봉사동기를 높인다.

남팔씨: 주어진 일의 목표가 공익지향성이 클수록 공공봉사동기 형성에 크게 영향을 미치고, 그 목표가 중요하고 구체적이며 어려울수록 공공봉사동기가 확실하게 형성되고 각인효과도 클 것으로 생각한다.

남열씨: 목표가 크면 클수록 영향을 미친다.

여일씨: 타인에게 도움을 주는 목표라면 긍정적인 영향을 미친다. 내가 아니면 할 사람이 없거나 내가 하는 일이 중요하다는 생각은 긍정적인 영향을 주는데, 내가 왜 해야 하는지 모르면 부정적인 영향을 미칠 수도 있다.

여삼씨: 큰 틀에서 볼 때 공무원이 하는 모든 업무는 국민의 삶의 질을 향상시키는 데 많은 영향을 미친다. 따라서 목표를 정확하게 인식하고 업무를 추진할 때 성과도 높게 나타난다. 따라서 목표는 많은 영향을 미친다고 본다.

여육씨: 올바른 목표가 공공봉사동기에 영향을 미치고, 목표를 달성하면서 공무원으로서의 자긍심과 활력이 공공봉사동기에 긍정적인 영향을 미친다.

조직의 목표와 사명을 통하여 받아들이는 내재적 가치는 업무를 보다 중요하게 인식시켜 공무원의 공공봉사동기를 증진한다고 한다(Wright, 2007). 손명구(2007)는 지방공무원을 대상으로 한 경험적 연구를 통하여 공무원이 자신의 목표를 명확히 알고 또한 그 목표와 관련하여 자신의 일이 얼마나 중요한지를 아는 것은 공공봉사동기 증진과 관련이 있다고 한다. 인터뷰에서도, 대부분의 응답자들은 구체성과 명확성, 공익지향과 중요성과 같은 목표의 특성이 공공봉사동기에 영향을 미칠 수 있다고 보고 있다.

가설 12: 목표의 특성은 공공봉사동기에 영향을 미칠 것이다.

공직생활을 하면서 자신이 담당하는 업무의 수혜자 또는 민원인을 직접 만나서 사정을 듣거나 현장을 방문하여 주민의 생활실태를 보는 등 고객과의 직접적인 접촉은 담당 업무의 파급효과 또는 영향을 실감하도록 하여 공공봉사동기 증진에 큰 영향을 미친다고 한다(Wright & Grant, 2010). 미국의 경우, Grant(2008)는 담당 업무를 통해 혜택을 받은 고객과 단순히 만나는 것만으로도 공무원의 동기가 증진될 수 있다는 점을 발견하였으며, Vinzant(1998)는 아동보호서비스 업무를 담당하는 직원들이 어려운 처지에 있는 아동들을 적절하게 잘 도와주었다고 생각할 때 큰 만족감을 얻는다고 밝히고 있다. 이탈리아에서는 치료를 받은 환자와의 접촉이 있는 간호사들의 경우 접촉이 없었던 간호사들에 비하여 통계적으로 유의미한 정도로 공공봉사동기 수준이 증가하였음을 발견하였다(Bellé, 2013). 인터뷰 결과는 다음과 같이 정리할 수 있다.

여일씨: 접촉이 좋은 경험으로 남는다면 긍정적이다.
여삼씨: 아니다. 접촉을 통해 공공봉사동기를 갖는 경우도 있으나 공무원으로서 가지는 공공봉사에 대한 욕구가 더 크다.
여사씨: 민원인은 구체적 영향을 미칠 수 있는 사례이다.
여오씨: 다양한 사람을 만날수록 사회에 대한 이해도가 증진되고, 이해도가 밑바탕이 되면 공공봉사동기가 높아지게 된다.
여육씨: 만남을 통해 수혜자의 욕구를 느끼고, 그로 인해 나를 다시 정비하게 만든다.
남일씨: 의사소통 증진이 되어 긍정적이다.

남삼씨: 업무성과를 체감할 수 있을 때 긍정적인 영향을 미친다.

남사씨: 당사자를 만나서 사정을 듣고 이를 해결하는 과정에서 공공봉사동기가 발동한다.

남오씨: 수혜자의 실상을 알게 되면 공공봉사동기가 증진될 수 있다.

남육씨: 영향을 미치지 않는다.

남칠씨: 현장 속에서 주민들과의 대면을 통해 일의 보람을 느낄 가능성이 커져 공공봉사동기를 높이는 계기가 될 수 있다.

남팔씨: 접촉한 민원인을 통해 공공봉사의 의미를 깨닫게 되는 경우가 많다.

남구씨: 민원인과의 만남을 통해 좀 더 구체적인 상황을 알게 되면 동기부여가 될 것이다.

남열씨: 보람을 느낄 수 있는 사항이면 영향을 미친다.

인터뷰 결과, 많은 응답자들이 고객이나 주민과의 직접적 접촉이나 대화를 통하여 서비스의 성과 혹은 업무처리 결과를 점검하고 고객의 상황을 이해할 수 있으며, 고객과의 의사소통을 통하여 스스로 보상받는 느낌이 든다고 한다. 한국적 상황에서도 고객이나 주민과의 직접적 접촉과 의사소통은 환류(feedback)를 제공하여 공공봉사동기에 영향을 미칠 것으로 예상할 수 있다.

가설 13: 고객(주민)과의 직접적인 접촉은 공공봉사동기에 영향을 미칠 것이다.

자기효능감(self-efficacy)은 주어진 업무를 자신이 성공적으로 완수할 수 있는 가능성에 대한 믿음을 의미한다. 즉, 개인의 자기효능감은

"특정한 성과를 달성하는 데 요구되는 일련의 행동을 조직화하고 실행하는 본인의 역량"에 대한 판단이다(Bandura, 1986: 391). 자신의 능력에 대하여 자신감을 가질수록 조직목표를 달성가능한 것으로 여긴다. "자기효능감은 경험을 통하여 점차적으로 복잡한 인지적, 사회적, 언어적, 신체적 기술을 획득함으로써 생긴다(Gist, 1987: 472)". 자기효능감은 행동의 방향과 지속성에 미치는 효과를 통하여 동기에 영향을 미친다. Wright(2007)는 미국에서 높은 수준의 자기효능감은 업무동기와 관계가 있다는 점을 입증하였다. 높은 수준의 자기효능감을 가진 공무원은 목표는 달성 가능하다고 확신하고 목표달성을 위하여 노력을 지속할 가능성이 보다 높을 것이다. 김태호·김유한(2010)의 실증적 분석에서도 공무원들의 예측상황의 자기효능감 및 비예측상황의 자기효능감 모두 공공봉사동기에 긍정적인 영향을 미치는 것으로 나타나고 있다. 인터뷰에서도 대부분의 응답자들은 한국적 상황에서도 자기효능감이 공공봉사동기에 긍정적 영향을 미친다고 지적하고 있다. 하지만 남오씨는 직접적인 관계가 없다고 생각하며, 남열씨는 영향은 미치나 크지는 않다고 한다.

> 여일씨: 내가 할 수 있다는 생각으로 인해 업무에 적극적으로 되며, 긍정적인 영향을 준다. 민원인이 난해한 요구를 하더라도 해결해 줄 수 있다는 자신감이 생겨서 긍정적이다.
>
> 여사씨: 여러 가지 시도를 하거나 어려움을 감수할 수 있는 기본이 되기에 영향을 미친다.
>
> 여오씨: 미친다. 자기효능감이 있으면 직업에 대한 애정이 더 생기고, 공무원의 직업적 가치관의 바탕은 공익이기 때문에 공공봉사동기에 영향을 준다.

남일씨: 긍정적이다.

남사씨: 많은 영향을 미친다.

남오씨: 아니다. 자기효능감과 공공봉사동기는 직접적인 관계가 없다.

남육씨: 어느 정도는 영향을 미친다.

남칠씨: 조직 내에서의 본인의 효능감을 경험할수록 공공봉사동기에 긍정적이다.

남팔씨: 자기효능감이 클수록 적극적으로 업무를 수행하게 되고, 결과에 대한 만족감이나 성취감도 크다.

남구씨: 스스로에 대한 자신감, 믿음이 있을 때 남을 위해 봉사할 수 있다.

남열씨: 영향을 미치나 많은 부분은 아니다.

본인의 능력에 대한 자신감은 장애물에 직면해서도 필요한 노력을 더욱 지속하려는 경향에 영향을 준다(Wright, 2004). 높은 수준의 자기효능감을 가진 공무원들은 보다 많은 심리적 만족과 성취감을 주는 업무를 수행하려는 경향이 높을 것이다. 손명구(2007)는 공무원의 자기효능감과 공공봉사동기의 긍정적 관계를 보여 주면서, 자기효능감을 강화시키기 위하여 지속적인 개인의 능력개발과 이를 위한 분위기 조성이 중요하다고 한다. 따라서 한국에서도 자기효능감은 공공봉사동기에 긍정적인 영향을 미칠 것이다.

가설 14: 자기효능감은 공공봉사동기와 긍정적인 관계가 있다. 자기효능감이 증가할수록 공공봉사동기 수준 또한 증진될 것이다.

자긍심(pride)은 “자랑할 만한, 자기존중 또는 존경받는 상태나 질”을 의미한다(Bouckaert, 2001: 20). 자긍심에 대한 기본적 동인(動因)은 합당한 자기존중과 같이 내재적이거나, 사회적 평판이나 처우와 같이 외재적일 수도 있다. 공무원들은 합리적이고 정당한 존경과 자기존중으로 인해 자랑스런 상태가 될 수 있다. 자긍심과 성과가 서로 관계가 있는 것으로 가정되며(Bouckaert, 2001: 20), 덴마크에서는 공직의 자긍심이 공공봉사동기에 가장 중요한 긍정적 영향을 미치는 것으로 발견된 바 있다(Hansen, 2009). 인터뷰에서 대부분의 응답자들은 자긍심과 공공봉사동기 간의 긍정적 관계를 지지하고 있다.

여일씨: 좋은 직장이라는 평판과 사회적 대우를 경험할수록 긍정적 영향을 미친다.

여이씨: 자긍심을 가지고 일을 하기 때문에 공공을 위해 봉사하며, 복지 혜택을 받는 만큼 열심히 해야 한다고 생각한다.

여삼씨: 그저 그렇다. 공무원으로서 의무감이란 측면이 더 강하다.

여사씨: 자긍심이 책임감과 연결되면서 동기에 영향을 준다.

여오씨: 자긍심을 가진다는 것은 직업에 대한 애정이고, 공무원의 직업적 가치관의 바탕은 공익이기 때문이다.

여육씨: 자긍심은 공공봉사동기에 영향을 미친다. 자긍심이 상실되면 공공봉사동기가 위축된다.

남이씨: 공직에 대한 자긍심으로 인해 청빈하게 지낸다.

남사씨: 긍정적인 자긍심은 공공봉사동기에 영향을 준다. 자신의 일에 자부심을 가지고 적극적으로 일한다면, 개인적인 공공봉사동기 외에도 남을 도와주려는 정책을 추진하는 등 더 넓은 의미의 공공봉사동기에도 영향을 준다.

남오씨: 사회적으로 공무원에 대한 인식이 좋아져서 자긍심이 높아

지면 공공봉사동기도 동반 상승한다.

남육씨: 큰 영향을 미친다.

남칠씨: 자신의 직무 자체나 직무수행과정을 통한 보람이 공공봉사동기에 긍정적 영향을 준다.

남팔씨: 자긍심이 강하면 강할수록 공공봉사동기가 강해진다.

남구씨: 국가와 국민을 위해 일한다는 것 자체가 충분한 동기가 된다.

남열씨: 자긍심은 많은 영향을 미친다.

높은 경쟁률을 극복하고 공무원시험에 합격한 것만으로도 사회적 존경을 받으며 자부심을 가질 만하다(Bouckaert, 2001). 우리나라에서도 공무원이 좋은 사회적 평판을 받고 자신의 직업에 대하여 자랑스럽게 생각할수록 공무원의 공공봉사동기 또한 증진될 것이다. 인터뷰 결과를 기초로 다음과 같은 가설을 설정할 수 있다.

가설 15: **자긍심은 공공봉사동기와 긍정적인 관계가 있다.**

내재적 보상(intrinsic reward)이란 자기존중 및 자아실현과 같은 높은 차원의 욕구를 만족시키는, 직무 성과 그 자체로부터 직접적으로 발생하며 구성원에게 내재적으로 주어지는 보상을 의미한다(Lawler, 1971). 내재적 보상은 본인이 부여하는 심리적 보상이며, 업무 그 자체로부터 즐거움을 경험하거나 수행하는 업무가 중요하다고 느끼거나 책임감을 느낄 때 얻게 되는 보람, 만족감, 성취감, 행복 등을 말한다. 외재적 보상(extrinsic reward)은 업무수행상황의 한 부분으로 외부(다른 사람)에 의해 조직구성원에게 외재적으로 주어지는 보상을 의미하며, 정부조직의 경우 신분보장, 보수, 승진 등과 같은 외재적 보상은 관련 법령이나 정치적·경제적 요인 등에 의해 결정되는 경향이 강하다(김상묵·김영종, 2005: 64). 미국의 경우 공무원은 민간기업체 직원들에 비하여 내재적 보상을 보다 중요하게 간주한다고 한다(Crewson, 1997; Houston, 2000). Crewson(1997)은 공공부문 종사자들은 민간부문 종사자들과 비교할 때 성취감 및 사회와 국민을 위해 도움이 되는 업무의 수행을 보다 중요한 직무 특성으로 여긴다는 점을 발견하였으며, Houston(2000)은 미국 공무원들은 중요도가 높고 성취감을 주는 업무의 내재적 보상에 보다 높은 가치를 부여한다는 사실을 보여 주고 있다. 또한 조직의 사명이나 업무를 통해 인식하는 내재적 가치는 업무에 부여하는 중요성을 증가시켜 공무원의 업무동기에 영향을 미친다는 점을 발견하였다(Wright, 2007).

우리나라 중앙부처 공무원들을 대상으로 한 실증적 연구에서(이근주·이혜윤, 2007), 공무원들은 성과급과 같은 금전적이고 외재적인 보상에 대한 기대보다는 조직이나 타인으로부터의 인정, 그리고 업무를 통한 성취감 등 내재적인 보상에 대한 기대를 중요하게 생각하고 있는 것으로 나타났다. 공무원들에게 성과급과 같은 외재적 보상보다는, 자아실현을 위한 내재적 보상에 대한 기대와 공익에 헌신하며 국민을 위해 봉사하려는 공공봉사동기가 성과에 영향을 미치는 주요한 영향요인이라고 한다. 또한 부산지역 공무원들을 대상으로 한 실증적 연구에서 이희태(2010: 177)는 공무원에 대한 성과급제도가 동기부여에 많은 영향을 미치지 못하고 있다고 하면서, 그 이유 가운데 하나로 "일반적으로 민간기업 종사자에 비해 사회와 공익을 위해 보다 유익한 일을 하려는 마음가짐을 가진 사람들이 공무원이 되는 경우가 많고, 이들은 수당과 보수 등과 같은 외적 보상보다는 업무수행과 성취를 바탕으로 '사회에 기여한다'는 보람과 성취감 등과 같은 내적 보상을 보다 중요시하는 경향이 있다"는 점을 지적하고 있다. 인터뷰에서 응답자들은 모두 한국에서도 내재적 보상이 공공봉사동기 증진에 효과적이라는 사실에 동의하였다.

남일씨: 환류(feedback)를 통한 긍정적 영향이 있다.

남이씨: 지방자치단체의 업무가 보다 가시적이다.

남삼씨: 동기를 강화한다.

남사씨: 많은 영향을 미친다. 장학금이나 복지업무를 수행하다 보면 뿌듯함을 느끼는 경우가 매우 많다. 이런 계기로 공공봉사동기가 높아질 수 있다.

남오씨: 업무수행 후 결과에 대한 만족감이 클수록 공공봉사동기가 높아진다.

남팔씨: 공공봉사동기는 내면적 성향이므로 심리적 만족감 또는 성취감이 긍정적 영향을 미친다.

남열씨: 공공봉사동기에 가장 큰 영향을 미치는 부분이다.

여일씨: 성취감과 만족감을 경험할수록 공공봉사동기에 긍정적인 영향을 미친다.

여이씨: 파급효과가 가시적으로 나타날 때, 칭찬받을 때 그렇다.

여삼씨: 고생한 결과가 시민들의 이익과 연결될 때 보람을 느끼며, 더 많은 업무를 추진할 의욕을 가진다.

여사씨: 내면적인 성취 경험은 꾸준한 공공봉사동기로 이어진다.

여오씨: 내재적으로 보상이 있다면 직업에 대한 애정이 더 생긴다. 공무원의 직업적 가치관의 바탕은 공익이기 때문에 더욱 그렇다.

여육씨: 업무수행을 통하여 얻는 자긍심 등은 긍정적 영향을 미친다.

인터뷰 결과는 한국적 상황에서도 업무 자체 및 업무 성과를 통해 얻게 되는 내재적 보상이 공공봉사동기와 관계가 있음을 시사하고 있다. 공무원에게는 조직의 성격이나 역할에 의해 부여되는 내재적 보상이 성과와 연계된 외재적 보상보다 더욱 중요할 것이다(Wright, 2007). 조직의 지도자들은 조직의 사명과 공무원이 추구하는 가치를 연계시키거나, 공공봉사 가치를 부각시키거나, 담당 업무의 중요성 또는 파급효과를 강조하거나, 조직의 목표와 가치를 공유하는 등 공무원들이 내재적 보상을 향유할 수 있는 여건을 제공함으로써 공공봉사동기에 영향을 미칠 수 있다(Paarlberg, Perry, & Hondeghem, 2008). 따라서 다음과 같은 가설을 설정할 수 있다.

가설 16: 내재적 보상은 공공봉사동기와 긍정적인 관계가 있을 것이다.

이외에도 조직생활에서 경험하는 조직의 문화, 분위기, 의사결정과정, 리더십, 성과평가 등 조직관리 및 담당 직무의 특성 등 여러 가지 요인들도 공공봉사동기와 관계가 있을 것으로 예상할 수 있다. 먼저 업무환경이 지원적일 때 공공봉사동기가 강화된다고 예상할 수 있다(Perry, 2000). Likert(1967)는 권위적-참여적 분위기 연속선을 기초로 하여 조직의 유형을 구분하였다. 조직 분위기에 대한 6가지 측면인 리더십, 동기부여, 의사소통, 의사결정, 목표 설정 및 통제에 대한 조직구성원들의 인식을 바탕으로 조직의 분위기가 얼마나 참여적인지 정도를 결정한다. 이 유형 가운데 "참여적"이라고 간주하는 체제 4(System 4) 조직에서는 의사소통이 완전히 개방되어 위아래로 흐르며 의사결정 권한은 관리자와 직원 사이에 분산되어 있다. 참여적 분위기는 민주적·참여적인 의사결정, 지원적인 업무환경, 협력과 아이디어의 공유, 하위직으로의 권한위임(empowerment), 조직구성원 간의 개방적 의사소통에 대한 인식을 반영하고 있다. 인터뷰에서 모든 응답자들은 참여적 조직분위기가 공공봉사동기에 긍정적인 영향을 미칠 것이라고 지적하고 있다.

여일씨: 역할모델(role model) 및 긍정적인 상호작용은 긍정적인 영향을 준다. 참여로 인해 적극적으로 된다. 권한 증대는 긍정적 영향을 미친다.

여이씨: 타인과의 의사소통 능력을 키울 수 있고, 필요로 하는 것을 파악할 수 있다.

여사씨: 영향이 있다. 주변의 분위기, 환경에 영향을 받기 마련이다.

여육씨: 조직 내 의사결정 참여 등 자유로운 활동은 공공봉사동기에 긍정적 영향을 미친다.

남일씨: 개방적이고 민주적 분위기가 긍정적인 영향을 미친다.

남이씨: 자유로운 분위기는 긍정적이다. 직원을 적극적으로 만든다.

남삼씨: 참여를 통한 책임감 부여가 영향을 준다. 하지만 능력을 넘어선 과도한 참여는 부정적이다.

남사씨: 정책 내용에 공감하는 경우 영향을 미친다.

남육씨: 큰 영향을 미친다.

남팔씨: 참여가 많을수록 공공봉사동기가 강해진다. 의사결정과정에 참여를 많이 하게 되면 주체성과 책임의식이 강화되고 일에 대한 자기효능감이 커지므로 공공봉사동기가 강해진다. 조직의 분위기는 개인의 동기부여에 직접적이고 큰 영향을 미친다. 경직된 조직에서는 개인의 자율적 판단을 제약하고 적극적인 의지를 약화시켜 공공봉사동기의 위축을 초래한다.

남구씨: 조직의 분위기가 나쁘면 역시 공직생활을 통하여 실현할 수 있는 공공봉사동기를 막는다.

인터뷰 결과는 참여적 조직분위기가 공공봉사동기와 관계가 있다는 점을 보여준다. 참여적 분위기에서 공무원들은 정부 정책과 프로그램에 대한 정보를 얻을 수 있는 많은 기회를 갖게 되고 자신들이 왜, 무엇을 해야 하는지에 대한 적절한 근거를 가지게 되어 공공봉사에 대한 애착을 느껴 자신들을 더욱 동기부여하게 될 것이다. 따라서 다음과 같은 가설을 설정할 수 있다.

가설 17: **참여적 조직분위기는 공공봉사동기와 긍정적인 관계가 있을 것이다.**

제2절 경험적 연구

1. 한국인의 공공봉사동기 수준

(1) 조사설계

일반 시민의 공공봉사동기를 측정하고자 온라인 전문조사기관인 주식회사 패널인사이트[7]에 온라인 설문조사를 의뢰하였다. 이 회사는 온

7) http://www.panelinsight.co.kr

라인 조사의 대표성을 확보하고자 사전적으로 구축된 80만여 명의 조사패널을 통해 모집단의 특성을 반영한 체계적인 조사를 실시하고 있다. 먼저 국민의 성별·연령별·지역별 인구 특성을 고려한 비례할당추출(proportionate quota sampling)방식을 통하여 무작위로 조사 규모의 3배에 달하는 조사패널을 구성한 후, 이들을 대상으로 온라인 조사를 실시하여 의도한 수만큼 데이터가 수집되면 조사는 종료한다. 2012년 2월에 전국의 성인 남녀 599명을 대상으로 공공봉사동기를 측정하였으며, 측정항목은 〈표 3-2〉와 같다.

응답자의 특성에 대한 조사항목은 성별, 연령, 가구 소득, 학력, 거주지역, 이념적 성향 및 종교 등이지만, 조사항목별 통계자료에서는 성별, 연령, 학력 및 종교에 대해서만 분석할 것이다. 이후 공공봉사동기 수준에 영향을 미치는 개인적 특성을 분석하기 위한 회귀분석에

〈표 3-2〉 공공봉사동기 측정항목

하위차원	측정문항
공공봉사 호감도 (APS)	·지역사회에 도움을 주는 활동에 참여하는 사람들을 존경한다. ·의미 있는 공공봉사는 나에게 매우 중요하다. ·내가 공공선(公共善)을 위해 기여하는 것은 매우 중요하다. ·내가 사회문제를 해결하려는 활동에 동참하는 것은 매우 중요하다.
공공가치 몰입 (CPV)	·시민에게 동등한 기회를 제공하는 것은 매우 중요하다. ·시민들이 지속적으로 행정서비스를 제공받는 것은 매우 중요하다. ·공공정책을 만들 때에는 미래세대의 이익을 고려하는 것이 매우 중요하다. ·윤리적으로 행동하는 것은 공무원에게 필수적이다.
동정심 (COM)	·곤궁에 처한 사람을 보면 측은한 마음을 주체하기 어렵다. ·어려움에 직면한 사람들을 보면 안타까운 마음이 든다. ·부당하게 대우받는 사람들을 보면 매우 화가 난다. ·다른 사람들의 복지를 고려하는 것은 매우 중요하다.
자기희생 (SS)	·사회를 위해 나 자신의 희생을 감수할 준비가 되어 있다. ·나 자신보다 시민으로서의 의무를 우선시해야 한다. ·나는 사회를 위해 개인적인 손실도 기꺼이 수용할 수 있다. ·비록 내가 비용을 지불하게 되더라도, 가난한 사람들을 돕는 계획에 적극적으로 찬성한다.

자료: Kim et al.(2013), Table 4.

서는 이들 특성들을 모두 포함시킬 것이다.

조사대상 가운데 여성은 282명(47.1%)이며 남성은 317명(52.9%)이다. 조사대상자의 현재 거주하는 지역을 보면, 서울 및 광역시 거주자가 313명(52.3%), 시 단위 거주자가 252명(42.1%), 군 단위 거주자가 34명(5.7%)이다. 이념적 성향을 보면, 진보에 가깝다고 답한 응답자가 170명(28.4%)이며, 중도 입장이라는 응답자가 348명(58.1%)이고 보수에 가깝다는 응답자는 81명(13.5%)으로 나타났다. 가구 소득별로는 월 200만 원 미만이라고 응답한 비율이 22.9%이고 월 200~500만 원 미만이라는 응답자의 비율이 55.3%, 그리고 월 500만 원 이상이라고 응답한 비율은 21.9%로 나타났다.

(2) 공공봉사동기 수준

1) (공공봉사 호감도) 지역사회에 도움을 주는 활동에 참여하는 사람들을 존경한다[8)]

이 설문문항은 공공봉사동기 가운데 공공봉사 호감도(APS) 차원을 평가하기 위한 항목이다. 이 문항에 대한 응답 결과를 보면, 응답자 전체의 응답평균은 4.01로 나타나 전반적으로 지역사회에 도움을 주는 활동에 참여하는 사람들을 존경한다는 설문문항에 대하여 동의하는 것으로 나타났다. 동의한다(그렇다+매우 그렇다)는 응답비율이 남성은 79.2%이고 여성은 77.6%로 나타나, 성별에 따른 차이는 미미하다고 볼 수 있다. 연령대별로는 20대의 응답평균이 다른 연령대보다

8) 전체 599명의 응답자 가운데 연령이 만 20세 미만이 6명, 60세 이상인 응답자가 4명이며, 학력에서 중학교 졸업 이하인 응답자가 18명이며, 종교에서는 기타 1명으로 나타났다. 이하의 연령, 학력, 종교 집단별 통계분석에서는 이들의 응답 결과는 제외하였다.

		사례수	전혀 그렇지 않다		그렇지 않다		보통		그렇다		매우 그렇다		평균
			빈도	비율	빈도	비율	빈도	비율	빈도	비율	빈도	비율	
전체		(599)	2	0.3	14	2.3	113	18.9	316	52.8	154	25.7	4.01
성별	남성	(317)	0	0	9	2.8	57	18.0	162	51.1	89	28.1	4.04
	여성	(282)	2	0.7	5	1.8	56	19.9	154	54.6	65	23.0	3.98
연령대	20-29	(98)	1	1.0	2	2.0	27	27.6	47	48.0	21	21.4	3.87
	30-39	(146)	1	0.7	5	3.4	27	18.5	74	50.7	39	26.7	3.99
	40-49	(197)	0	0	4	2.0	36	18.3	105	53.3	52	26.4	4.04
	50-59	(148)	0	0	3	2.0	21	14.2	83	56.1	41	27.7	4.09
학력	고교 졸업	(208)	1	0.5	3	1.4	45	21.6	111	53.4	48	23.1	3.97
	전문대 졸업	(115)	0	0	4	3.5	22	19.1	60	52.2	29	25.2	3.99
	대학 졸업	(192)	1	0.5	6	3.1	33	17.2	103	53.6	49	25.5	4.01
	대학원 이상	(66)	0	0	1	1.5	10	15.2	31	47.0	24	36.4	4.18
종교	불교	(116)	2	1.7	2	1.7	26	22.4	59	50.9	27	23.3	3.92
	기독교	(145)	0	0	4	2.8	25	17.2	77	53.1	39	26.9	4.04
	천주교	(65)	0	0	1	1.5	9	13.8	33	50.8	22	33.8	4.17
	무교	(272)	0	0	7	2.6	52	19.1	147	54.0	66	24.3	4.00

낮게 나타나고 있어서, 연령이 높을수록 지역사회 활동에 대한 호감도가 증가한다고 해석할 수도 있으나, 연령대별 차이는 그다지 크지 않은 수준이다. 학력별로 보면 대학원 이상 학력자의 응답평균이 다른 학력 소유자들에 비하여 높게 나타나고 있다. 종교에 따른 응답 결과를 보면, 천주교도들의 응답평균이 다른 종교나 종교가 없는 응답자들보다 높은 편이다. 전반적으로 응답자들은 지역사회에 도움을 주는 활동에 참여하는 사람들에 대하여 호의적인 인식을 가지고 있다고 해석할 수 있으며, 이러한 응답 결과를 통해 볼 때 일반 시민들의 공공봉사에 대한 호감도는 높은 편이라고 볼 수 있다.

2) (공공봉사 호감도) 의미 있는 공공봉사는 나에게 매우 중요하다

이 설문문항은 공공봉사동기 가운데 공공봉사 호감도(APS) 차원을 평가하기 위한 항목이다. 이 문항에 대한 응답 결과를 보면, 의미 있는 공공봉사가 본인에게 매우 중요하다는 설문문항에 대하여 동의한다(그렇다+매우 그렇다)는 응답자의 비율이 61.0%이며 응답자 전체의 응답평균은 3.70으로 나타나고 있다. 성별로 보면, 남성 응답자들의 경우 긍정적인 응답비율이 63.4%이고 응답평균도 3.75인데 비하여 여성들의 경우에는 긍정적인 응답비율이 58.1%이고 응답평균도 3.63으로 나타나, 남성들이 여성들에 비하여 의미 있는 공공봉사가 중요하다고 인식하는 경향이 약간 더 높은 편이라고 볼 수 있다. 연령별

		사례수	전혀 그렇지 않다		그렇지 않다		보통		그렇다		매우 그렇다		평균
			빈도	비율	빈도	비율	빈도	비율	빈도	비율	빈도	비율	
전체		(599)	2	0.3	20	3.3	212	35.4	288	48.1	77	12.9	3.70
성별	남성	(317)	1	0.3	7	2.2	108	34.1	154	48.6	47	14.8	3.75
	여성	(282)	1	0.4	13	4.6	104	36.9	134	47.5	30	10.6	3.63
연령대	20-29	(98)	1	1.0	8	8.2	43	43.9	38	38.8	8	8.2	3.45
	30-39	(146)	0	0	6	4.1	60	41.1	64	43.8	16	11.0	3.62
	40-49	(197)	1	0.5	3	1.5	61	31.0	107	54.3	25	12.7	3.77
	50-59	(148)	0	0	2	1.4	44	29.7	76	51.4	26	17.6	3.85
학력	고교 졸업	(208)	1	0.5	6	2.9	78	37.5	99	47.6	24	11.5	3.67
	전문대 졸업	(115)	1	0.9	7	6.1	39	33.9	54	47.0	14	12.2	3.63
	대학 졸업	(192)	0	0	6	3.1	67	34.9	98	51.0	21	10.9	3.70
	대학원 이상	(66)	0	0	1	1.5	24	36.4	26	39.4	15	22.7	3.83
종교	불교	(116)	0	0	3	2.6	37	31.9	62	53.4	14	12.1	3.75
	기독교	(145)	1	0.7	3	2.1	47	32.4	72	49.7	22	15.2	3.77
	천주교	(65)	0	0	0	0	22	33.8	31	47.7	12	18.5	3.85
	무교	(272)	1	0.4	13	4.8	106	39.0	123	45.2	29	10.7	3.61

로 보면 20대의 응답평균보다 50대의 응답평균이 높게 나타나고 있으며, 연령이 높을수록 의미 있는 공공봉사가 본인에게 중요하다고 인식하는 경향이 높아진다고 볼 수 있다. 학력별로도 대학원 이상 고학력자들의 응답평균이 다른 집단에 비하여 높게 나타나고 있다. 종교가 없는 무신론자들에 비하여 종교를 가진 신앙인들일수록 공공봉사에 대한 중요성을 보다 높게 인식하고 있으며, 특히 천주교 신자들의 응답평균이 다른 집단보다 높았다. 전반적으로 시민들은 의미 있는 공공봉사가 자신에게 중요하다고 인식하는 경향을 지닌다고 해석할 수 있다.

3) (공공봉사 호감도) 내가 공공선(公共善)을 위해 기여하는 것은 매우 중요하다

이 설문문항은 공공봉사동기 가운데 공공봉사 호감도(APS) 차원을 평가하기 위한 항목이다. 이 문항에 대한 응답 결과를 보면, 본인이 공공선(公共善)을 위해 기여하는 것이 매우 중요하다는 설문문항에 대하여 동의한다(그렇다+매우 그렇다)는 응답자의 비율이 57.6%이며 응답자 전체의 응답평균은 3.65로 나타나고 있다. 성별로 보면, 남성 응답자들의 경우 긍정적인 응답비율이 62.1%이고 응답평균도 3.75인데 비하여 여성들의 경우에는 긍정적인 응답비율이 52.5%이고 응답평균도 3.54로 나타나, 남성들이 여성들에 비하여 공공선을 위해 기여하는 것이 중요하다고 인식하는 경향이 상대적으로 높은 편이라고 볼 수 있다. 연령별로 보면 20대와 30대의 응답평균보다 40대와 50대의 응답평균이 높게 나타나고 있어서 연령이 높을수록 공공선을 위한 기여가 본인에게 중요하다고 인식하는 경향이 높은 편이라고 볼 수 있다. 학력별로도 대학원 이상 고학력 집단의 응답평균이 다른 집

		사례수	전혀 그렇지 않다		그렇지 않다		보통		그렇다		매우 그렇다		평균
			빈도	비율	빈도	비율	빈도	비율	빈도	비율	빈도	비율	
전체		(599)	0	0	23	3.8	231	38.6	277	46.2	68	11.4	3.65
성별	남성	(317)	0	0	6	1.9	114	36.0	151	47.6	46	14.5	3.75
	여성	(282)	0	0	17	6.0	117	41.5	126	44.7	22	7.8	3.54
연령대	20-29	(98)	0	0	7	7.1	54	55.1	31	31.6	6	6.1	3.37
	30-39	(146)	0	0	7	4.8	65	44.5	59	40.4	15	10.3	3.56
	40-49	(197)	0	0	6	3.0	66	33.5	102	51.8	23	11.7	3.72
	50-59	(148)	0	0	2	1.4	42	28.4	81	54.7	23	15.5	3.84
학력	고교 졸업	(208)	0	0	7	3.4	86	41.3	95	45.7	20	9.6	3.62
	전문대 졸업	(115)	0	0	5	4.3	53	46.1	48	41.7	9	7.8	3.53
	대학 졸업	(192)	0	0	9	4.7	70	36.5	91	47.4	22	11.5	3.66
	대학원 이상	(66)	0	0	2	3.0	18	27.3	31	47.0	15	22.7	3.89
종교	불교	(116)	0	0	5	4.3	47	40.5	55	47.4	9	7.8	3.59
	기독교	(145)	0	0	5	3.4	53	36.6	67	46.2	20	13.8	3.70
	천주교	(65)	0	0	1	1.5	24	36.9	29	44.6	11	16.9	3.77
	무교	(272)	0	0	12	4.4	107	39.3	126	46.3	27	9.9	3.62

단에 비하여 높게 나타나고 있다. 특이하게도 전문대학 졸업자들의 응답평균이 가장 낮고 저학력층과 고학력층의 응답평균이 높게 나타나는 V형 구조를 보이고 있다. 종교의 경우, 천주교도와 기독교도들의 응답평균이 다른 집단에 비하여 높게 나타나고 있다. 전반적으로 일반 시민들은 본인이 공공선을 위해 기여하는 것이 중요하다고 인식하는 경향을 지닌다고 해석할 수 있다.

4) (공공봉사 호감도) 내가 사회문제를 해결하려는 활동에 동참하는 것은 매우 중요하다

이 설문문항은 공공봉사동기 가운데 공공봉사 호감도(APS) 차원을

		사례수	전혀 그렇지 않다		그렇지 않다		보통		그렇다		매우 그렇다		평균
			빈도	비율	빈도	비율	빈도	비율	빈도	비율	빈도	비율	
전체		(599)	2	0.3	33	5.5	264	44.1	249	41.6	51	8.5	3.52
성별	남성	(317)	1	0.3	10	3.2	131	41.3	140	44.2	35	11.0	3.62
	여성	(282)	1	0.3	23	8.2	133	47.2	109	38.7	16	5.7	3.41
연령대	20-29	(98)	0	0	6	6.1	60	61.2	23	23.5	9	9.2	3.36
	30-39	(146)	1	0.7	8	5.5	67	45.9	58	39.7	12	8.2	3.49
	40-49	(197)	0	0	12	6.1	77	39.1	90	45.7	18	9.1	3.58
	50-59	(148)	1	0.7	7	4.7	57	38.5	71	48.0	12	8.1	3.58
학력	고교 졸업	(208)	2	1.0	12	5.8	93	44.7	88	42.3	13	6.3	3.47
	전문대 졸업	(115)	0	0	9	7.8	58	50.4	41	35.7	7	6.1	3.40
	대학 졸업	(192)	0	0	9	4.7	87	45.3	80	41.7	16	8.3	3.54
	대학원 이상	(66)	0	0	2	3.0	23	34.8	28	42.4	13	19.7	3.79
종교	불교	(116)	0	0	11	9.5	45	38.8	53	45.7	7	6.0	3.48
	기독교	(145)	0	0	6	4.1	65	44.8	59	40.7	15	10.3	3.57
	천주교	(65)	0	0	2	3.1	31	47.7	24	36.9	8	12.3	3.58
	무교	(272)	1	0.4	14	5.1	123	45.2	113	41.5	21	7.7	3.51

평가하기 위한 항목이다. 이 문항에 대한 응답 결과를 보면, 본인이 사회문제를 해결하려는 활동에 동참하는 것이 매우 중요하다는 설문 문항에 대하여 동의한다(그렇다+매우 그렇다)는 응답자의 비율이 50.1%이며 응답자 전체의 응답평균은 3.52로 나타나고 있다. 성별로 보면, 남성 응답자들의 경우 긍정적인 응답비율이 55.2%이고 응답평균도 3.62인데 비하여 여성들의 경우에는 긍정적인 응답비율이 44.4%이고 응답평균도 3.41로 나타나, 남성들이 여성보다 사회문제를 해결하려는 활동에 동참하는 것이 중요하다고 인식하는 경향이 상대적으로 높은 편이라고 볼 수 있다. 연령별로 보면 20대와 30대의 응답평균보다 40대와 50대의 응답평균이 높게 나타나고 있어서 연령이 높을

수록 본인이 사회문제 해결을 위한 활동에 동참하는 것이 중요하다고 인식하는 경향이 높은 편이라고 볼 수 있다. 학력별로 보면 대학원 이상 고학력 집단의 응답평균이 다른 집단에 비하여 월등히 높게 나타나고 있어서, 이는 고학력자일수록 사회문제 해결을 위한 활동에 더 적극적으로 참여하려는 경향을 지닌다고 해석할 수 있다. 종교에 따른 차이는 그다지 없다고 볼 수 있으나, 천주교도와 기독교도들은 상대적으로 사회문제 해결을 위한 활동에 동참하려는 경향이 높은 편이라고 볼 수 있다. 공공봉사에의 호감도를 측정하기 위한 다른 설문문항에 비하여 이 설문문항은 보다 행동지향성·실천지향성을 반영한 문항이라고 볼 수 있다. 따라서 다른 문항에서와는 달리 이 문항에 대한 응답평균이 더 낮게 나타나고 있다.

시민의 공공봉사동기 수준을 측정하기 위한 4개 차원 가운데 하나인 공공봉사 호감도 차원을 측정하는 4개 설문문항에 대한 응답평균은 3.72이다. 따라서 시민들의 공공봉사에의 호감도 수준은 약간 높은 편이라고 볼 수 있다.

5) (공공가치 몰입) 시민에게 동등한 기회를 제공하는 것은 매우 중요하다

이 설문문항은 공공봉사동기 가운데 공공가치 몰입(CPV) 차원을 평가하기 위한 항목이다. 이 문항에 대한 응답 결과를 보면, 시민에게 동등한 기회를 제공하는 것은 매우 중요하다는 설문문항에 대하여 동의한다(그렇다+매우 그렇다)는 응답자의 비율이 85.5%이며 응답자 전체의 응답평균은 4.20으로 나타나고 있다. 성별로 보면, 남성 응답자들의 경우 긍정적인 응답비율이 89.3%이고 응답평균도 4.30이며 여성들은 긍정적인 응답비율이 81.2%이고 응답평균도 4.10으로 나

		사례수	전혀 그렇지 않다		그렇지 않다		보통		그렇다		매우 그렇다		평균
			빈도	비율	빈도	비율	빈도	비율	빈도	비율	빈도	비율	
전체		(599)	0	0	2	0.3	85	14.2	301	50.3	211	35.2	4.20
성별	남성	(317)	0	0	1	0.3	33	10.4	153	48.3	130	41.0	4.30
	여성	(282)	0	0	1	0.4	52	18.4	148	52.5	81	28.7	4.10
연령대	20-29	(98)	0	0	0	0	22	22.4	45	45.9	31	31.6	4.09
	30-39	(146)	0	0	1	0.7	19	13.0	65	44.5	61	41.8	4.27
	40-49	(197)	0	0	1	0.5	23	11.7	107	54.3	66	33.5	4.21
	50-59	(148)	0	0	0	0	19	12.8	76	51.4	53	35.8	4.23
학력	고교 졸업	(208)	0	0	1	0.5	32	15.4	111	53.4	64	30.8	4.14
	전문대 졸업	(115)	0	0	1	0.9	21	18.3	57	49.6	36	31.3	4.11
	대학 졸업	(192)	0	0	0	0	26	13.5	94	49.0	72	37.5	4.24
	대학원 이상	(66)	0	0	0	0	5	7.6	28	42.4	33	50.0	4.42
종교	불교	(116)	0	0	1	0.9	19	16.4	62	53.4	34	29.3	4.11
	기독교	(145)	0	0	1	0.7	23	15.9	71	49.0	50	34.5	4.17
	천주교	(65)	0	0	0	0	5	7.7	33	50.8	27	41.5	4.34
	무교	(272)	0	0	0	0	38	14.0	135	49.6	99	36.4	4.22

타나, 성별에 따른 차이는 그다지 없는 것으로 볼 수 있다. 연령대별로 보면 20대의 응답평균이 가장 낮게 나타나고 있으며, 30대 이상의 응답 분포는 거의 차이가 없음을 알 수 있다. 학력별로 보면 대졸 및 대학원 이상 고학력자들의 응답평균이 높은 편이다. 종교 유무에 따른 차이도 별로 없으나 천주교도들의 응답평균이 가장 높고 불교도들의 응답평균이 가장 낮았다. 전반적으로 시민들은 동등한 기회를 제공하는 것이 매우 중요하다고 인식하는 경향이 높다고 볼 수 있으며, 따라서 시민들의 공공가치 몰입 수준은 높은 편이라고 볼 수 있다.

6) (공공가치 몰입) 시민들이 지속적으로 행정서비스를 제공받는 것은 매우 중요하다

이 설문문항은 공공봉사동기 가운데 공공가치 몰입(CPV) 차원을 평가하기 위한 항목이다. 이 문항에 대한 응답 결과를 보면, 시민들이 지속적으로 행정서비스를 제공받는 것은 매우 중요하다는 설문문항에 대하여 동의한다(그렇다+매우 그렇다)는 응답자의 비율이 88.7%이며 응답자 전체의 응답평균은 4.24로 나타나고 있다. 성별로 보면, 남성 응답자들의 경우 긍정적인 응답비율이 88.9%이고 응답평균도 4.29이며 여성들은 긍정적인 응답비율이 88.3%이고 응답평균도 4.19로 나타나, 성별에 따른 차이는 없는 편이다. 연령대별 응답 분

		사례수	전혀 그렇지 않다		그렇지 않다		보통		그렇다		매우 그렇다		평균
			빈도	비율	빈도	비율	빈도	비율	빈도	비율	빈도	비율	
전체		(599)	0	0	2	0.3	66	11.0	316	52.8	215	35.9	4.24
성별	남성	(317)	0	0	0	0	35	11.0	156	49.2	126	39.7	4.29
	여성	(282)	0	0	2	0.7	31	11.0	160	56.7	89	31.6	4.19
연령대	20-29	(98)	0	0	1	1.0	21	21.4	47	48.0	29	29.6	4.06
	30-39	(146)	0	0	1	0.7	14	9.6	73	50.0	58	39.7	4.29
	40-49	(197)	0	0	0	0	17	8.6	106	53.8	74	37.6	4.26
	50-59	(148)	0	0	0	0	13	8.8	83	56.1	52	35.1	4.25
학력	고교 졸업	(208)	0	0	0	0	23	11.1	112	53.8	73	35.1	4.24
	전문대 졸업	(115)	0	0	1	0.9	15	13.0	61	53.0	38	33.0	4.18
	대학 졸업	(192)	0	0	1	0.5	21	10.9	102	53.1	68	35.4	4.23
	대학원 이상	(66)	0	0	0	0	7	10.6	29	43.9	30	45.5	4.35
종교	불교	(116)	0	0	2	1.7	10	8.6	66	56.9	38	32.8	4.21
	기독교	(145)	0	0	0	0	18	12.4	78	53.8	49	33.8	4.21
	천주교	(65)	0	0	0	0	4	6.2	38	58.5	23	35.4	4.29
	무교	(272)	0	0	0	0	34	12.5	134	49.3	104	38.2	4.26

포를 보면 20대의 응답평균은 4.06으로 다른 연령대보다 낮게 나타나고 있어서, 20대는 지속적인 행정서비스의 중요성에 대하여 인식하는 정도가 상대적으로 낮은 편이라고 볼 수도 있으나 그 차이는 그다지 크지 않은 편이다. 학력별로도 차이는 그다지 없으며, 종교 유무에 따른 차이도 거의 나타나지 않고 있다. 전반적으로 시민들은 지속적으로 행정서비스를 제공받는 것은 매우 중요하다고 인식하는 경향이 높다고 볼 수 있으며, 따라서 공공가치 몰입 수준은 높은 편이라고 볼 수 있다.

7) (공공가치 몰입) 공공정책을 만들 때에는 미래세대의 이익을 고려하는 것이 매우 중요하다

이 설문문항은 공공봉사동기 가운데 공공가치 몰입(CPV) 차원을 평가하기 위한 항목이다. 이 문항에 대한 응답 결과를 보면, 공공정책을 만들 때에는 미래세대의 이익을 고려하는 것이 매우 중요하다는 설문문항에 대하여 동의한다(그렇다+매우 그렇다)는 응답자의 비율이 84.3%이며 응답자 전체의 응답평균은 4.16으로 나타나고 있다. 성별로 보면, 남성 응답자들의 경우 긍정적인 응답비율이 85.5%이고 응답평균도 4.21이며 여성들은 긍정적인 응답비율이 83.0%이고 응답평균도 4.10으로 나타나, 성별에 따른 차이는 없는 것으로 볼 수 있다. 연령대별로도 응답 분포를 보면 20대의 응답평균은 3.94인데 비하여 50대의 응답평균은 4.22이며 연령대별로 응답평균이 높아지는 경향을 보이고 있어서, 연령이 높을수록 공공정책 수립 시 미래세대의 이익을 고려하는 것을 중요하게 간주한다고 볼 수 있다. 학력별로도 그다지 차이는 없으나 대학원 이상 고학력 집단의 응답평균이 가장 높다. 종교 유무에 따른 차이도 거의 나타나지 않고 있으나, 천

		사례수	전혀 그렇지 않다		그렇지 않다		보통		그렇다		매우 그렇다		평균
			빈도	비율	빈도	비율	빈도	비율	빈도	비율	빈도	비율	
전체		(599)	2	0.3	3	0.5	89	14.9	309	51.6	196	32.7	4.16
성별	남성	(317)	1	0.3	1	0.3	44	13.9	154	48.6	117	36.9	4.21
	여성	(282)	1	0.4	2	0.7	45	16.0	155	55.0	79	28.0	4.10
연령대	20-29	(98)	2	2.0	0	0	26	26.5	44	44.9	26	26.5	3.94
	30-39	(146)	0	0	1	0.7	18	12.3	82	56.2	45	30.8	4.17
	40-49	(197)	0	0	0	0	29	14.7	97	49.2	71	36.0	4.21
	50-59	(148)	0	0	2	1.4	15	10.1	79	53.4	52	35.1	4.22
학력	고교 졸업	(208)	0	0	2	1.0	38	18.3	102	49.0	66	31.7	4.12
	전문대 졸업	(115)	1	0.9	1	0.9	24	20.9	55	47.8	34	29.6	4.04
	대학 졸업	(192)	1	0.5	0	0	21	10.9	110	57.3	60	31.3	4.19
	대학원 이상	(66)	0	0	0	0	5	7.6	31	47.0	30	45.5	4.38
종교	불교	(116)	1	0.9	1	0.9	16	13.8	59	50.9	39	33.6	4.16
	기독교	(145)	1	0.7	0	0	21	14.5	75	51.7	48	33.1	4.17
	천주교	(65)	0	0	1	1.5	3	4.6	37	56.9	24	36.9	4.29
	무교	(272)	0	0	1	0.4	49	18.0	138	50.7	84	30.9	4.12

주교도들의 응답평균이 가장 높다. 전반적으로 시민들은 공공정책을 수립할 때 미래세대의 이익을 고려하는 것이 매우 중요하다고 인식하는 경향이 높다고 볼 수 있으며, 따라서 공공가치 몰입 수준은 높은 편이라고 볼 수 있다.

8) (공공가치 몰입) 윤리적으로 행동하는 것은 공무원에게 필수적이다

이 설문문항은 공공봉사동기 가운데 공공가치 몰입(CPV) 차원을 평가하기 위한 항목이다. 이 문항에 대한 응답 결과를 보면, 윤리적으로 행동하는 것은 공무원에게 필수적이라는 설문문항에 대하여 동의한다(그렇다+매우 그렇다)는 응답자의 비율이 90.4%이며 응답자 전

체의 응답평균은 4.49로 나타나고 있다. 이 응답평균은 공공봉사동기 측정을 위한 16개 설문문항 가운데 가장 높은 수치이다. 성별로 보면, 남성 응답자들의 경우 긍정적인 응답비율이 91.8%이고 응답평균도 4.55이며 여성들은 긍정적인 응답비율이 88.7%이고 응답평균도 4.43으로 나타나, 성별에 따른 차이는 거의 없는 것으로 볼 수 있다. 연령대별로도 응답 분포를 보면 20대의 응답평균은 4.22인데 비하여 다른 연령대의 응답평균은 이보다 훨씬 높은 편이다. 학력별로 보면, 고학력일수록 응답평균이 높아지는 경향을 보이고 있다. 종교 유무에 따른 차이도 크지 않으나 천주교도들의 응답평균이 상대적으로 높은 편이다. 전반적으로 시민들은 윤리적으로 행동하는 것이 필수적이라

		사례수	전혀 그렇지 않다		그렇지 않다		보통		그렇다		매우 그렇다		평균
			빈도	비율	빈도	비율	빈도	비율	빈도	비율	빈도	비율	
전체		(599)	1	0.2	6	1.0	51	8.5	180	30.1	361	60.3	4.49
성별	남성	(317)	0	0	5	1.6	21	6.6	85	26.8	206	65.0	4.55
	여성	(282)	1	0.4	1	0.4	30	10.6	95	33.7	155	55.0	4.43
연령대	20-29	(98)	1	1.0	1	1.0	16	16.3	37	37.8	43	43.9	4.22
	30-39	(146)	0	0	1	0.7	9	6.2	34	23.3	102	69.9	4.62
	40-49	(197)	0	0	3	1.5	19	9.6	61	31.0	114	57.9	4.45
	50-59	(148)	0	0	1	0.7	5	3.4	45	30.4	97	65.5	4.61
학력	고교 졸업	(208)	0	0	3	1.4	25	12.0	68	32.7	112	53.8	4.39
	전문대 졸업	(115)	0	0	3	2.6	11	9.6	32	27.8	69	60.0	4.45
	대학 졸업	(192)	1	0.5	0	0	11	5.7	55	28.6	125	65.1	4.58
	대학원 이상	(66)	0	0	0	0	3	4.5	20	30.3	43	65.2	4.61
종교	불교	(116)	1	0.9	1	0.9	12	10.3	41	35.3	61	52.6	4.38
	기독교	(145)	0	0	1	0.7	15	10.3	47	32.4	82	56.6	4.45
	천주교	(65)	0	0	0	0	3	4.6	16	24.6	46	70.8	4.66
	무교	(272)	0	0	4	1.5	21	7.7	76	27.9	171	62.9	4.52

고 인식하는 경향이 높다고 볼 수 있으며, 따라서 공공가치 몰입 수준은 높은 편이라고 볼 수 있다.

시민들의 공공봉사동기 수준을 측정하기 위한 4개 차원 가운데 하나인 공공가치 몰입 차원을 측정하는 4개 설문문항에 대한 응답평균은 4.27로 다른 차원들과 비교해 보면 가장 높다. 따라서 우리나라 국민들의 공공가치 몰입 수준은 매우 높은 편이라고 볼 수 있다.

9) (동정심) 곤궁에 처한 사람을 보면 측은한 마음을 주체하기 어렵다

이 설문문항은 공공봉사동기 가운데 동정심(COM) 차원을 평가하기 위한 항목이다. 이 문항에 대한 응답 결과를 보면, 곤궁에 처한 사람

		사례수	전혀 그렇지 않다		그렇지 않다		보통		그렇다		매우 그렇다		평균
			빈도	비율	빈도	비율	빈도	비율	빈도	비율	빈도	비율	
전체		(599)	2	0.3	29	4.8	199	33.2	281	46.9	88	14.7	3.71
성별	남성	(317)	1	0.3	12	3.8	102	32.2	151	47.6	51	16.1	3.75
	여성	(282)	1	0.4	17	6.0	97	34.4	130	46.1	37	13.1	3.66
연령대	20-29	(98)	1	1.0	7	7.1	54	55.1	29	29.6	7	7.1	3.35
	30-39	(146)	0	0	11	7.5	45	30.8	75	51.4	15	10.3	3.64
	40-49	(197)	1	0.5	6	3.0	67	34.0	88	44.7	35	17.8	3.76
	50-59	(148)	0	0	4	2.7	31	20.9	84	56.8	29	19.6	3.93
학력	고교 졸업	(208)	0	0	9	4.3	73	35.1	96	46.2	30	14.4	3.71
	전문대 졸업	(115)	0	0	8	7.0	33	28.7	54	47.0	20	17.4	3.75
	대학 졸업	(192)	1	0.5	10	5.2	69	35.9	89	46.4	23	12.0	3.64
	대학원 이상	(66)	0	0	1	1.5	22	33.3	32	48.5	11	16.7	3.80
종교	불교	(116)	1	0.9	8	6.9	33	28.4	54	46.6	20	17.2	3.72
	기독교	(145)	0	0	7	4.8	49	33.8	67	46.2	22	15.2	3.72
	천주교	(65)	1	1.5	3	4.6	19	29.2	30	46.2	12	18.5	3.75
	무교	(272)	0	0	11	4.0	98	36.0	130	47.8	33	12.1	3.68

을 보면 측은한 마음을 주체하기 어렵다는 설문문항에 대하여 동의한다(그렇다+매우 그렇다)는 응답자의 비율이 61.6%이며 응답자 전체의 응답평균은 3.71로 나타나고 있다. 성별로 보면, 남성 응답자들의 경우 긍정적인 응답비율이 63.7%이고 응답평균도 3.75이며 여성들은 긍정적인 응답비율이 59.2%이고 응답평균도 3.66으로 나타나, 성별에 따른 차이는 없는 것으로 볼 수 있다. 연령대별 응답 분포를 보면 20대의 응답평균은 3.35인데 비하여 40대의 응답평균은 3.76이고 50대의 응답평균은 3.93으로 나타나 연령대별로 응답평균이 높아지는 경향을 보이고 있다. 따라서 연령이 높을수록 곤궁에 처한 사람을 보면 측은한 마음을 갖는 경향이 높아진다고 볼 수 있다. 학력별로 그다지 차이는 없으나, 대학 졸업자 집단의 응답평균이 3.64로 가장 낮게 나타나고 있다. 종교 유무에 따른 차이는 거의 없다고 볼 수 있다. 전반적으로 시민들은 곤궁에 처한 사람을 보면 측은한 마음을 가지는 경향이 있다고 볼 수 있다.

10) (동정심) 어려움에 직면한 사람들을 보면 안타까운 마음이 든다

이 설문문항은 공공봉사동기 가운데 동정심(COM) 차원을 평가하기 위한 항목이다. 이 문항에 대한 응답 결과를 보면, 어려움에 직면한 사람들을 보면 안타까운 마음이 든다는 설문문항에 대하여 동의한다(그렇다+매우 그렇다)는 응답자의 비율이 79.4%이며 응답자 전체의 응답평균은 3.97로 나타나고 있다. 성별로 보면, 남성 응답자들의 경우 긍정적인 응답비율이 81.8%이고 응답평균도 4.02이며 여성들은 긍정적인 응답비율이 77.0%이고 응답평균도 3.91로 나타나, 성별에 따른 차이는 없는 것으로 볼 수 있다. 연령대별 응답 분포를 보면 20대의 응답평균은 3.76인데 비하여 50대의 응답평균은 4.09로 나타나

		사례수	전혀 그렇지 않다		그렇지 않다		보통		그렇다		매우 그렇다		평균
			빈도	비율	빈도	비율	빈도	비율	빈도	비율	빈도	비율	
전체		(599)	3	0.5	7	1.2	113	18.9	359	59.9	117	19.5	3.97
성별	남성	(317)	1	0.3	2	0.6	55	17.4	191	60.3	68	21.5	4.02
	여성	(282)	2	0.7	5	1.8	58	20.6	168	59.6	49	17.4	3.91
연령대	20-29	(98)	1	1.0	3	3.1	27	27.6	55	56.1	12	12.2	3.76
	30-39	(146)	1	0.7	3	2.1	28	19.2	92	63.0	22	15.1	3.90
	40-49	(197)	1	0.5	1	0.5	34	17.3	115	58.4	46	23.4	4.04
	50-59	(148)	0	0	0	0	22	14.9	91	61.5	35	23.6	4.09
학력	고교 졸업	(208)	2	1.0	3	1.4	35	16.8	129	62.0	39	18.8	3.96
	전문대 졸업	(115)	0	0	2	1.7	24	20.9	71	61.7	18	15.7	3.91
	대학 졸업	(192)	1	0.5	0	0	39	20.3	118	61.5	34	17.7	3.96
	대학원 이상	(66)	0	0	2	3.0	14	21.2	31	47.0	19	28.8	4.02
종교	불교	(116)	2	1.7	1	0.9	20	17.2	67	57.8	26	22.4	3.98
	기독교	(145)	0	0	2	1.4	30	20.7	82	56.6	31	21.4	3.98
	천주교	(65)	0	0	1	1.5	10	15.4	37	56.9	17	26.2	4.08
	무교	(272)	1	0.4	3	1.1	53	19.5	173	63.6	42	15.4	3.93

며 연령대별로 응답평균이 높아지는 경향을 보이고 있다. 따라서 연령이 높을수록 어려움에 직면한 사람들을 보면 안타깝게 느끼는 경향이 높아진다고 볼 수 있다. 학력별로는 거의 차이가 없으며, 종교에 따른 차이도 없으나 천주교도의 응답평균이 높게 나타나고 있다. 전반적으로 시민들은 어려움에 직면한 사람들을 보면 안타까운 마음이 드는 경향이 높다고 볼 수 있으며, 따라서 동정심 차원은 높은 편이라고 볼 수 있다.

11) (동정심) 부당하게 대우받는 사람들을 보면 매우 화가 난다

이 설문문항은 공공봉사동기 가운데 동정심(COM) 차원을 평가하기

위한 항목이다. 이 문항에 대한 응답 결과를 보면, 부당하게 대우받는 사람들을 보면 매우 화가 난다는 설문문항에 대하여 동의한다(그렇다+매우 그렇다)는 응답자의 비율이 86.3%이며 응답자 전체의 응답평균은 4.19로 나타나고 있다. 성별로 보면, 남성 응답자들의 경우 긍정적인 응답비율이 86.7%이고 응답평균도 4.22이며 여성들은 긍정적인 응답비율이 85.9%이고 응답평균도 4.16으로 나타나, 성별에 따른 차이는 없는 것으로 볼 수 있다. 연령대별 응답 분포를 보면 20대의 응답평균은 4.00인데 비하여 50대의 응답평균은 4.29로 나타나며 연령대별로 응답평균이 높아지는 경향을 보이고 있다. 따라서 연령이 높을수록 어려움에 직면한 사람들을 보면 안타깝게 느끼는 경향

			전혀 그렇지 않다		그렇지 않다		보통		그렇다		매우 그렇다		평균
			빈도	비율	빈도	비율	빈도	비율	빈도	비율	빈도	비율	
전체		(599)	0	0	1	0.2	81	13.5	318	53.1	199	33.2	4.19
성별	남성	(317)	0	0	0	0	42	13.2	163	51.4	112	35.3	4.22
	여성	(282)	0	0	1	0.4	39	13.8	155	55.0	87	30.9	4.16
연령대	20-29	(98)	0	0	0	0	24	24.5	50	51.0	24	24.5	4.00
	30-39	(146)	0	0	1	0.7	22	15.1	75	51.4	48	32.9	4.16
	40-49	(197)	0	0	0	0	23	11.7	102	51.8	72	36.5	4.25
	50-59	(148)	0	0	0	0	10	6.8	85	57.4	53	35.8	4.29
학력	고교졸업	(208)	0	0	1	0.5	20	9.6	119	57.2	68	32.7	4.22
	전문대졸업	(115)	0	0	0	0	24	20.9	56	48.7	35	30.4	4.10
	대학졸업	(192)	0	0	0	0	27	14.4	106	55.2	59	30.7	4.17
	대학원이상	(66)	0	0	0	0	10	15.2	29	43.9	27	40.9	4.26
종교	불교	(116)	0	0	1	0.9	16	13.8	62	53.4	37	31.9	4.16
	기독교	(145)	0	0	0	0	19	13.1	73	50.3	53	36.6	4.23
	천주교	(65)	0	0	0	0	4	6.2	34	52.3	27	41.5	4.35
	무교	(272)	0	0	0	0	42	15.4	148	54.4	82	30.1	4.15

이 높아진다고 볼 수 있다. 학력별로 그다지 차이는 없으나, 전문대학 졸업자 집단의 응답평균이 4.10으로 가장 낮은 데 비하여 대학원 이상 고학력 집단의 응답평균은 4.26으로 나타나고 있다. 종교에 따른 차이도 별로 없으나 천주교도들의 응답평균이 가장 높다. 전반적으로 시민들은 부당하게 대우 받는 사람들을 보면 화가 나는 경향이 높다고 볼 수 있으며, 따라서 동정심 차원은 높은 편이라고 볼 수 있다.

12) (동정심) 다른 사람들의 복지를 고려하는 것은 매우 중요하다

이 설문문항은 공공봉사동기 가운데 동정심(COM) 차원을 평가하기 위한 항목이다. 이 문항에 대한 응답 결과를 보면, 다른 사람들의 복

		사례수	전혀 그렇지 않다		그렇지 않다		보통		그렇다		매우 그렇다		평균
			빈도	비율	빈도	비율	빈도	비율	빈도	비율	빈도	비율	
전체		(599)	0	0	5	0.8	111	18.5	346	57.8	137	22.9	4.03
성별	남성	(317)	0	0	3	0.9	55	17.4	182	57.4	77	24.3	4.05
	여성	(282)	0	0	2	0.7	56	19.9	164	58.2	60	21.3	4.00
연령대	20-29	(98)	0	0	2	2.0	22	22.4	51	52.0	23	23.5	3.97
	30-39	(146)	0	0	1	0.7	30	20.5	81	55.5	34	23.3	4.01
	40-49	(197)	0	0	1	0.5	28	14.2	116	58.9	52	26.4	4.11
	50-59	(148)	0	0	1	0.7	27	18.2	94	63.5	26	17.6	3.98
학력	고교 졸업	(208)	0	0	1	0.5	38	18.3	122	58.7	47	22.6	4.03
	전문대 졸업	(115)	0	0	3	2.6	20	17.4	65	56.5	27	23.5	4.01
	대학 졸업	(192)	0	0	1	0.5	44	22.9	108	56.3	39	20.3	3.96
	대학원 이상	(66)	0	0	0	0	9	13.6	39	59.1	18	27.3	4.14
종교	불교	(116)	0	0	2	1.7	23	19.8	69	59.5	22	19.0	3.96
	기독교	(145)	0	0	1	0.7	25	17.2	82	56.6	37	25.5	4.07
	천주교	(65)	0	0	0	0	9	13.8	34	52.3	22	33.8	4.20
	무교	(272)	0	0	2	0.7	54	19.9	161	59.2	55	20.2	3.99

지를 고려하는 것이 매우 중요하다는 설문문항에 대하여 동의한다(그렇다+매우 그렇다)는 응답자의 비율이 80.7%이며 응답자 전체의 응답평균은 4.03으로 나타나고 있다. 성별로 보면, 남성 응답자들의 경우 긍정적인 응답비율이 81.7%이고 응답평균도 4.05이며 여성들은 긍정적인 응답비율이 79.5%이고 응답평균도 4.00으로 나타나, 성별에 따른 차이는 없는 것으로 볼 수 있다. 연령대 및 학력별 응답 분포는 거의 차이가 없다. 종교에 따른 차이도 별로 없으나, 천주교도들의 응답평균이 높은 편이다. 전반적으로 시민들은 다른 사람들의 복지를 고려하는 것이 중요하다고 인식하는 경향이 높다고 볼 수 있다.

시민들의 공공봉사동기 수준을 측정하기 위한 4개 차원 가운데 하나인 동정심 차원을 측정하는 4개 설문문항에 대한 응답평균은 3.98이다. 따라서 시민들의 공공가치 몰입 수준은 높은 편이라고 볼 수 있다.

13) (자기희생) 사회를 위해 나 자신의 희생을 감수할 준비가 되어 있다

이 설문문항은 공공봉사동기 가운데 자기희생(SS) 차원을 평가하기 위한 항목이다. 이 문항에 대한 응답 결과를 보면, 사회를 위해 나 자신의 희생을 감수할 준비가 되어 있다는 설문문항에 대하여 동의한다(그렇다+매우 그렇다)는 응답자의 비율이 30.2%이며 응답자 전체의 응답평균은 3.17로 나타나고 있다. 성별로 보면, 남성 응답자들의 경우 긍정적인 응답비율이 38.2%이고 응답평균도 3.29인데 비하여 여성들은 긍정적인 응답비율이 21.3%에 불과하고 응답평균도 3.02로 나타나, 남성이 여성에 비하여 사회를 위해 자신을 희생할 수 있는 의향이 더 높다고 볼 수 있다. 연령대별 응답 분포를 보면 20대의 응

답평균은 2.99인데 비하여 50대의 응답평균은 3.31로 나타나고 있으며 연령대별로 응답평균이 높아지는 경향을 보이고 있다. 따라서 연령이 높을수록 사회를 위하여 자신의 희생을 감수할 준비가 되어 있다고 볼 수 있다. 학력별로 보면, 대학원 재학 이상인 고학력자의 응답평균이 다른 학력 집단에 비하여 높게 나타나고 있다. 종교별로 보면, 개신교와 천주교 신자들의 응답평균이 불교도 및 종교가 없는 집단의 응답평균보다 높게 나타나고 있다.

		사례수	전혀 그렇지 않다		그렇지 않다		보통		그렇다		매우 그렇다		평균
			빈도	비율	빈도	비율	빈도	비율	빈도	비율	빈도	비율	
전체		(599)	12	2.0	85	14.2	321	53.6	154	25.7	27	4.5	3.17
성별	남성	(317)	6	1.9	37	11.7	153	48.3	101	31.9	20	6.3	3.29
	여성	(282)	6	2.1	48	17.0	168	59.6	53	18.8	7	2.5	3.02
연령대	20-29	(98)	3	3.1	18	18.4	58	59.2	15	15.3	4	4.1	2.99
	30-39	(146)	4	2.7	25	17.1	88	55.5	32	21.9	4	2.7	3.05
	40-49	(197)	3	1.5	27	13.7	103	52.3	51	25.9	13	6.6	3.22
	50-59	(148)	2	1.4	14	9.5	73	49.3	54	36.5	5	3.4	3.31
학력	고교 졸업	(208)	5	2.4	29	13.9	109	52.4	53	25.5	12	5.8	3.18
	전문대 졸업	(115)	4	3.5	14	12.2	69	60.0	26	22.6	2	1.7	3.07
	대학 졸업	(192)	3	1.6	34	17.7	102	53.1	49	25.5	4	2.1	3.09
	대학원 이상	(66)	0	0	8	12.1	32	48.5	18	27.3	8	12.1	3.39
종교	불교	(116)	2	1.7	19	16.4	68	58.6	22	19.0	5	4.3	3.08
	기독교	(145)	3	2.1	18	12.4	68	46.9	47	32.4	9	6.2	3.28
	천주교	(65)	1	1.5	6	9.2	35	53.8	18	27.7	5	7.7	3.31
	무교	(272)	6	2.2	42	15.4	149	54.8	67	24.6	8	2.9	3.11

14) (자기희생) 나 자신보다 시민으로서의 의무를 우선시해야 한다

이 설문문항은 공공봉사동기 가운데 자기희생(SS) 차원을 평가하기 위한 항목이다. 이 문항에 대한 응답 결과를 보면, 자기 자신보다 시민으로서의 의무를 우선시해야 한다는 설문문항에 대하여 동의한다(그렇다+매우 그렇다)는 응답자의 비율이 48.9%이며 응답자 전체의 응답평균은 3.49로 나타나고 있다. 성별로 보면, 남성 응답자들의 경우 긍정적인 응답비율이 57.8%이고 응답평균도 3.61인데 비하여 여성들은 긍정적인 응답비율이 39.0%에 불과하고 응답평균도 3.35로 나타나, 남성이 여성에 비하여 자기 자신보다 시민으로서의 의무를 우선시하는 경향이 더 높다고 볼 수 있다. 연령대별 응답 분포를 보면

		사례수	전혀 그렇지 않다		그렇지 않다		보통		그렇다		매우 그렇다		평균
			빈도	비율	빈도	비율	빈도	비율	빈도	비율	빈도	비율	
전체		(599)	7	1.2	39	6.5	260	43.4	241	40.2	52	8.7	3.49
성별	남성	(317)	4	1.3	19	6.0	111	35.0	146	46.1	37	11.7	3.61
	여성	(282)	3	1.1	20	7.1	149	52.8	95	33.7	15	5.3	3.35
연령대	20-29	(98)	2	2.0	11	11.2	59	60.2	22	22.4	4	4.1	3.15
	30-39	(146)	3	2.1	12	8.2	69	47.3	54	37.0	8	5.5	3.36
	40-49	(197)	2	1.0	10	5.1	87	44.2	73	37.1	25	12.7	3.55
	50-59	(148)	0	0	6	4.1	39	26.4	89	60.1	14	9.5	3.75
학력	고교 졸업	(208)	4	1.9	5	2.4	94	45.2	85	40.9	20	9.6	3.54
	전문대 졸업	(115)	1	0.9	13	11.3	52	45.2	37	32.2	12	10.4	3.40
	대학 졸업	(192)	1	0.5	17	8.9	84	43.8	82	42.7	8	4.2	3.41
	대학원 이상	(66)	0	0	3	4.5	27	40.9	27	40.9	9	13.6	3.64
종교	불교	(116)	1	0.9	8	6.9	49	42.2	48	41.4	10	8.6	3.50
	기독교	(145)	3	2.1	9	6.2	52	35.9	65	44.8	16	11.0	3.57
	천주교	(65)	1	1.5	1	1.5	28	43.1	26	40.0	9	13.8	3.63
	무교	(272)	2	0.7	21	7.7	130	47.8	102	37.5	17	6.3	3.41

20대의 응답평균은 3.15인데 비하여 50대의 응답평균은 3.75로 나타나고 있으며 연령대별로 응답평균이 높아지는 경향을 보이고 있다. 따라서 연령이 높을수록 자신보다는 시민으로서의 의무를 우선시하는 경향이 높다고 볼 수 있다. 학력별로는 그다지 차이가 없으나, 대학원 이상 고학력 집단의 응답평균이 3.64로 가장 높게 나타나고 있다. 종교에 따른 차이도 그다지 크지 않은 편이지만, 종교가 없는 집단보다는 종교가 있는 집단의 응답평균이 높으며 특히 천주교도들의 응답평균이 가장 높게 나타나고 있다. 전반적으로 시민들은 자기 자신보다 시민으로서의 의무를 우선시하려는 경향을 보이고 있다고 볼 수 있다.

15) (자기희생) 나는 사회를 위해 개인적인 손실도 기꺼이 수용할 수 있다

이 설문문항은 공공봉사동기 가운데 자기희생(SS) 차원을 평가하기 위한 항목이다. 이 문항에 대한 응답 결과를 보면, 사회를 위해 개인적인 손실도 기꺼이 수용할 수 있다는 설문문항에 대하여 동의한다(그렇다+매우 그렇다)는 응답자의 비율은 28.7%이며 응답자 전체의 응답평균은 3.01로 나타나고 있다. 성별로 보면, 남성 응답자들의 경우 긍정적인 응답비율이 36.9%이고 응답평균도 3.11인데 비하여 여성들은 긍정적인 응답비율이 19.5%에 불과하고 오히려 부정적인 응답비율(30.5%)이 많으며 응답평균도 2.89이다. 따라서 남성이 여성에 비하여 사회를 위해 개인적인 손실을 기꺼이 수용하려는 의향이 더 높다고 볼 수 있다. 연령대별 응답 분포를 보면 20대의 응답평균은 2.70인데 비하여 50대의 응답평균은 3.28로 나타나고 있으며, 연령대별로 응답평균이 높아지는 경향을 보이고 있다. 따라서 연령이 높

을수록 사회를 위해 개인적인 손실을 감내하려는 의향이 높다고 볼 수 있다. 학력별로는 큰 차이는 없으나, 전문대학 졸업자 집단의 응답평균이 2.76으로 가장 낮으며, 이보다는 저학력 집단과 고학력 집단의 응답평균이 높아 V형 구조를 보이고 있다. 종교 유무에 따른 차이는 거의 없는 편이다. 전체적으로 보면, 공공봉사동기를 측정하는 16개 설문문항 가운데 이 문항에 대한 시민들의 응답평균이 가장 낮게 나타나고 있다.

		사례수	전혀 그렇지 않다		그렇지 않다		보통		그렇다		매우 그렇다		평균
			빈도	비율	빈도	비율	빈도	비율	빈도	비율	빈도	비율	
전체		(599)	32	5.3	125	20.9	270	45.1	151	25.2	21	3.5	3.01
성별	남성	(317)	21	6.6	50	15.8	129	40.7	106	33.4	11	3.5	3.11
	여성	(282)	11	3.9	75	26.6	141	50.0	45	16.0	10	3.5	2.89
연령대	20-29	(98)	8	8.2	33	33.7	41	41.8	12	12.2	4	4.1	2.70
	30-39	(146)	11	7.5	34	23.3	74	50.7	25	17.1	2	1.4	2.82
	40-49	(197)	9	4.6	36	18.3	94	47.7	47	23.9	11	5.6	3.08
	50-59	(148)	4	2.7	21	14.2	55	37.2	65	43.9	3	2.0	3.28
학력	고교 졸업	(208)	10	4.8	41	19.7	96	46.2	53	25.5	8	3.8	3.04
	전문대 졸업	(115)	9	7.8	32	27.8	54	47.0	18	15.7	2	1.7	2.76
	대학 졸업	(192)	8	4.2	37	19.3	84	43.8	58	30.2	5	2.6	3.08
	대학원 이상	(66)	4	6.1	14	21.2	28	42.4	16	24.2	4	6.1	3.03
종교	불교	(116)	6	5.2	26	22.4	52	44.8	29	25.0	3	2.6	2.97
	기독교	(145)	8	5.5	29	20.0	58	40.0	43	29.7	7	4.8	3.08
	천주교	(65)	4	6.2	13	20.0	29	44.6	15	23.1	4	6.2	3.03
	무교	(272)	14	5.1	56	20.6	131	48.2	64	23.5	7	2.6	2.98

16) (자기희생) 비록 내가 비용을 지불하게 되더라도, 가난한 사람들을 돕는 계획에 적극적으로 찬성한다

이 설문문항은 공공봉사동기 가운데 자기희생(SS) 차원을 평가하기 위한 항목이다. 이 문항에 대한 응답 결과를 보면, 비용을 지불하더라도 가난한 사람들을 돕는 계획에 찬성한다는 설문문항에 대하여 동의한다(그렇다+매우 그렇다)는 응답자의 비율은 50.3%이며 응답자 전체의 응답평균은 3.50으로 나타나고 있다. 성별로 보면, 남성 응답자들의 경우 긍정적인 응답비율이 57.7%이고 응답평균도 3.61인데 비하여 여성들은 긍정적인 응답비율이 41.8%이고 응답평균도 3.38로 나타나, 남성이 여성에 비하여 사회를 위해 개인적인 손실을 기꺼이

		사례수	전혀 그렇지 않다		그렇지 않다		보통		그렇다		매우 그렇다		평균
			빈도	비율	빈도	비율	빈도	비율	빈도	비율	빈도	비율	
전체		(599)	4	0.7	46	7.7	248	41.4	249	41.6	52	8.7	3.50
성별	남성	(317)	2	0.6	17	5.4	115	36.3	152	47.9	31	9.8	3.61
	여성	(282)	2	0.7	29	10.3	133	47.2	97	34.4	21	7.4	3.38
연령대	20-29	(98)	1	1.0	10	10.2	51	52.0	31	31.6	5	5.1	3.30
	30-39	(146)	1	0.7	15	10.3	63	43.2	51	34.9	16	11.0	3.45
	40-49	(197)	2	1.0	16	8.1	76	38.6	83	42.1	20	10.2	3.52
	50-59	(148)	0	0	5	3.4	51	34.5	82	55.4	10	6.8	3.66
학력	고교 졸업	(208)	2	1.0	18	8.7	93	44.7	77	37.0	18	8.7	3.44
	전문대 졸업	(115)	1	0.9	13	11.3	49	42.6	42	36.5	10	8.7	3.41
	대학 졸업	(192)	1	0.5	13	6.8	77	40.1	86	44.8	15	7.8	3.53
	대학원 이상	(66)	0	0	2	3.0	22	33.3	35	53.0	7	10.6	3.71
종교	불교	(116)	1	0.9	11	9.5	51	44.0	43	37.1	10	8.6	3.43
	기독교	(145)	1	0.7	9	6.2	57	39.3	57	39.3	21	14.5	3.61
	천주교	(65)	0	0	2	3.1	25	38.5	30	46.2	8	12.3	3.68
	무교	(272)	2	0.7	24	8.8	114	41.9	119	43.8	13	4.8	3.43

수용하려는 의향이 좀 더 높다고 볼 수 있다. 연령대별 응답 분포를 보면 20대의 응답평균은 3.30인데 비하여 50대의 응답평균은 3.66으로 나타나고 있으며, 연령대별로 응답평균이 높아지는 경향을 보이고 있다. 따라서 연령이 높을수록 가난한 사람들을 돕기 위하여 비용을 지불할 의향이 높다고 볼 수 있다. 학력별로 보면, 대학 졸업자 집단의 응답평균이 3.53이고 대학원 이상 집단의 응답평균은 3.71로 나타나 고학력 집단의 응답평균이 상대적으로 높게 나타나고 있다. 종교 유무에 따른 차이를 보면, 종교가 없는 응답자들의 응답평균이나 불교도의 응답평균에 비하여 개신교도 및 천주교도들의 응답평균이 더 높게 나타나고 있다. 전반적으로 시민들은 본인이 비용을 지불하게 되더라도 가난한 사람들을 돕는 계획에 적극적으로 찬성하는 경향을 보인다고 볼 수 있다.

시민의 공공봉사동기 수준을 측정하기 위한 4개 차원 가운데 하나인 자기희생 차원을 측정하는 4개 설문문항에 대한 응답평균은 3.29이다. 공공봉사동기의 공공봉사 호감도, 공공가치 몰입, 동정심, 자기희생 차원 가운데 시민들의 공공가치 몰입 수준이 가장 높게 나타났으며, 그 다음이 동정심, 공공봉사 호감도 순이고, 자기희생 차원은 가장 낮은 편이다.

(3) 공공봉사동기 영향요인

시민의 공공봉사동기 수준에 영향을 미친 개인적 특성이 무엇인지를 보다 정확하게 분석하고자 응답자의 개인적 특성을 독립변수로 하고 공공봉사동기의 각 차원을 종속변수로 한 회귀분석을 실시하였다.[9] 분

9) 자료 입력방식은 다음과 같다. 성별은 (남성=1, 여성=2), 연령은 만 나이, 가구

석한 자료는 앞에서와 같이 주식회사 패널인사이트에 의뢰하여 2012년 2월 전국의 성인 남녀 599명을 대상으로 조사한 온라인 설문조사 결과이다. 응답자의 특성 변수로는 성별, 연령, 학력, 종교 이외에도 가구 소득, 거주지역, 이념적 성향도 함께 분석에 포함시켰다.

공공봉사동기의 각 차원에 대한 개인적 특성 변수들의 설명력을 보면, 자기희생(SS) 차원에 대한 설명력이 10.6%로 가장 높은데 비하여, 공공가치 몰입(CPV) 또는 동정심(COM) 차원에 대한 설명력은 5% 미만으로 나타났다. 따라서 시민의 공공봉사동기 수준을 설명하

〈표 3-3〉 공공봉사동기 각 차원에 대한 회귀분석 결과

종속변수 / 독립변수	공공봉사 호감도 (APS)		공공가치 몰입 (CPV)		동정심 (COM)		자기희생 (SS)	
	표준화 계수(β)	유의 확률	표준화 계수(β)	유의 확률	표준화 계수(β)	유의 확률	표준화 계수(β)	유의 확률
성별	-.105	.009	-.106	.010	-.058	.157	-.162	.000
연령	.211	.000	.140	.001	.186	.000	.247	.000
가구 소득	.094	.031	.053	.228	.049	.268	.085	.047
거주지역	.029	.470	.003	.936	.039	.333	-.048	.223
학력	.068	.130	.090	.049	-.010	.825	.017	.703
이념 성향	-.121	.002	-.107	.009	-.109	.007	-.054	.166
불교	.634	.099	-.551	.158	-.484	.215	.270	.476
기독교	.756	.069	-.569	.179	-.475	.261	.393	.337
천주교	.562	.064	-.350	.257	-.304	.325	.279	.350
종교 없음	.794	.100	-.651	.185	-.614	.212	.331	.486
수정된 R^2	.079		.046		.047		.106	
F	6.110		3.888		3.941		8.067	
유의확률	$p<.001$		$p<.001$		$p<.001$		$p<.001$	

소득은 (100만 원 미만=1, 100~199만 원=2, 200~299만 원=3, 300~399만 원=4, 400~499만 원=5, 500~599만 원=6, 600~699만 원=7, 700만 원 이상=8), 학력은 (초등 졸업 이하=1, 중학교 졸업=2, 고등학교 졸업=3, 2년제 대학 재학/졸업=4, 4년제 대학 재학/졸업=5, 대학원 재학/졸업 이상=6), 거주지역은 (서울 및 광역시=1, 시 지역=2, 군 지역=3), 이념적 성향은 (진보=1, 중도=2, 보수=3)이다.

기 위해서는 연령이나 성별과 같은 개인적 특성 이외에도 공공봉사동기 형성에 영향을 미치는 여러 가지 중요한 요인들을 추가로 고려하여야 함을 알 수 있다. 개인적인 경험과 사회생활, 직업과 담당 업무, 직장에서의 사회화 과정 등 다양한 요인들에 대한 검증이 필요하다.

먼저 공공봉사 호감도(APS) 차원에 대한 개인적 특성 변수들의 영향을 보면, 성별, 연령, 이념적 성향 및 가구 소득이 통계적으로 유의미한(p<.05) 영향을 미치고 있음을 알 수 있다. 표준화 계수를 토대로 변수들의 상대적 영향력을 살펴보면 연령이 가장 중요한 요인임을 알 수 있다. 즉, 연령이 높을수록 APS 수준이 높아진다고 예상할 수 있다. 아울러 가구 소득이 높을수록 공공봉사에 대한 호감도가 증가한다고 해석할 수 있다. 한편, 성별과 이념적 성향은 부(-)의 영향을 미친다고 볼 수 있는데, 이는 남성보다는 여성의 APS 수준이 낮으며 이념적 성향이 보수적일수록 APS 수준이 낮다는 의미로 해석할 수 있다. 하지만 거주지역, 학력 및 종교 여부는 통계적으로 유의미한 관계가 없다고 볼 수 있다.

공공가치 몰입(CPV) 차원에 대한 회귀분석 결과를 보면, 연령, 성별, 이념적 성향 및 학력이 공공봉사동기 수준에 통계적으로 유의미한 영향을 미치는 것으로 나타났다. 이들 변수 가운데 연령의 영향력이 보다 크다고 볼 수 있으며, 연령이 높을수록 그리고 학력수준이 높을수록 공공봉사동기 수준이 높아진다고 볼 수 있다. 아울러 여성보다는 남성이, 그리고 보수적 성향보다는 진보적 성향일수록 CPV 수준이 높다고 예상할 수 있다. 가구 소득, 거주지역 및 종교 여부는 CPV와 통계적으로 유의미한 관계를 보이지 않고 있다.

동정심(COM) 차원에서는 이들 변수 가운데 연령과 이념적 성향만 통계적으로 유의미한 관계를 보이고 있으며, 성별, 가구 소득, 거주지역, 학력 및 종교 여부는 통계적으로 유의미한 관계를 보이지 못하고 있다. 다른 차원과는 달리 COM 차원에서는 남녀 구분 없이 보편적인 성향을 보인다고 해석할 수 있다. 연령이 높을수록 COM 수준이 높아지며 이념적 성향이 진보적일수록 COM 수준이 높아진다고 볼 수 있다.

자기희생(SS) 차원의 경우, 개인적 특성 변수 가운데 성별, 연령, 가구 소득이 영향을 미치는 것으로 나타나고 있다. 학력, 거주지역, 이념적 성향 및 종교 여부는 통계적으로 유의미한 관계를 보이지 않고 있다. 연령이 높을수록, 그리고 가구 소득 수준이 높을수록 SS 수준이 높아진다고 예상할 수 있다.

전반적으로 공공봉사동기의 각 차원에 대하여 연령의 영향력이 가장 크다고 볼 수 있다. 연령이 높아질수록 사회생활·직장생활의 경험이 축적되면서 사회와 이웃에 대한 이해와 관심이 증가하고 아울러 공공봉사동기 수준도 높아진다고 볼 수 있다. 또한 동정심을 제외한 나머지 공공봉사동기 차원에서 여성이 남성에 비해 낮은 공공봉사동기 수준을 보이고 있다. 이와 같은 분석 결과는 한국사회에서는 남성들이 국가에 대한 헌신과 충성, 공익에 대한 봉사에 더 중요한 가치를 두도록 사회화되기 때문에 남성이 여성보다 더 높은 수준의 공공봉사동기를 가지게 된다는 선행연구 결과(이근주·이혜윤, 2007)와 더불어, 연령이 높을수록 공공봉사동기와 연관된 경험이 많아지고 공공봉사동기가 높은 사람들과 상호작용할 가능성이 높아서 공공봉사동기 수준이 높아진다는 주장(김서용, 2009)과도 일맥상통하다.

2. 공무원의 공공봉사동기

(1) 조사설계

한국행정연구원 사회조사센터에서는 2011년 9월 공무원 패널조사를 실시하였다(장호석, 2011). 표본추출방법은 행정안전부의 공무원 인사통계를 표본틀(sampling frame)로 삼아 소속기관의 유형, 직종, 직급, 성별을 기준으로 모집단의 구성비율에 따라 표본을 할당하는 비례할당추출(proportionate quota sampling) 방식을 사용하였으며, 조사는 자기기입식 설문조사 방식으로 이루어졌다.

전체 조사대상은 1,500명으로, 이 가운데 국가공무원은 600명(일반직 427명, 기능직 173명)이며 지방공무원은 900명(일반직 736명, 기능직 164명)이다. 성별 분포를 보면, 남성이 68.0%이고 여성이 32.0%이다. 조사대상자의 평균연령은 41.7세이며, 20대 5.0%, 30대 35.6%, 40대 38.3%, 50대 21.1%의 분포를 나타내고 있다. 이 조사에서는 임용 및 보직관리, 능력발전, 사기관리, 공직윤리, 조직환경, 조직관리, 조직효과성, 정부역할 등 다양한 주제를 다루고 있으며, 이 가운데 공공봉사동기 측정을 위한 16개 항목이 포함되어 있다. 이 항목들은 앞에서 설명한 시민의 공공봉사동기 측정항목과 동일하다.

(2) 공무원의 공공봉사동기 수준

공무원의 공공봉사동기 수준을 측정하기 위한 4개 차원 가운데 하나인 공공봉사 호감도 차원을 측정하는 4개 설문문항에 대한 응답평균은 4.01로, 공공봉사에 대한 호감도 수준은 높은 편이라고 볼 수

〈표 3-4〉 공무원 대상 공공봉사동기 측정 결과 (단위: %)

측정문항	전혀 그렇지 않다	그렇지 않다	보통	그렇다	매우 그렇다	평균
공공봉사 호감도(APS)						
1) 지역사회에 도움을 주는 활동에 참여하는 사람들을 존경한다.	0.1	0.5	7.7	59.8	31.9	4.23
2) 의미 있는 공공봉사는 나에게 매우 중요하다.	0.0	1.4	19.1	60.4	19.1	3.97
3) 내가 공공선(公共善)을 위해 기여하는 것은 매우 중요하다.	0.0	0.9	17.5	60.7	20.9	4.02
4) 내가 사회문제를 해결하려는 활동에 동참하는 것은 매우 중요하다.	0.1	3.8	25.9	54.9	15.3	3.82
공공가치 몰입(CPV)						
1) 시민에게 동등한 기회를 제공하는 것은 매우 중요하다.	0.0	0.6	7.7	55.1	36.5	4.28
2) 시민들이 지속적으로 행정서비스를 제공받는 것은 매우 중요하다.	0.0	0.3	6.6	57.7	35.3	4.28
3) 공공정책을 만들 때에는 미래세대의 이익을 고려하는 것이 매우 중요하다.	0.0	0.6	7.3	45.7	46.4	4.38
4) 윤리적으로 행동하는 것은 공무원에게 필수적이다.	0.1	0.6	5.6	38.4	55.3	4.48
동정심(COM)						
1) 곤궁에 처한 사람을 보면 측은한 마음을 주체하기 어렵다.	0.3	2.9	26.5	55.5	14.9	3.82
2) 어려움에 직면한 사람들을 보면 안타까운 마음이 든다.	0.1	0.7	11.9	64.9	22.4	4.09
3) 부당하게 대우 받는 사람들을 보면 매우 화가 난다.	0.0	0.7	9.1	54.1	36.1	4.26
4) 다른 사람들의 복지를 고려하는 것은 매우 중요하다.	0.1	0.8	12.7	64.3	22.0	4.07
자기희생(SS)						
1) 사회를 위해 나 자신의 희생을 감수할 준비가 되어 있다.	0.7	8.9	44.5	38.2	7.7	3.43
2) 나 자신보다 시민으로서의 의무를 우선시해야 한다.	0.3	5.7	35.7	48.3	9.9	3.62
3) 나는 사회를 위해 개인적인 손실도 기꺼이 수용할 수 있다.	1.6	17.2	44.4	31.1	5.7	3.22
4) 비록 내가 비용을 지불하게 되더라도, 가난한 사람들을 돕는 계획에 적극적으로 찬성한다.	0.9	4.9	31.7	47.8	14.7	3.71

있다. 첫째 문항에 대한 응답 결과를 보면, 응답자 전체의 응답평균은 4.23으로 나타나 전반적으로 지역사회에 도움을 주는 활동에 참여하는 사람들을 존경한다는 설문문항에 대하여 동의하는 것으로 나타났다. 응답자들은 지역사회에 도움을 주는 활동에 참여하는 사람들에 대하여 호의적인 인식을 가지고 있다고 해석할 수 있다. 둘째, 의미 있는 공공봉사가 본인에게 매우 중요하다는 설문문항에 대하여 동의한다(그렇다+매우 그렇다)는 응답자의 비율이 79.5%이며, 응답자 전체의 응답평균은 3.97으로 나타나고 있다. 공무원들은 의미 있는 공공봉사가 자신에게 중요하다고 인식하는 경향을 보이고 있다. 셋째 문항에 대해서는, 본인이 공공선(公共善)을 위해 기여하는 것이 매우 중요하다는 설문에 대하여 동의한다는 응답자의 비율이 81.6%이며, 응답자 전체의 응답평균은 4.02로 나타나고 있다. 넷째, 본인이 사회문제를 해결하려는 활동에 동참하는 것이 매우 중요하다는 설문문항에 대하여 동의한다는 응답자의 비율이 70.2%이며, 응답자 전체의 응답평균은 3.82로 나타나고 있다. 이 문항은 보다 행동지향성·실천지향성을 반영한 문항이어서 그런지 다른 문항에 비해 이 문항에 대한 응답평균이 보다 낮은 편이다.

공공가치 몰입 차원을 측정하는 4개 설문문항에 대한 응답평균은 4.36으로, 다른 차원들과 비교할 때 가장 높은 수준이다. 첫째 문항에 대한 응답 결과를 보면, 시민에게 동등한 기회를 제공하는 것은 매우 중요한지에 대하여 동의한다(그렇다+매우 그렇다)는 응답자의 비율이 91.7%이며, 응답자 전체의 응답평균은 4.28로 나타나고 있다. 공무원들은 시민에게 동등한 기회를 제공하는 것이 매우 중요하다고 인식하는 경향이 높다. 둘째, 시민들이 지속적으로 행정서비스를 제공받는 것은 매우 중요하다는 설문문항에 대하여 동의한다는 응답자의 비율이 93.1%이며, 응답자 전체의 응답평균은 4.28로 나타나고 있다. 셋째 문항인 공공정책을 만들 때 미래세대의 이익을 고려하는 것이 매우 중요하다는 데 대하여 동의한다는 응답자의 비율이 92.1%이며, 응답자 전체의 응답평균은 4.38로 나타나고 있다. 넷째 문항의 경우, 윤리적으로 행동하는 것은 공무원에게 필수적이라는 설문에 대하여 동의한다는 응답자의 비율이 93.7%이며, 응답자 전체의 응답평균은 4.48로 나타나고 있다. 이 응답평균은 공공봉사동기 측정을 위한 16개 설문문항 가운데 가장 높은 수치이다.

동정심 차원을 측정하는 4개 설문문항에 대한 응답평균은 4.06으로 나타났다. 첫째 문항인 곤궁에 처한 사람을 보면 측은한 마음을 주체하기 어렵다는 설문문항에 대하여 동의한다(그렇다+매우 그렇다)는 응답자의 비율이 70.3%이며, 응답자 전체의 응답평균은 3.82로 나타나고 있다. 둘째, 어려움에 직면한 사람들을 보면 안타까운 마음이 든다는 설문문항에 대하여 동의한다는 응답자의 비율이 87.3%이며 응답자 전체의 응답평균은 4.09로 나타나고 있다. 셋째, 부당하게 대우받는 사람들을 보면 매우 화가 난다는 설문문항에 대하여 동의한다는 응답자의 비율이 90.3%이며, 응답자 전체의 응답평균은 4.26으로 나타나고 있다. 넷째, 다른 사람들의 복지를 고려하는 것이 매우 중요하다는 설문문항에 대하여 동의한다는 응답자의 비율이 86.3%이며, 응답자 전체의 응답평균은 4.07로 나타나고 있다.

자기희생 차원을 측정하는 4개 설문문항에 대한 응답평균은 3.50이다. 첫째 문항에 대한 응답 결과를 보면, 사회를 위해 자신의 희생을 감수할 준비가 되어 있다는 설문문항에 대하여 동의한다(그렇다+매우 그렇다)는 응답자의 비율이 45.9%이며 응답자 전체의 응답평균은 3.43으로 나타나고 있다. 둘째, 자기 자신보다 시민으로서의 의무를 우선시해야 한다는 설문문항에 대하여 동의한다는 응답자의 비율이 58.2%이며, 응답자 전체의 응답평균은 3.62로 나타나고 있다. 셋째 문항의 경우, 사회를 위해 개인적인 손실도 기꺼이 수용할 수 있다는 설문에 대하여 동의한다는 응답자의 비율은 36.8%이며, 응답자 전체의 응답평균은 3.22로 나타나고 있다. 전체적으로 보면, 공공봉사동기 측정을 위한 16개 설문문항 가운데 이 문항에 대한 응답평균이 가장 낮다. 마지막으로, 비용을 지불하더라도 가난한 사람들을 돕는 계획에 찬성한다는 설문문항에 대하여 동의한다는 응답자의 비율은 62.5%이며, 응답자 전체의 응답평균은 3.71로 나타나고 있다.

공무원 대상 조사 결과, 공공봉사동기의 4가지 차원 가운데 공공가치 몰입 수준이 가장 높게 나타났으며, 그 다음이 동정심, 공공봉사 호감도 차원 순이고, 자기희생 차원은 가장 낮은 편이다. 집단별 응답 차이가 있는지 살펴보면(장호석, 2011: 125-129), 먼저 여성과 남성 모두 거의 모든 항목에 대하여 비슷하게 긍정적으로 응답하고 있으나, 여성 공무원에 비하여 남성 공무원들이 긍정적(그렇다+매우 그렇다)으로 응답하는 비율이 높은 것으로 나타나고 있다. 연령별로 살펴보고자 20~39세와 40~60세로 구분하여 보면, 40세 이상의 응답자들이 각 항목에 대하여 긍정적으로 인식하는 비율이 더 높아 연령에 따른 차이를 보이고 있다. 그리고 종교를 가지고 있는 응답자들이 종교가 없는 응답자들보다 거의 모든 항목에 걸쳐 긍정적으로 인식하는 비율이 더 높아 종교를 가지고 있는지 여부에 따라 차이를 보이는 것으로 나타나고 있다.

3. 시민과 공무원의 공공봉사동기 비교

시민 조사 결과와 공무원 조사 결과를 직접적으로 상호 비교하여 공공봉사동기의 차이를 논의하기는 곤란하다. 그 이유는 첫째, 두 조사 모두 자기기입식 설문조사이지만, 시민에 대한 조사는 온라인 설문조사 방식을, 공무원에 대한 조사는 우편조사방식을 사용하였기 때문이다. 다른 조사방식에 비하여 온라인 조사는 사회적 소망성 편향과 같은 응답 부풀리기 가능성이 낮다고 알려져 있다(Evans, Garcia, Garcia, & Baron, 2003; Richman, Kiesler, Weisband, & Drasgow, 1999). 둘째, 조사 시기도 다르다. 공무원 조사는 2011년 가을에, 시민 조사는 2012년 2월에 수행되었다. 셋째, 두 조사 모두 모집단을 정확하게 대표한다고 가정하기는 어렵다. 그럼에도 조사 결과를 보면, 두 집단은 매우 유사한 경향성을 보이고 있다.

먼저 시민과 공무원 두 집단 모두 공통적으로 공공가치 몰입 수준이 가장 높으며, 그 다음이 동정심, 공공봉사 호감도 순이고 자기희생 차원은 가장 낮은 응답평균을 보이고 있다. 따라서 한국인의 경우 공공봉사동기 수준은 4가지 하위차원 가운데 '공공가치 몰입 > 동정심 > 공공봉사 호감도 > 자기희생'의 순으로 차이가 나타나고 있다.

둘째, 공무원과 시민 모두 공통적으로 공공봉사동기의 각 차원에서 응답평균이 가장 높은 항목도 동일하다. 따라서 한국인은 공공봉사 호감도 차원에서는 지역사회를 위하여 활동을 하는 사람들에 대하여 존경하는 공감대가 형성되어 있다고 볼 수 있다. 공공가치 몰입 차원에서는 공무원들의 윤리적 행동의 필요성에 대한 인식 수준이 높으며, 동정심 차원에서는 부당하게 대우받는 사람들에 대한 공감(共感) 수준이 높다. 또한 자기희생 차원에서는 불우이웃에 대한 지원 의사 및 시

〈표 3-5〉 공무원과 시민의 공공봉사동기 비교

차원	측정문항	공무원 (n=1,500)		시민 (n=599)	
		평균	표준편차	평균	표준편차
공공봉사호감도 (APS)	·지역사회에 도움을 주는 활동에 참여하는 사람들을 존경한다.	4.23	.609	4.01	.755
	·의미 있는 공공봉사는 나에게 매우 중요하다.	3.97	.661	3.70	.745
	·내가 공공선(公共善)을 위해 기여하는 것은 매우 중요하다.	4.02	.649	3.65	.729
	·내가 사회문제를 해결하려는 활동에 동참하는 것은 매우 중요하다.	3.82	.732	3.52	.742
	차원 평균	4.01		3.72	
공공가치몰입 (CPV)	·시민에게 동등한 기회를 제공하는 것은 매우 중요하다.	4.28	.625	4.20	.683
	·시민들이 지속적으로 행정서비스를 제공받는 것은 매우 중요하다.	4.28	.595	4.24	.652
	·공공정책을 만들 때에는 미래세대의 이익을 고려하는 것이 매우 중요하다.	4.38	.646	4.16	.708
	·윤리적으로 행동하는 것은 공무원에게 필수적이다.	4.48	.637	4.49	.708
	차원 평균	4.36		4.27	
동정심 (COM)	·곤궁에 처한 사람을 보면 측은한 마음을 주체하기 어렵다.	3.82	.721	3.71	.786
	·어려움에 직면한 사람들을 보면 안타까운 마음이 든다.	4.09	.611	3.97	.690
	·부당하게 대우받는 사람들을 보면 매우 화가 난다.	4.26	.642	4.19	.661
	·다른 사람들의 복지를 고려하는 것은 매우 중요하다.	4.07	.622	4.03	.669
	차원 평균	4.26		3.98	
자기희생 (SS)	·사회를 위해 나 자신의 희생을 감수할 준비가 되어 있다.	3.43	.786	3.17	.796
	·나 자신보다 시민으로서의 의무를 우선시해야 한다.	3.62	.755	3.49	.790
	·나는 사회를 위해 개인적인 손실도 기꺼이 수용할 수 있다.	3.22	.853	3.01	.903
	·비록 내가 비용을 지불하게 되더라도, 가난한 사람들을 돕는 계획에 적극적으로 찬성한다.	3.71	.807	3.50	.786
	차원 평균	3.50		3.29	
전체 평균		4.04		3.82	

민으로서의 의무 우선시 성향이 보다 높은 편이라고 볼 수 있다.

셋째, 그리고 공공가치 몰입(CPV) 차원을 제외한 모든 차원에서 공무원과 시민 두 집단 모두 설문문항들에 대한 응답평균의 순위도 동일하다. 공공가치 몰입 차원의 설문문항은 정부의 역할 및 정부와 국민과의 관계에 대한 항목이므로, 공무원과 시민의 입장이 다를 수 있다. 그 외 3가지 차원 모두에서 시민과 공무원 집단의 응답평균의 순위가 동일하다는 것은 한국인의 공공봉사동기에 대한 기본적인 성향이 비슷하다는 점을 시사한다고 볼 수 있다.

이러한 유사성을 감안할 때, 시민과 공무원의 공공봉사동기 수준은 상대적인 차이가 있을 수 있으나, 공무원이든 일반 시민이든 관계없이 이러한 동기 수준을 형성하는 체계는 비슷하다고 가정할 수 있다. 전반적으로 우리나라 국민들은 공공가치 몰입 수준은 높은 반면, 공공봉사를 위한 자기희생 의지는 상대적으로 낮은 편이라고 해석할 수 있다.

4. 공공봉사동기와 직업 선택

(1) 조사설계

시민의 공공봉사동기 측정과 함께, "만약 직업을 다시 선택할 수 있는 기회가 주어진다면 어떤 직업을 선택할 것인가?"를 질문하였다. 또한 위의 질문에 대한 답항(어떤 직업)을 선택한 이유가 무엇인지를 조사하였다. 그리고 공공봉사동기 측정문항 16개에 대한 응답 결과를 합산한 후 평균값(61.04)을 중심으로 표준편차(7.62)의 ±1/2을 경계로 하여, 공공봉사동기가 높은 집단(64.85 이상, 182명), 낮은 집단(57.23

이하, 180명) 및 중간 집단(57.23 < 응답평균 < 64.85, 237명)의 3개 집단으로 구분하였다. 이들 공공봉사동기 수준이 상이한 집단 간에 직업 선택 및 직업 선택 이유는 어떤 차이가 있는지 여부를 교차분석(χ^2 검증)을 사용하여 평가하였다.

(2) 공공봉사동기와 직업 선택

공공봉사동기 수준과 직업 선택에 대한 응답 경향을 보면, 먼저 공공봉사동기 수준이 낮은 집단의 경우 41.1%가 다시 직업을 선택할 수 있는 기회가 주어진다면 공기업체 직원이 되고 싶다고 응답하였다. 그 다음으로는 중앙행정기관 또는 지방자치단체 공무원이 되고 싶다는 응답자가 이들 집단의 26.1%이며, 자영업을 하고 싶다는 응답자도 19.4%에 달한다. 언론보도를 통하여 '신의 직장'이라고 일컬어질 만큼 공기업체는 높은 보수수준과 신분보장을 모두 누릴 수 있는 직장으로 여겨지고 있다. 따라서 공공봉사동기 수준이 낮은 집단의 경우 공기업체 또는 민간기업체 직원이 되고 싶다는 응답자의 비율이 48.9%에 달한다. 중간 집단의 경우도 공공봉사동기 수준이 낮은 집단과 유사한 응답 경향을 보이고 있으며, 공기업체 직원이 되고 싶다는 응답자의 비율은 39.2%이고 공무원이 되고 싶다는 응답자는 31.2%이다. 낮은 집단에 비하여 공무원이 되려는 응답자의 비율이 5.1% 증가하였다. 이에 비해, 공공봉사동기 수준이 높은 집단에서는 공기업체 직원이 되고 싶다는 응답자의 비율은 19.2%로 줄어든 반면, 시민사회단체(NGO) 활동가가 되고 싶다는 응답자의 비율은 22.0%에 달해 다른 집단에 비하여 월등히 높은 분포를 보이고 있다.

즉, 공공봉사동기 수준이 높은 집단의 경우 시민사회단체 활동가가

〈표 3-6〉 공공봉사동기(PSM) 수준과 직업 선택

		직업 선택					합계
		공무원	공기업체 직원	시민단체 (NGO) 활동가	민간 기업체 직원	자영업	
PSM	높은 집단	58 31.9%	35 19.2%	40 22.0%	13 7.1%	36 19.8%	182 100.0%
	중간 집단	74 31.2%	93 39.2%	15 6.3%	10 4.2%	45 19.0%	237 100.0%
	낮은 집단	47 26.1%	74 41.1%	10 5.6%	14 7.8%	35 19.4%	180 100.0%
합계		179 29.9%	202 33.7%	65 10.9%	37 6.2%	116 19.4%	599 100.0%

비고) $\chi^2(df=8)=50.036$, $p<.001$.

되고 싶다는 비율이 다른 집단보다 높게 나타난 데 비하여 공기업체 직원이 되겠다는 응답자의 비율은 다른 집단보다 낮게 나타나고 있다. 시민사회단체 활동가는 박봉이며, 격무에 시달린다고 볼 수 있다. 하지만 시민사회단체는 공익을 추구하고 사회를 위해 봉사한다는 조직 이미지를 가지고 있다. 우리나라의 경우 공공봉사동기가 높은 사람들은 그렇지 않은 사람들에 비하여 높은 보수와 신분보장을 의미하는 공기업체를 선택하는 비율은 낮으며, 그 대신 박봉이지만 공익과 사회를 위해 봉사하는 시민사회단체를 선택하는 비율이 높은 편이다. 하지만 공무원이 되겠다는 비율은 그다지 차이를 보이지 않고 있다. 이는 비영리 영역을 자신의 미래직업으로 선택한 대학생들이 절대적인 수준에서 공공서비스정신이 높게 나왔다는 고길곤・박치성(2010)의 연구 결과와도 유사하다.

공공봉사동기 수준에 따른 직업 선택 이유를 분석한 결과, 공공봉사동기 수준이 낮은 집단에서는 신분보장과 경제적 안정(높은 보수)을 선택한 비율이 51.1%인데 비하여 중간인 집단은 이를 선택한 비율이 42.2%이고, 공공봉사동기 수준이 높은 집단에서는 이 비율이 30.2%로 줄어들었다. 따라서 공공봉사동기 수준이 높을수록 신분보장과 높은 보수를 얻고자 직업을 선택하려는 비율이 줄어들고 있음을 알 수 있다. 반면, 업무수행에 따른 보람과 성취감을 직업 선택 이유로 응답한 비율은 공공봉사동기 수준이 낮은 집단에서는 14.4%에 불과하지만, 중간 집단에서는 20.7%, 그리고 공공봉사동기 수준이 높은 집단에서는 41.2%에 달하고 있다. 즉, 공공봉사동기 수준이 높을수록 업무수행을 통하여 얻는 내재적 만족인 보람과 성취감을 얻고자 하는 경향이 높아짐을 알 수 있다.

전체 응답자의 약 30% 정도가 다시 직업을 선택할 수 있는 기회가 주어진다면 정부 공무원이 되고 싶다고 응답하였다. 그런데 〈표 3-6〉에서 알 수 있듯이 공공봉사동기 수준이 낮은 집단에서도 공무원이 되려는 응답자의 비율이 26.1%인데 비하여 높은 집단에서도 그 비율은 31.9%에 불과하다. 그렇다면 공무원이 되려는 사람들의

〈표 3-7〉 공공봉사동기(PSM) 수준과 직업 선택 이유

		직업 선택 이유								합계
		신분 보장	높은 보수	보람 성취감	권한 영향력	근무 여건	공정 인사	사회적 평가	일-가정 양립	
PSM	높은 집단	14 7.7%	41 22.5%	75 41.2%	3 1.6%	13 7.1%	3 1.6%	9 4.9%	24 13.2%	182 100.0%
	중간 집단	21 8.9%	79 33.3%	49 20.7%	5 2.1%	28 11.8%	3 1.3%	12 5.1%	40 16.9%	237 100.0%
	낮은 집단	20 11.1%	72 40.0%	26 14.4%	7 3.9%	23 12.8%	6 3.3%	9 5.0%	17 9.4%	180 100.0%
합계		55 9.2%	192 32.1%	150 25.0%	15 2.5%	64 10.7%	12 2.0%	30 5.0%	81 13.5%	599 100.0%

비고) $\chi^2(df=14)=50.657$, $p<.001$.

〈표 3-8〉 공무원이 되려는 응답자들의 직업 선택 이유($n = 179$)

	직업 선택 이유							
	신분 보장	높은 보수	보람 성취감	권한 영향력	근무 여건	공정 인사	사회적 평가	일-가정 양립
빈도	33	63	22	9	18	4	10	20
비율(%)	18.4	35.2	12.3	5.0	10.1	2.2	5.6	11.2

직업 선택 이유는 무엇인가? 이를 파악하기 위하여 공무원을 선택한 응답자들의 직업 선택 이유를 분석하였다.

직업을 다시 선택할 수 있는 기회가 주어진다면 어느 직업을 선택할 것인지에 대하여 공무원이 되겠다고 응답한 179명을 대상으로 공무원을 선택한 주된 이유가 무엇인지 조사한 결과, 높은 보수 때문이라고 응답한 비율이 35.2%이고 신분보장이라고 응답한 비율이 18.4%이다. 반면, 공직업무수행을 통해 경험할 수 있는 보람이나 성취감과 같은 내재적 만족을 이유로 지적한 응답자는 12.3%에 불과하다. 우리나라의 경우 공무원이 되려는 대부분의 사람들의 주된 이유는 신분보장이나 높은 보수, 좋은 근무조건, 그리고 육아휴직 등 가족친화적 프로그램으로 인한 일-가정 양립(work-family balance) 가능성과 같은 '조건' 때문이다. 이 비율이 3/4에 달한다. 이에 비하여 '국가와 사회를 위해 봉사하면서 보람과 긍지를 느끼기 위하여' 공무원이 되겠다고 응답한 비율은 열에 한 명꼴인 셈이다.

이러한 조사 결과를 놓고 보면, 우리나라의 경우에는 공공봉사동기 수준이 높을수록 공무원이 되려는 경향이 높다고 보기는 어렵다. 오히려 시민사회단체 활동가가 되려는 경향이 높다. 최근 미국 대학생들을 대상으로 한 조사에서도 사회와 이웃을 위해 봉사하려는 학생들은 미래 직업으로 정부보다 비영리부문을 선택하려는 경향이 높다고 한다(Rose, 2012). 최근 우리나라 10개 대학의 731명의 대학생을 대상으로 공직과 민간기업체의 직업 선택 동기가 어떻게 다른지 여부에 대한 실증분석 결과, 상대적으로 공직을 선택하려는 대학생들의 공공서비스정신이 민간기업을 선택하는 학생들에 비하여 높지만, 절대적인 중요성에서는 직업의 안정성, 높은 보수, 사회적 명성 등이 더 중요한 것으로 나타나고 있다(고길곤·박치성, 2010). 이런 경향은 아마도 사회와 국민에 대한 봉사 역할을 수행하는 데 효과적이지 못한 정부의 능력 부족이나 직장으로서의 정부에 대한 부정적 시각으로 인해 정부에 대한 확신(confidence in government)이 줄어든 때문이라고 풀이할 수 있다(Rose, 2012).

공무원이라면 인정된 직장, 정년보장, 편안한 노후생활 등이 연상되는 사회적 분위기에서 공공성의 추구, 국가발전, 국익·공익의 증진, 국민을 위한 희생과 봉사, 국민의 생명과 재산을 지키는 든든한 보루로서의 정부의 이미지 또는 정체성이 점점 흐려지면서, 이에 대한 반사작용으로 이웃을 돕고 사회를 위해 봉사하는 시민사회단체 또는 비영리부문의 이미지가 더욱 부각되고 있기 때문이라고 분석할 수 있다. 이러한 경향과 관련하여, 고길곤·박치성(2010)의 경험적 연구에서도 현직 공무원들에 대한 불신이 높을수록 대학생들이 공직을 회피하고자 하는 경향이 뚜렷하였으며, 동시에 공직에 대한 긍정적인 인식을 가지는 대학생일수록 공직에서 더 일하고 싶은 것으로 나타났다. 미국 대학생을 대상으로 한 경험적 연구에서도 정부에 대한 신뢰 수준이 높을수록 공무원이 되려는 경향이 높아진다고 한다(Rose, 2012).

한편, 미국의 법학전문대학원 학생들을 대상으로 한 연구에서는 공공봉사동기 수준이 높은 사람들은 공공부문이든 민간부문이든 관계없이 다른 사람에 대한 봉사를 강조하는 직업을 선택하려는 경향이 높으며, 공공봉사동기가 자동적으로 공직에 대한 호감이나 공직의 만족도를 증진시키는 것은 아니라고 한다(Christensen & Wright, 2011). 미국 대학생을 대상으로 한 일련의 연구에서, 개인의 공직에 대한 호감도는 대체로 조직의 가치와 문화가 자신과 얼마나 적합(fit)한지에 대한 인식 정도에 달려 있으며, 공공봉사동기는 공직 선택의 결과가 아니라 선행요인이라고 한다(Carpenter, Doverspike, & Miguel, 2012).

이런 연구 결과를 통해 볼 때, 공직에 대한 긍정적인 이미지를 만들어내지 못하면 공공봉사동기가 높은 사람들의 공직에 대한 선호도는 점점 더 낮아질 것으로 예상된다(고길곤·박치성, 2010). 이는 매우 위험한 신호이다. 우리나라에서 공무원이 되려는 사람들이 모두 보수, 근무여건, 신분보장 등 조건을 따진다고 한다면, 이들이 공무원이 된 후에 과연 힘들고 어려운 상황에서도 헌신적으로 국가와 국민을 위하여 정책을 만들고 실행하며 봉사할 수 있을지 의문스럽다. 따라서 공공봉사동기 수준이 높은 사람들이 보다 많이 공직에 지원하도록 유도하여야 하며, 국민들로 하여금 공무원이란 직업이 단순히 조건이 좋기 때문이 아니라 업무를 통하여 많은 보람과 긍지를 느낄 수 있기에 소망스런 직업임을 인식할 수 있도록 하여야 한다. 정부는 실제 공무원들과 공공봉사 가치를 공유하면서 이러한 가치를 충족시킬 수 있는 기회를 보다 많이 제공하여야 할 뿐만 아니라 공공성 증진, 공공선 추구, 사회와 국민을 위한 봉사 등 정부의 긍정적인 이미지 및 정체성을 제고하고 이를 국민에게 알리는 데 많은 노력을 기울여야 할 것이다.

5. 공무원의 공공봉사동기 영향요인

(1) 지방공무원 사례

공무원의 개인적 특성이 공무원의 공공봉사동기 수준과 어느 정도 관계가 있는지를 파악하고자 응답자의 특성을 독립변수로 하고 공공봉사동기의 각 차원을 종속변수로 한 회귀분석을 실시하였다. 이 분석에 사용한 데이터는 2010년에 지방공무원을 대상으로 실시한 설문조사를 통해 수집된 자료이다. 서울, 경기도 및 경상북도에서 각각 하나씩 기초자치단체를 선정한 뒤 소속 공무원 각 400명씩을 대상으로 설문조사를 실시하여 814부의 자료를 수집하였다(회수율 67.8%).

응답자 가운데 남성이 57.0%이며, 대학 졸업 이상의 학력자는 전체의 67.9%에 달한다.[10] 연령별로는 40대가 응답자의 41.4%이고 30대가 그 다음으로 32.4%를 차지하고 있다. 재직기간을 보면, 응답자의 44.2%가 근무경력 10년 이상 20년 미만이고, 20년 이상 경력자도 전체의 21.1%에 달한다. 응답자의 특성 변수로는 성별, 연령, 학력, 재직기간, 부하직원 유무와 개인-조직 적합성(person-organization fit)을 포함시켰다. 개인-조직 적합성은 공무원 자신이 추구하는 가치와 근무하는 조직이 추구하는 가치가 동일하다고 인식하는 정도를 나

10) 자료 입력방식은 다음과 같다. 성별은 (남성=1, 여성=2), 연령은 만 나이, 최종 학력은 (초등 졸업 이하=1, 중학교 졸업=2, 고등학교 졸업=3, 전문대학 졸업=4, 대학교 졸업=5, 대학원 졸업 (석사 이상)=6), 근속기간은 근무년수, 부하직원 유무는 (없음=1, 있음=2)이다. 개인-조직 적합성은 Cable & Derue(2002)가 사용한 3개 설문문항(답항은 Likert식 5점 척도 사용, 강한 부정=1, 보통=3, 강한 긍정=5 등)의 평균값이다. 이 문항들은 개인의 가치와 조직이 추구하는 가치체계 사이의 유사성을 측정하는 데 초점을 두고 있다. 개인-조직 적합성에 대한 상세한 설명은 제3장 제1절 참고.

타내며 공공봉사동기와 밀접한 관계가 있다고 알려져 있다(Bright, 2008; Wright & Pandey, 2008). 공공봉사동기를 측정하기 위한 지표는 〈표 2-6〉과 동일하다(Kim et al., 2010).

공공봉사동기의 각 차원에 대한 이들 개인적 특성 변수들의 설명력을 보면, 자기희생(SS) 차원에 대한 설명력이 18.0%로 가장 높은데 비하여 공공가치 몰입(CPV) 또는 동정심(COM) 차원에 대한 설명력은 5% 내외로 나타났다. 따라서 지방공무원의 공공봉사동기 수준을 설명하기 위해서는 연령이나 성별과 같은 개인적 특성 이외에도 공공봉사동기 형성에 영향을 미치는 여러 가지 중요한 요인들을 추가로 고려하여야 함을 알 수 있다. 성장기의 개인적인 경험과 공직생활에서의 업무 경험, 주민과의 관계, 교육훈련, 직장에서의 사회화 과정 등 다양한 요인들에 대한 검증이 필요하다.

먼저 공공봉사 호감도(APS) 차원에 대한 개인적 특성 변수들의 영향을 보면, 성별, 연령, 학력, 재직기간 및 부하직원 유무 등은 통계적으로 유의미한 영향을 미치지 못하고 있음을 알 수 있다. 단지 개

〈표 3-9〉 지방공무원의 공공봉사동기 각 차원에 대한 회귀분석 결과

종속변수 / 독립변수	공공봉사 호감도 (APS)		공공가치 몰입 (CPV)		동정심 (COM)		자기희생 (SS)	
	표준화 계수(β)	유의 확률	표준화 계수(β)	유의 확률	표준화 계수(β)	유의 확률	표준화 계수(β)	유의 확률
성별	-.004	.904	.023	.539	.005	.897	-.061	.083
연령	.081	.164	.063	.298	.086	.161	.008	.887
최종 학력	.017	.624	.012	.739	.032	.371	.053	.113
재직기간	.063	.286	-.036	.555	-.013	.833	.165	.004
부하직원	-.031	.408	-.004	.915	-.032	.420	.023	.520
적합성	.332	.000	.250	.000	.224	.000	.353	.000
수정된 R^2	.127		.056		.048		.180	
F	19.502		8.532		7.451		29.227	
유의확률	p<.001		p<.001		p<.001		p<.001	

인-조직 적합성만이 높은 표준화 계수(β=.332)를 보이고 있어서, 본인이 추구하는 가치와 현재 소속된 지방자치단체가 추구하는 가치와의 유사성이 높을수록 공공봉사에 대한 호감도가 증가한다고 해석할 수 있다. 공공가치 몰입(CPV) 차원이나 동정심(COM) 차원에서도 이와 유사한 결과가 나타나고 있다. 즉, 성별, 연령, 학력, 재직기간 등 개인적 특성은 통계적으로 유의미한 관계를 보이지 못하고 있으며, 오직 개인-조직 적합성만 공공봉사동기 차원과 관계가 있는 것으로 나타나고 있다. 자기희생(SS) 차원의 경우 개인-조직 적합성과 함께 재직기간이 통계적으로 유의미한 관계를 보이고 있다(p<.01). 지방공무원은 재직기간이 길수록 사회를 위하여 개인적 희생도 감내하려는 성향이 증가한다고 볼 수 있다. 물론 이 차원에서도 개인-조직 적합성은 더 높은 관련성을 보이고 있다.

전반적으로 공공봉사동기의 각 차원에 대하여 개인-조직 적합성을 제외한 성별, 연령, 학력 등 다른 특성 변수들의 영향력은 발견되지 않고 있다. 따라서 이 조사 결과만을 통해 볼 때, 지방공무원의 공공봉사동기는 개인적 특성보다는 조직생활, 업무경험, 조직에서의 사회화 과정 등 조직 차원의 영향과 보다 관계가 있을 것이라고 추측할 수 있다. 이러한 분석 결과는 일반 시민에 대한 분석 결과와도 상당히 차이가 있다. 따라서 공공봉사동기에 대한 영향요인을 규명하기 위한 다양한 후속연구가 필요하다.

(2) 소방공무원 사례

이 분석에 사용한 데이터는 2007년에 경기도 소방재난본부 소속 소방공무원을 대상으로 실시한 설문조사를 통해 수집된 자료이다. 당

〈표 3-10〉 소방공무원의 공공봉사동기 척도

하위차원	측정문항
정책에 대한 호감도 (APM)	·나는 국가, 혹은 내가 속한 지역사회의 이익을 위한 공공프로그램(정책) 수립에 관심이 많다. ·공공정책 입안(수립)에 대하여 다른 사람들과 의견을 교환하는 것은 나에게 매력적인 일이다. ·내가 적극적으로 관여한 공공프로그램으로 인해 다른 사람들이 혜택을 보는 것은 나에게 보람 있는 일이다.
공익몰입 (CPI)	·나는 공공봉사(국민에 대한 봉사)가 나의 시민으로서의 도리라고 생각한다. ·의미 있는 공공봉사(국민에 대한 봉사)는 나에게 매우 중요하다. ·비록 내 자신의 이익이 침해되더라도 사회 전체를 위해 최선의 방법을 다하는 공무원을 보면 기분이 좋다.
동정심 (COM)	·곤궁에 처한 사람을 보면 측은한 감정이 든다. ·나는 일상생활을 통해 우리가 서로 의존적인 존재라고 종종 생각한다. ·사회적 혜택을 받지 못하는 사람들의 어려운 처지를 보면 마음이 아프다.
자기희생 (SS)	·개인적인 성공보다 사회에 대한 공헌이 내게는 더 큰 의미가 있다. ·나는 사회를 위해서 기꺼이 희생을 감수할 만한 마음의 준비가 되어 있다. ·나는 내 자신보다 먼저 나의 의무가 중요하다고 생각한다.

자료: Kim(2009a: 157).

시 경기도 소방공무원 5,343명 전원을 대상으로 이메일을 발송하여 설문조사를 안내하였으며 설문지는 이메일에 첨부하였다. 모두 2,584부의 설문지가 회수되었으며(회수율 48.4%), 이 가운데 불성실한 응답을 제외한 2,568부의 자료를 분석하였다.

회귀분석에서 독립변수로는 직급, 성별, 연령, 학력, 재직기간, 혼인상태를 포함시켰으며, 종속변수인 공공봉사동기는 Kim(2009a)이 사용한 12개 문항을 사용하여 4개 차원 각각에 대하여 분석하였다. 응답자 가운데 남성이 93.1%로 대다수를 차지하며, 학력별로는 고졸 이하가 전체의 32.0%, 전문대 졸업이 39.4%이며 대학 졸업 이상의 학력자는 전체의 28.6%에 달한다.[11] 연령별로는 30대가 응답자의

11) 자료 입력방식은 다음과 같다. 성별은 (남성=1, 여성=2), 연령은 (20대=1, 30

46.8%이고 40대가 그 다음으로 29.8%를 차지하며 20대는 전체의 14.0%이다. 재직기간을 보면, 응답자의 33.6%가 근무경력 5년 미만이며, 5년 이상 10년 미만인 응답자는 전체의 15.1%, 10년 이상 15년 미만인 경우는 22.6%, 15년 이상 20년 미만은 15.5%, 20년 이상 경력자도 전체의 13.2%에 달한다.

회귀분석 결과 공공봉사동기의 각 차원에 대한 개인적 특성 변수들의 설명력을 보면, 자기희생(SS) 차원에 대한 설명력은 5.7%인데 비하여 동정심(COM) 차원에 대한 설명력은 2.4%에 불과하다. 따라서 소방공무원의 공공봉사동기 수준을 설명하기 위해서는 연령이나

〈표 3-11〉 소방공무원의 공공봉사동기 각 차원에 대한 회귀분석 결과

종속변수 / 독립변수	정책에 대한 호감도 (APM)		공익몰입 (CPI)		동정심 (COM)		자기희생 (SS)	
	표준화 계수(β)	유의 확률	표준화 계수(β)	유의 확률	표준화 계수(β)	유의 확률	표준화 계수(β)	유의 확률
직급	-.136	.000	-.119	.002	-.129	.001	-.100	.010
성별	-.032	.114	-.062	.002	.004	.844	-.070	.000
연령	.049	.187	.028	.445	-.030	.420	.089	.016
최종 학력	.032	.128	-.027	.201	-.021	.332	.006	.763
재직기간	.064	.166	.063	.168	.041	.386	.040	.383
혼인상태	.004	.878	.018	.422	.027	.240	.012	.602
수정된 R^2	.055		.054		.024		.057	
F	25.314		25.094		11.093		25.362	
유의확률	$p<.001$		$p<.001$		$p<.001$		$p<.001$	

대=2, 40대=3, 50대=4), 최종학력은 (고등학교 졸업 이하(전문대 중퇴 포함)=1, 전문대학 졸업(대학 중퇴 포함)=2, 대학교 졸업(대학원 중퇴 포함)=3, 대학원 졸업(석사 이상)=4), 근속기간은 (5년 이내=1, 5~10년 미만=2, 10~15년 미만=3, 15~20년 미만=4, 20~25년 미만=5, 25년 이상=6), 혼인상태는 (미혼=1, 기혼=2), 직급은 (소방정 이상=1, 소방령=2, 소방경=3, 소방위=4, 소방장=5, 소방교=6, 소방사=7)이다.

성별과 같은 개인적 특성 이외에도 공공봉사동기 형성에 영향을 미치는 조직생활에 대한 여러 가지 중요한 요인들을 추가로 고려하여야 함을 알 수 있다.

먼저 정책에 대한 호감도(APM) 차원에 대한 개인적 특성 변수들의 영향을 보면, 직급을 제외한 성별, 연령, 학력, 재직기간 및 혼인상태 등은 통계적으로 유의미한 영향을 미치지 못하고 있음을 알 수 있다. 단지 직급(β=-.136)만 유의미한 것으로 나타나고 있어서, 직급이 높아질수록 공공정책에 대한 호감도가 증가한다고 해석할 수 있다. 동정심(COM) 차원도 이와 유사하여, 다른 개인적 특성 변수는 통계적으로 유의미한 관계를 보이지 못하고 있으며 오직 직급만 관계가 있는 것으로 나타나고 있다. 즉, 직급이 높아지게 되면 동정심 수준도 높아진다고 볼 수 있다.

공익몰입(CPI) 차원에서는 직급과 성별이 통계적으로 유의미한 관계를 보이고 있다. 여성보다는 남성 소방공무원이, 그리고 직급이 낮은 소방공무원보다는 높은 소방공무원이 공익몰입 정도가 높다는 경향을 보인다. 자기희생(SS) 차원의 경우에는 직급, 성별과 함께 연령이 통계적으로 유의미한 관계를 보인다(p<.05). 소방공무원은 남성일수록, 연령이 많을수록 그리고 직급이 높을수록 사회를 위하여 개인적 희생도 감내하려는 성향이 증가한다고 볼 수 있다.

전반적으로 소방공무원의 공공봉사동기는 다른 개인적 특성보다는 직급과 관계가 있다. 따라서 조직에서의 업무경험과 교육훈련 등 조직 차원의 영향을 보다 더 분석할 필요성이 있다. 앞으로도 공공봉사동기에 대한 영향요인을 규명하기 위한 많은 연구가 필요하다.

제3절 맺음말

개인의 공공봉사동기 형성에 영향을 미치는 요인은 개인적 차원의 특징인 사회·역사적 요인과 조직에서의 업무수행과 조직의 관리방식·환경과 같은 조직 요인으로 크게 구분할 수 있다. 선행연구 검토와 전·현직 공무원을 대상으로 한 심층면접을 통하여 우리나라 맥락에서 가설을 설정하였다. 먼저 개인의 사회·역사적 요인과 관련하여, 우리나라에서는 학력이 높을수록 공공봉사동기 수준도 높아진다고 보기는 어려우며, 가족 사회화는 공공봉사동기 형성에 기여할 것이며, 종교가 무엇이든지 간에 종교인은 그렇지 않은 사람들보다 공공봉사동기 수준이 높을 것이며, 봉사활동 경험은 공공봉사동기와 긍정적인 관계가 있을 것이라는 가설을 설정하였다. 공공봉사동기와 직업 선택에 대하여, 우리나라에서는 직업 안정성을 추구할수록 또한 공공봉사동기 수준이 높을수록 공무원이 되고자 할 것이라는 가설을 설정하였다. 공직생활과 공공봉사동기와 관련하여, 우리나라에서 공공봉사동기는 공직에서의 업무경험을 통하여 개발되고, 공무원의 공공봉사동기 형성에는 유인-선발-이탈과정보다 사회화 과정이 더 중요하고, 공무원의 재직기간이 길수록 공공봉사동기 수준도 높아진다고 보기는 어려우며, 공무원의 직급이 높을수록 공공봉사동기 수준도 높아진다고 보기는 어렵다는 가설을 설정하였다. 조직 요인과 관련하여, 달성해야 하는 목표의 특성이나 조직의 사회화는 공공봉사동기와 관계가 있을 것이며, 업무와 관련하여 고객(주민)과의 직접적인 접촉은 공공봉사동기에 영향을 미치며, 내재적 보상은 공공봉사동기와 긍정적인 관계가 있을 것이라는 가설을 설정하였다.

이러한 가설을 검증하기 위하여 다양한 경험적 연구 및 통계분석을 실시하였다. 먼저 공무원을 대상으로 한 조사를 보면, 2011년 한국행정연구원의 조사에서는 공공봉사동기 측정문항 16개에 대한 응답 결과 여성 공무원보다는 남성 공무원의 응답평균이 높으며, 연령대가 증가할수록 응답평균이 높아지는 경향이 있음을 알 수 있다. 하지만 2010년 지방공무원 대상 설문조사에서는 연령이나 성별, 학력, 재직기간 등은 공공봉사동기와 통계적으로 유의미한 관계를 보이지 못하고 있다. 2007년 소방공무원 대상 조사에서는 직급, 성별, 연령이 공공봉사동기 형성에 긍정적인 기여를 하는 것으로 나타나고 있다.

또한 2012년 일반 시민을 대상으로 한 온라인 조사에서 공공봉사동기를 측정한 결과, 여성보다는 남성이, 연령대가 증가할수록 그리고 이념 성향이 진보적일수록 공공봉사동기 수준이 높아지는 경향이 있음을 알 수 있다. 조사방법과 시기가 상이하여 공무원 패널조사 결과와 시민대상 온라인 조사 결과를 수평적으로 비교할 수는 없으나, 공무원과 시민 집단 모두 공통적으로 공공가치 몰입 수준이 가장 높으며 그 다음이 동정심, 공공봉사 호감도 순이고 자기희생 수준은 가장 낮다고 할 수 있다.

이러한 조사결과를 통해 볼 때, 개인의 공공봉사동기 수준에 대한 성별, 연령, 학력, 종교 등 사회·역사적 요인의 영향력은 미미할 뿐만 아니라 명확하지도 않다. 따라서 그보다는 가정과 사회에서의 개인적인 경험이 공공봉사동기 형성에 보다 중요한 영향을 미칠 것으로 예상할 수 있다. 성장과정에서의 부모의 역할과 같은 가족 사회화 그리고 봉사활동 경험 등이 공공봉사동기 형성에 미치는 영향에 대하여 보다 심층적인 경험적 연구가 요구된다. 또한 중앙부처나 지방자치단체에서의 공직생활이 공무원 개인의 공공봉사동기의 형성과 증진에 어떤 영향을 미치는지에 대해서는 아직 제대로 검증되지 않은 가설이 많다. 이론적 논의에서 살펴본 바와 같이, 여러 가지 조직 요인이 공공봉사동기 증진에 영향을 미칠 것으로 예상할 수 있으므로, 직장에서의 교육훈련과 사회화 과정, 조직 내의 인적자원관리와 조직관리 전략, 조직에서의 업무수행 환경, 그리고 업무수행 경험 및 대내외적인 인간관계 등 조직 요인의 영향에 대한 더욱 풍부한 경험적 연구가 이루어질 필요가 있다.

공공봉사동기와 직업 선택 간의 관계를 분석하고자 한 시민 대상 조사에서 "다시 직업을 선택할 수 있는 기회가 주어진다면 어느 직업을 선택할 것인가?"라는 질문에 대하여, 공공봉사동기 수준이 높은 집단은 시민사회단체(NGO) 활동가가 되겠다는 비율이 다른 집단들보다 높게 나타난 데 비하여 공무원이 되겠다는 비율은 다른 집단들과 유사하였다. 하지만 직업 선택 이유를 보면, 공공봉사동기 수준이 높을수록 업무수행을 통하여 얻는 보람과 성취감을 얻고자 하는 경향은 높아짐을 알 수 있다. 공무원이 되겠다는 응답자 가운데 외재적인 조건을 이유로 제시한 응답자의 비율이 3/4에 달하고, 공무원이 되어서 국가와 사회를 위해 봉사하면서 보람과 성취감을 느끼겠다는 비율은 12.3%에 불과하다. 따라서 우리나라에서는 공공봉사동기 수준이 높을수록 공무원보다는 시민사회단체에서 일하고자 하는 경향이 높아지고, 신분보장과 높은 보수를 얻고자 하는 사람들이 주로 공무원이 되고자 한다는 것을 알 수 있다. 이러한 경향은 정부의 질과 경쟁력에 부정적인 영향을 미친다. 공공봉사동기 수준이 높은 사람들은 정부와 공무원에 대하여 실망하고 정부가 국가와 사회를 위해 올바르고 좋은 일을 할 수 있는 기회를 많이 제공하지 않는다고 인식하여 정부에 대하여 그다지 매력을 느끼지 않는 데 비하여, 공공봉사동기 수준이 낮은 사람들은 공무원이 되면 이미 경제적 안정과 신분보장이라는 목표를 달성한 셈이 되어 굳이 국가와 사회를 위하여 열심히 일할 필요성을 느끼지 못하는 경향이 나타난다고 예상할 수 있기 때문이다(김상묵, 2005). 앞으로 정부는 공공봉사동기 수준이 높은 지원자들을 보다 많이 유치하기 위한 노력을 강구하여야 할 것이다.

종합하면, 우리나라에서는 개인적인 사회・역사적 요인 가운데 학력이나 종교가 공공봉사동기와 긍정적인 관계가 있다고 보기는 어려우며, 지금까지의 경험적 연구 결과만으로는 그 외의 다른 요인의 영향 여부에 대하여 명확한 결론을 내리기는 어렵다. 따라서 앞으로 우리나라 맥락에서 공공봉사동기가 어떻게 형성되는지를 종합적으로 이해하기 위하여 다양한 집단을 대상으로 개인적 차원의 경험이나 다양한 조직 차원의 영향요인을 검증하는 폭넓은 연구들이 많이 이루어지기를 기대한다.

제4장

공공봉사동기는 어떤 영향을 미치는가?

제4장 공공봉사동기는 어떤 영향을 미치는가?

제1절 이론적 논의

1. 선행연구 검토

공공봉사동기는 어떤 영향을 미치는가?[1] 공공봉사동기는 긍정적이든 부정적이든지 간에 조직생활에 영향을 미치는 것으로 알려져 있으며, 개인과 조직의 성과에 긍정적인 영향을 미친다고 알려진 직무만족(job satisfaction), 조직몰입(organizational commitment), 조직시민행동(organizational citizenship behavior) 등이 공공봉사동기의 결과 변수로 많이 연구되고 있다. 미국의 경우, 연방정부 공무원들의 공공봉사동기가 조직몰입과 긍정적인 관계가 있음을 발견하였다(Crewson, 1997). Vinzant(1998)는 공공조직이 조직의 정책과 업무수행에 대한 타당한 근거를 제시하여 직원들이 자신들의 필요성을 이해하고 업무 성과에 대한 예측을 할 수 있도록 한다면 그들의 직무만족이 증가할 것이라고 한다. Wright & Pandey(2008)는 주정부 공무원을 대상으로 한 경

1) 이 절의 내용은 주로 Kim(2005, 2006, 2012)을 토대로 한 것이다.

험적 연구에서 공무원의 공공봉사동기와 직무만족 간의 관계는 직접적이 아니라, 공무원 개인의 가치와 직장이 추구하는 가치 간의 조화 정도에 의해 매개된다는 사실을 발견하였다. 즉, 공공봉사동기가 개인과 조직 간 가치 조화에 영향을 미치고, 이는 다시 공무원의 직무만족에 영향을 미친다는 것이다. Bright(2008)도 높은 수준의 공공봉사동기를 가진 공무원들이 정부조직의 특성과 조화를 이룰 때, 이들의 직무만족 수준도 높아지고 이직의사는 낮아진다고 한다. Scott & Pandey(2005)는 조직 내 형식주의(red tape)에 대한 인식이 공공봉사동기 수준에 따라 달라진다는 점을 조사하였다. 연구 결과, 관리자의 형식주의에 대한 인식과 공공봉사동기 간에는 일관성 있는 연계가 존재함을 발견하였다. 즉, 높은 수준의 공공봉사동기를 가진 관리자는 형식주의 정도를 덜 인식하는 경향이 있으며, 조직의 규칙을 책무성, 공정성 및 적법성과 같은 합법적인 조직의 목표를 달성하기 위한 수단으로 인식하는 경향이 높다고 한다. Bright(2009)는 공공봉사동기 수준이 높은 미국 공무원들은 그렇지 않은 공무원들에 비하여 개인적 인정, 업무의 중요성, 리더로서의 책임성과 전문가로서의 성장을 더 원한다고 한다.

프랑스 공무원들을 대상으로 한 경험적 연구에서 Castaing(2006)은 공공봉사동기는 정서적 몰입(affective commitment)에 영향을 미치는 중요한 요인이며, 높은 수준의 공공봉사동기를 가진 사람을 공무원으로 채용하는 것이 프랑스 공직사회의 조직몰입 수준 향상에 효과가 있을 것이라고 주장한다. 몰타(Malta) 공무원을 대상으로 한 연구에서 Camilleri(2006)는 조직몰입이 공공봉사동기를 강화하며, 정서적 몰입은 공공봉사동기 전반에 걸쳐서 직접적인 영향을 미친다고 한다. Camilleri(2009)는 공공봉사동기와 같은 개인적 특성과 공무원의 성과와의 관계를 분석했는데, 성과에 대한 공공봉사동기의 영향은 낮은 것으로 나타났다. Steijn(2008)에 따르면, 네덜란드 공무원들의 경우에도 공공봉사동기에 따른 욕구가 조직에서 충족되는 공무원들은 그렇지 않은 공무원들에 비하여 직무만족 수준이 보다 높고 이직 의도는 보다 낮은 것으로 나타나고 있다.

우리나라의 경우, 중앙부처 공무원과 지방자치단체 공무원 모두를 대상으로 한 조사에서 직무만족, 조직시민행동, 정서적 몰입과 공공봉사동기는 조직성과에 긍정적인 영향을 미치는 것으로 나타나고 있다(Kim, 2005). 또한 높은 수준의 공공봉사동기를 가진 공무원들은 낮은 수준의 공공봉사동기를 가진 공무원들에 비하여 더 적극적으로 조직시민행동을 보인다는 점을 발견하였다(Kim, 2006). 이러한 공공봉사동기와 조직시민행동 간의 관계는 이후 미국 공무원들을 대상으로 한 연구에서도 동일한 결과가 보고되었다(Pandey, Wright, & Moynihan, 2008). 또한 이근주(2005a)의 연구 결과에 따르면, 공공부문 종사자들을 대상으로 개인의 성과수준을 종속변수로 하는 회귀분석에서 공공봉사동기와 연령은 성과수준을 의미 있게 설명하는 변수로 나타났지만, 공공부문 종사자들의 경우 성별, 학력, 직종, 승진횟수, 현직급 및 공채 여부는 개인의 업무 성과수준을 의미 있게 설명하지 못하는 것으로 나타났다. 손명구(2007)는 지방공무원을 대상으로 한 경험적 연구를 통하여 공공봉사동기는 조직몰입과 직무만족에 긍정적인 영향을 미치는 것을 확인하였다. 공공봉사동기의 각 하위차원과 성과수준과의 관계를 보면, 공익몰입(CPI), 동정심(COM), 자기희생(SS)은 모두 성과수준에 긍정적인 영향을 미치는 것으로 분석되었으나 정책에 대한 호감도(APM)는 통계적으로 유의미한 영향을 미치지 못하는 것으로 나타났다. 김태호・노종호(2010)는 공공봉사동기가 혁신지각, 혁신

개발 및 혁신실행 등 조직구성원의 혁신행동(innovative behavior)에 어떠한 영향을 미치는지를 분석하고자 서울과 지방의 광역 및 기초 자치단체 공무원들을 대상으로 설문조사를 실시하였다. 분석 결과, 공공봉사동기의 하위차원 중 APM은 혁신행동의 3가지 차원 모두에 긍정적인 영향을 미치는 것으로 나타났으며, CPI와 COM도 혁신지각과 혁신개발에 긍정적인 영향을 미친다는 것을 발견하였다. 이러한 결과는 공공봉사동기가 공무원으로 하여금 조직의 변화와 발전을 위한 혁신행동에 긍정적인 영향을 줄 수 있는 중요한 요인이라는 것을 시사한다. 박순애 · 정선경(2011)은 한 공단을 대상으로 한 경험적 연구에서 공공봉사동기가 직무몰입(job commitment)에 긍정적인 영향을 미친다고 하며, 공공봉사동기가 높을수록 직무몰입의 수준이 높아지고 경력정체(career plateau)를 경험하는 정도는 낮아진다고 한다. 또한 공공봉사동기는 경력정체를 통해 직무몰입에 간접적으로도 영향을 미치는 것으로 나타나 직무몰입에 영향을 미치는 핵심적인 요인으로 볼 수 있다고 한다. 행정기관 및 공공기관 근무자 590명을 대상으로 한 설문조사 결과, 신황용 · 이희선(2012)은 공공봉사동기가 직무만족과 조직성과에 긍정적인 영향을 미친다고 한다. 즉, 공공봉사동기가 상대적으로 높은 공공조직의 구성원은 조직목표의 달성을 위해 자신을 희생 · 헌신할 수 있으며, 자신의 이익보다는 타 조직구성원이나 조직의 이익을 보다 중요하게 생각하고 이타적이고 자기희생적이며 공익 실현을 중요시하여 공공조직의 효과성 및 능률성을 제고하고 국민에 대한 공공서비스를 제공할 때 공정하고 투명하게 업무를 수행하여 공공조직의 조직성과에 긍정적인 영향을 미친다고 해석하고 있다.

2. 가설 설정

(1) 공공봉사동기와 개인-조직 적합성

개인-조직 적합성(person-organization fit) 이론은 개인의 특성에 알맞은 조직의 특성이 있으며, 개인의 태도와 행동은 개인과 조직 간의 적합성 또는 조화의 정도에 의해 영향을 받을 것이라고 가정한다. 일반적으로 개인-조직 적합성은 개인과 조직 간의 양립가능성(공통성)으로 정의된다(Kristof, 1996). 개인-조직 적합성이란 "(a) 최소한 한쪽이 다른 쪽에서 원하는 것을 제공하는 경우 또는 (b) 양쪽이 서로 유사한 기본적인 특성들을 공유하는 경우 또는 (c) 이 두 가지 모두인 경우와 같은 상황에서 개인과 조직 간의 공통성"이라고 정의할 수 있다(Kristof, 1996: 4-5). 이 개인-조직 적합성은 특정한 업무, 직업 또는 집단이 아닌 조직 전체와 개인과의 적합성에 초점을 두고 있다. 개인과 조직 간에 발생할 수 있는 두 가지 형태의 관계를 고려하는데, 이는 조직과 개인이 서로 상대방의 요구를 충족시키는 데 기여하는 경우(상호보완적 적합성) 또는 조직과 개인이 서로 유사한 특성을 공유하는 경우(보충적 적합성)이다. 적합성이 상호보완적이든 보충적이든지 간에, 적합성이 높을수록 조직구성원들은 더욱 행복할 것이다(Bright, 2007; Kristof, 1996). 개인-조직 적합성에 대한 다른 견해는 요구-공급(needs-supplies) 및 수요-능력(demands-abilities)을 구분하는 것이다(Caplan, 1987; Edwards, 1991). 요구-공급 관점에서는 조직이 개인의 요구, 희망, 선호를 충족시킬 때 개인-조직 적합성이 나타난다고 보며, 수요-능력 관점은 개인이 조직의 수요에 부응하는 능력을 가지고 있을 때 적합성이 나타난다고 한다(Kristof, 1996).

메타분석에서 개인-조직 적합성이 퇴직 의도, 직무만족 및 조직몰입과 관계가 있는 것으로 나타났다(Verquer, Beehr, & Wagner, 2003). 다른 메타분석에서는 개인-조직 적합성과 행태 변수와의 관계를 분석하였는데, 개인-조직 적합성은 이직, 업무성과, 조직시민행동과 관계가 있다고 한다(Hoffman & Woehr, 2006). 따라서 개인-조직 적합성은 행태변수와 밀접한 관련이 있다고 할 수 있다. 개인-조직 적합성의 여러 측면들이 분석되고 있으나 대다수의 경험적 연구는 가치의 일치(value congruence)에 더 초점을 두고 있다. 가치는 근본적이며 상대적으로 오래 지속되며 구성원의 행동을 지도하는 조직문화의 구성요소이기 때문에, 가치의 일치는 적합성의 중요한 유형으로 간주할 수 있다(Chatman, 1991; Schein, 1992). 따라서 가치의 일치는 개인-조직 적합성의 조작적 정의로 널리 이용되며(Kristof, 1996; Verquer, Beehr, & Wagner, 2003), 상응하는 개인의 특성과 조직의 특성 간의 공통성을 강조한다(Kristof-Brown, Zimmerman, & Johnson, 2005). 공무원이 추구하는 가치와 그들이 일하는 정부조직이 추구하는 가치 간의 일치성이 증가할수록 공무원의 업무성과는 더 좋아질 것이라고 주장한다(Bright, 2007). 최근 공공봉사동기가 개인-조직 적합성을 증진시킨다는 가정에 대한 상당한 경험적 증거들이 제공되고 있다. 공공봉사동기는 공무원들로 하여금 조직의 사명이 중요하다고 여기는 경향을 증진시키며(Pandey, Wright & Moynihan, 2008), 자신의 개인적 가치와 조직의 가치는 서로 조화를 이루고 있다고 느끼게 한다는 것을 발견하였다(Bright, 2008; Wright & Pandey, 2008). 공공봉사동기 수준이 높은 공무원들은 자신들이 추구하는 가치와 그들이 근무하는 정부조직이 추구하는 가치가 동일하다고 인식할 뿐만 아니라, 자신들이 중요하게 여기는 가치를 실현할 수 있도록 해 준다고 여길 것이다. 따라서 다음과 같은 가설을 설정할 수 있다.

가설 1: 공공봉사동기는 개인-조직 적합성에 영향을 미칠 것이다.

(2) 공공봉사동기와 직무만족

직무만족(job satisfaction)이란 "개인의 업무 또는 업무 경험에 대한 평가를 통해 나타나는 즐겁거나 긍정적인 감정적 상태"를 의미한다(Locke, 1976: 1304). 직무만족은 업무수행을 통해 얻고자 하는 것과 실제 얻는 것과의 일치 여부를 가늠하는 근무자와 근무환경과의 상호작용을 대변해 준다(Wright & Kim, 2004). 일반적으로 직무만족은 여러 다양한 측면들로 구성된 포괄적인 개념으로 인식되고 있다(Judge, Parker, Colbert, Heller, & Ilies, 2001).

직무만족의 원인에 대하여 여러 이론들이 제시되어 있다. 상황이론(situational theory)은 직무만족은 업무의 성격 또는 업무환경의 다른 측면들에 의해 기인한다고 가정하며(Hackman & Oldham, 1976; Herzberg, 1967; Salancik & Pfeffer, 1978), 성향적 접근방법(dispositional approach)에서는 직무만족이 개인의 개별적 기질에 따른 것이라고 가정하며(Staw & Ross, 1985; Staw, Bell, & Clausen, 1986), 상호작용이론(interactive theory)은 직무만족은 상황과 성격 간의 상호작용의 결과라고 보고 있다(Hulin, 1991; Locke, 1976). 이러한 이론들이 직무만족을 설명하는 데 경쟁적이며 양립불가능하다고 가정하기 쉬우나 이 이론들은 서로 양립할 수도 있다(Judge, Parker, Colbert, Heller, & Ilies, 2001).

직무만족은 다른 직무 관련 변수들과 관계가 있다. 직무만족은 동기, 직무 관여, 조직시민행동, 조직몰입, 삶의 만족, 정신건강, 업무성과와 긍정적인 관계가 있으며, 잦은 결근, 이직, 스트레스와는 부정적인 관계가 있다고 한다(Judge, Parker, Colbert, Heller, & Ilies, 2001; Spector, 1997). 미국 지방정부 공무원들의 경우, 승진기회와 상사와의 관계 등 다양한 환경적 요인은 직무만족에 긍정적인 영향을 미치지만 거의 모든 인구통계학적 변수들은 상관이 없는 것으로 나타났다(Ellickson, 2001). 네덜란드 공무원들에게 개인적 특성이 직무만족에 미치는 영향은 거의 없으나 업무 및 조직의 특성, 특히 업무 여건의 내재적 특성은 중요한 영향을 미친다고 한다(Steijn, 2004). 호주 경찰 공무원들의 경우에는 보다 많은 결정 권한을 가지거나 업무상의 독립성이 높은 경우 그리고 상사와 동료들의 지원이 있는 경우에는 직무에 대한 만족도가 높은 것으로 나타났다(Noblet & Rodwell, 2009). 미국, 영국, 독일, 프랑스 등 서양에서는 정부 공무원의 만족도는 업무의 내재적·외재적 특성에 의해 영향을 받을 뿐만 아니라 상사 및 동료와의 좋은 업무관계에 의해서도 영향을 받는다고 한다(Taylor & Westover, 2011).

공공부문의 업무여건은 국가와 사회를 위해 봉사하고자 하는 개인적 욕구를 충족시킬 수 있기 때문에 직무만족은 공공봉사동기의 결과라고 여길 수 있을 것이다. 공공봉사동기와 직무만족 간의 직접적 관계는 우리나라(Kim, 2011)는 물론이고, 중국(Liu, Tang, & Zhu, 2008), 호주(Taylor, 2008), 벨기에(Vandenabeele, 2009)와 미국(Naff & Crum, 1999)에서도 입증되었다. 공공봉사동기 수준이 높은 사람들은 그렇지 않은 사람들에 비하여 보다 만족하는 경향이 있다고 한다(Naff & Crum, 1999). 공공봉사동기 수준이 높은 공무원들은 사회에 기여하는 일을 하는 데 더 높은 가치를 부여하며, 공익을 위해 봉사하는 기회를 많이 제공하는 정부의 업무에 보다 만족하는 경향을 가진다(Houston,

2000; Rainey, 1982; Wittmer, 1991). 그러므로 공공봉사동기는 직무만족과 직접적이고 긍정적인 관계를 가질 것으로 예상할 수 있다.

가설 2: 공공봉사동기는 직무만족에 직접적인 영향을 미칠 것이다. 공무원의 공공봉사동기 수준이 증가할수록 그들의 직무만족도 또한 증가할 것이다.

하지만 공공봉사동기와 직무만족 간의 관계는 직접적이지 않으며 오히려 개인-조직 적합성(person-organization fit)에 의해 매개된다는 주장이 미국(Bright, 2008; Wright and Pandey, 2008)과 네덜란드(Steijn, 2008)에서 제기되고 있다. 미국에서 공공봉사동기 수준이 높은 응답자들은 그렇지 않은 응답자들에 비하여 소속 조직에 더 부합하는 경향을 보인다는 것을 발견하였다(Bright, 2007). 공무원들은 자신들의 업무에 대하여 더욱 만족하는 경향이 있지만, 이는 오직 그들의 공공봉사동기 가치나 목표가 조직의 가치나 목표와 일치하는 범위에서만 그럴 것이다(Wright & Pandey, 2008). Bright(2008)는 공공봉사동기는 개인-조직 적합성과 긍정적인 관계가 있지만, 개인-조직 적합성을 함께 고려하게 되면 공공봉사동기는 공무원의 직무만족과 유의미한 관계를 보여 주지 못한다는 점을 발견하였다. 직무만족은 현재의 업무상황과 가치에 대한 공무원의 인식에 기초를 두기 때문에 개인-조직 적합성은 직무만족에 의미 있는 영향을 미친다고 한다(Liu, Liu, & Hu, 2010; Steijn, 2008; Taylor, 2007). 공익을 위해 봉사하려는 강한 의지를 가진 근무자들이 그들의 업무가 자신들의 공공봉사동기를 실현하는데 도움이 된다고 믿는다면 자신들의 업무에 만족할 것이다(Westover & Taylor, 2010). 하지만 공공봉사동기가 자동적으로 공직에 대한 관심이나 공무원으로서의 만족감을 증진시키는 것이 아니다(Christensen & Wright, 2011). 공공봉사동기 수준이 높은 공무원들이 자신들의 가치와 그들이 일하는 정부조직의 가치가 동일하며 정부조직이 그들에게 중요한 가치를 실현하도록 해 준다고 인식하게 되면, 그들은 자신들의 업무에 더욱 만족하게 될 것이다. 따라서 공공봉사동기 수준이 높을수록 직무에 대한 만족도가 높아지는 게 아니라, 공공봉사동기 수준이 높아지면 개인-조직 적합성이 높아지고 이로 인해 비로소 직무만족이 증가하게 되며 공공봉사동기와 직무만족 간의 직접적인 관계는 없다고 볼 수 있다. 그러므로 개인-조직 적합성이 공공봉사동기가 직무만족에 미치는 영향을 전달하는 매개변수로서의 역할을 한다고 예측할 수 있다.

> 가설 3: 공공봉사동기는 개인-조직 적합성에 대한 영향을 통하여 직무만족에 간접적으로 긍정적인 영향을 미칠 것이다.

(3) 공공봉사동기와 조직몰입

조직몰입(organizational commitment)은 특정 조직에 대한 개인의 일체감 및 관여의 상대적 강도를 의미한다. 몰입은 단순히 조직에 대한 수동적인 충성을 의미한다기보다 그 이상의 더욱 역동적인 조직과의 관계를 포함한다고 본다. 따라서 조직몰입이란 "조직구성원과 조직 간의 관계를 규정하고, 조직의 성원으로 계속 남아 있을지의 여부를 결정하는 심리상태"라고 정의된다(Meyer, Allen, & Smith, 1993: 539). 몰입은 개인의 신념과 의견의 표현뿐만 아니라 개인의 행동을 통해서도 추론될 수 있다(Mowday, Steers, & Porter, 1979). 조직몰입은 다음 세 가지 요소들에 의해 규정될 수 있는데, 이는 (1) 조직 목표와 가치에 대한 강한 신념과 수용, (2) 조직을 위하여 상당한 노력을 투여하려는 의지, 그리고 (3) 조직의 구성원으로 계속 남으려는 강한 열망이다(Porter, Steers, Mowday, & Boulian, 1974: 604).

조직몰입에 대한 두 가지 지배적인 견해는 태도적 접근방법(attitudinal approach)과 행태적 접근방법(behavioral approach)이다. 태도적 접근방법에서는 몰입을 조직구성원과 조직 간 연계의 성격과 질을 반영하는 태도로 여기며, 행태적 접근방법은 개인이 조직이 아닌 자신의 행동에 대한 애착심을 개발하는 과정에 주로 관심을 가진다(Liou & Nyhan, 1994; Robertson & Tang, 1995). 조직몰입의 하위차원에 대하여, Angle & Perry(1981)는 조직목표를 지원하는 몰입을 뜻하는 가치몰입과 조직구성원으로 남아 있으려는 열망을 의미하는 근속몰입을 제안하고 있으며, Meyer & Allen(1984)은 몰입의 태도적 관점을 측정하기 위한 정서적 몰입과 행태적 관점을 측정하기 위해 지속적 몰입이란 용어를 사용하고 있다. 이후 Meyer & Allen(1991)은 조직몰입의 세 가지 구성요소로서 정서적, 지속적, 규범적 몰입을 제시하고 있다. 정서적 몰입은 구성원의 조직에 대한 감정적 애착과 일체감 및 관여를 의미하며, 지속적 몰입은 조직을 떠날 경우 수반되는 비용에 대한 인식을, 그리고 규범적 몰입은 조직에 남아 있어야 한다는 의무감을 반영한다. O'Reilly & Chatman(1986)은 몰입의 세 가지 정의를 측정하기 위한 척도를 개발하였는데, 여기에는 순종적 몰입, 동일화 몰입, 내면화 몰입이 포함된다. Balfour & Wechsler(1996)는 조직몰입의 세 가지 측면을 소속 몰입, 동일화 몰입 및 교환 몰입으로 구분한다. 조직몰입은 조직효과성과 조직구성원의 안녕에 영향을 미칠 수 있다(Meyer & Herscovitch, 2001). 몰입 수준이 높은 구성원은 장기적으로 근속할 가능성이 높으며 높은 수준의 직무만족, 업무의 질, 업무성과 등을 보여준다고 볼 수 있다(Allen & Meyer, 1990; Larson & Fukami, 1984; Meyer & Allen, 1991; Meyer, Allen, & Smith, 1993).

위에서 살펴본 바와 같이, 조직몰입은 다차원적 개념이라는 공감대가 형성되고 있으나 학자들이 제시하는 다차원적 프레임에는 분명한 차이가 있다. 그럼에도 대부분 조직과의 정서적 유대를 반영한 요소를 포함시키고 있다(Meyer & Herscovitch, 2001). 정서적 몰입은 "강하게 몰입된 구성원이 조직과 자신을 동일시하고, 조직에 관여하며, 조직의 성원임을 자랑스러워하는 것처럼 조직에 대한 정서적이거나 감정적인 애착"을 의미한다(Allen & Meyer, 1990: 2). 정서적 몰입은 긍정적인 조직행태에 영향을 미치는 가장 중요한 변수로 여겨지고 있으며(Herscovitch & Meyer, 2002; Meyer & Herscovitch, 2001), 정서적 몰입 수준이 높을수록 조직 상하 모두의 업무 성과가 가장 좋다고 한다(Wasti, 2005). 메타분석을 통하여, 정서적 몰입은 조직 관련 변수(출석, 성과, 조직시민행동) 및 구성원 관련 변수(스트레스, 일-가정 갈등)와 강한 호의적인 상관관계를 가지고 있음을 발견하였다(Meyer, Stanley, Hescovitch, & Topolnytsky, 2002).

조직몰입과 성과의 관계를 보면, 몰입 수준이 높은 직원들은 그렇지 않은 직원들보다 더 많은 성과를 달성한다고 하며(Mowday, Porter, & Dubin, 1974), 높은 몰입 수준은 높은 업무성과와 연계되어 있다고 한다(Larson & Fukami, 1984). 조직몰입의 구성요소 가운데 지속적 몰입이나 규범적 몰입보다, 정서적 몰입이 조직성과에는 보다 중요하게 작용한다. 경험적 연구 결과들을 보면, 정서적 몰입은 민간 식품회사 관리자들의 성과수준과 긍정적인 관계를 보이는 반면 지속적 몰입은 부정적 관계를 보이고 있으며(Meyer, Paunonen, Gellatly, & Goffin, 1989),

단지 정서적 몰입만이 의료기관 전문직 종사자들의 만족할 만한 성과에 영향을 미치고(Somers & Birnbaum, 2000), 오히려 지속적 몰입 수준이 높으면 성과평가 결과는 낮아진다고 한다(Angle & Lawson, 1994; Shore & Wayne, 1993).

경험적 연구들은 또한 정부조직에서도 정서적 몰입의 중요성을 보여 주고 있다(Liou & Nyhan, 1994; Romzek, 1989, 1990). 네덜란드 정부의 경우 정서적 몰입이 일반적인 조직 특성과 강한 상관관계가 있음을 보여 주고 있다(Steijn & Leisink, 2006). 미국에서는 정서적 몰입이 직무만족, 성과에 대한 인식, 업무의 질에 큰 영향을 미칠 뿐만 아니라 변혁적 리더십, 권한위임, 목표의 명확성, 서비스 동기, 절차적 공정성 및 객관적인 평가체계와 긍정적인 관계가 있다고 한다(Park & Rainey, 2007). 우리나라 중앙부처 공무원들의 경우에는 경력개발과 교육훈련과 같은 인적자원개발 활동은 정서적 몰입과 규범적 몰입에 직접적인 영향을 미치며, 의사결정에의 참여 및 의사전달과 같은 조직관리 활동은 역할 모호성과 신뢰를 매개로 하여 정서적 몰입과 규범적 몰입에 간접적인 영향을 미친다고 한다(Kwon, 2002).

이론적으로 공공봉사동기는 조직몰입과 관련이 있다(Perry & Wise, 1990; Pandey & Stazyk, 2008). 대부분의 연구에서는 조직몰입을 공공봉사동기의 결과변수로 간주하고 있으나(Castaing, 2006; Crewson, 1997; Park & Rainey, 2007; Taylor, 2007, 2008; Vandenabeele, 2009), 일부 연구에서는 조직몰입을 공공봉사동기의 선행변수로 고려하기도 한다(Camilleri, 2006). 미국에서는 공공봉사동기가 조직몰입과 지속적이며 긍정적인 상관관계를 보인다고 하며(Crewson, 1997), 프랑스 공무원들의 경우에는 공공봉사동기 수준이 높을수록 조직몰입도 높다고 한다(Castaing, 2006). 호주에서도 공공봉사동기와 조직몰입 간의 직접적이고 유의미한 관계가 나타났다(Taylor, 2008). 우리나라 소방공무원을 대상으로 한 연구에서도 공공봉사동기는 정서적 몰입과 강한 긍정적 관계를 보이고 있다(Kim, 2011). 하지만 Camilleri(2006)는 몰타 사례를 통해 역(逆)의 관계를 보여 주고 있다. 즉, 조직몰입은 공무원의 공공봉사동기에 영향을 미치며, 특히 정서적 몰입은 공공봉사동기에 대하여 직접적인 영향을 미친다고 한다. 따라서 조직몰입은 공공봉사동기의 선행변수와 결과변수 둘 다로 간주될 수 있다(Pandey & Stazyk, 2008). 즉, 공공봉사동기가 높아질수록 조직몰입 수준도 높아지게 되며, 조직몰입 수준이 높아지게 됨에 따라 다시 공공봉사동기 수준도 높아지게 되는 순환적 관계가 있다고 가정할 수 있다.

하지만, 이 연구의 초점은 공공봉사동기이므로, 여기에서는 공공봉사동기가 조직몰입에 영향을 미친다는 선형적 관계만 고찰하고자 한다. 공무원들은 자신들의 업무가 공익을 위한 것이라고 생각할 것이다. 따라서 공무원의 공공봉사동기 수준이 높아질수록, 공익 증진을 추구하는 정부조직에 대한 공무원들의 충성심과 감정적 일체감 또한 증가할 것이라고 예측할 수 있다.

가설 4: 공공봉사동기는 조직몰입에 직접적인 영향을 미친다. 개인의 공공봉사동기 수준이 높아질수록, 그들의 조직몰입 또한 높아질 것이다.

또한 우리는 공공봉사동기가 조직몰입에 미치는 영향은 개인-조직 적합성을 매개로 하여 간접적으로 이루어질 수 있다고 가정할 수 있다. 공공봉사동기 수준이 높은 공무원들은 그렇지 않은 공무원들에 비하여 자신들이 속한 조직에 더 큰 일체감을 느낀다고 볼 수 있다

(Bright, 2008). 공공봉사동기 수준이 높은 공무원들이 자신들의 가치와 조직이 추구하는 가치가 동일하다고 믿는 경우 이들의 조직에 대한 소속감은 더 증대되고 조직의 발전에 기여하고자 더 많은 노력을 할 것이라고 생각할 수 있다. 조직과 자신이 부합하는 정도가 높다고 생각하는 사람들은 자신들을 조직의 일부로 간주하는 경향이 있으며(Saks & Ashforth, 1997), 건설적인 방법으로 조직에 기여하고자 노력할 것이다(Chatman, 1989). 미국에서는 공공봉사동기가 조직의 사명이 중요하다고 생각하는 공무원들의 인식에 영향을 미치고 이를 통해 간접적으로 조직몰입을 증진시킨다는 것을 발견하였다(Pandey, Wright, & Moynihan, 2008). 호주에서는 공무원이 수행하는 업무가 자신의 공공봉사동기를 충족할 수 있는 기회를 제공한다고 느끼지 못하는 경우에는 공공봉사동기가 조직몰입이나 직무만족에 영향을 미치지 못한다는 사실을 발견하였다(Taylor, 2008). 개인-조직 적합성에 대한 긍정적 인식이 조직에 대한 감정적 애착과 동일시 및 관여를 증가시키는 것이다(Cable & DeRue, 2002). 따라서 개인-조직 적합성은 공공봉사동기가 조직몰입에 미치는 영향을 전달하는 매개변수 역할을 수행할 것으로 예상할 수 있다.

가설 5: 공공봉사동기는 개인-조직 적합성에 대한 영향을 통하여 조직몰입에 간접적이고 긍정적인 영향을 미칠 것이다.

(4) 공공봉사동기와 조직시민행동

조직시민행동(organizational citizenship behavior)이란 공식적으로 보상이 되지 않는 자유재량적인 행동으로, 집합적으로 조직이 효과적으로 기능하는 데 도움을 주는 행동을 의미한다(Organ, 1988). 조직시민행동에는 담당 업무 이상의 일을 수행하고, 긍정적인 근무환경을 조성하며, 불필요한 갈등을 줄이고, 조직의 활동에 적극적으로 참여하며, 규정된 업무 역할 이상의 근무성과를 달성하는 것 등이 포함된다. 조직이 한 부서에 속한 직원 간의 상호의존성을 관리하는 수단이 되며, 부서의 업무성과 증진에 기여한다. 또한 조직이 단순히 유지기능 수행에 희소자원을 투여하지 않아도 되도록 만들며, 동료들이 더욱 효율적인 업무수행을 위하여 시간을 쓸 수 있도록 만들어 동료들의 업무수행능력을 증진시키는 데 기여한다(Organ, 1988; Organ & Konovsky, 1989; Podsakoff, MacKenzie, Paine, & Bachrach, 2000). 조직시민행동이 중요한 이유는 이러한 행동이 공사 조직 모두의 효과성과 능률성을 증진하기 때문이다.

조직시민행동은 직무만족(Bateman & Organ, 1983; Moorman, 1993; Organ & Lingl, 1995; Puffer, 1987)이나 조직몰입(Schappe, 1998; Williams & Anderson, 1991)과 상관관계가 있으며, 개인 간 신뢰(Podsakoff, MacKenzie, Moorman, & Fetter, 1990), 조직의 공정성(Moorman, 1991), 심리적 계약(Hui, Lee, & Rousseau, 2004), 직장분위기(Williams & Shiaw, 1999) 등이 조직시민행동에 영향을 미친다고 한다. 또한 조직시민행동은 조직의 사회적 관계를 원활하게 만들어 조직성과를 촉진한다고 한다(Smith et al., 1983). Organ(1983)은 업무성과는 담당 업무의 수행 정도뿐만 아니라 자발적이고 혁신적인 활동도 측정해야 한다고 하면서 조직시민행동을 업무성과의 지표로 제시하고 있다.

조직시민행동을 측정하기 위한 16개 항목의 척도를 제시하면서, Smith, Organ, & Near(1983)은 조직시민행동이 분명히 구분되는 두 가지 요인, 이타주의(altruism)와 일반화된 순응(generalized compliance)

으로 구성된다고 한다. 이타주의는 무거운 물건을 들고 가는 동료를 도와주는 것처럼 동료에게 개인적으로 도움을 주는 것을 의미하며, 일반화된 순응은 정시에 출근하거나 업무시간을 낭비하지 않는 등의 일반적인 지원행동을 말한다. Organ(1988)은 조직시민행동의 5가지 범주를 제시하였는데, 이는 (1) 조직구성원이 최소 수준 이상으로 담당업무를 잘 수행하는 것을 의미하는 성실성(conscientiousness), (2) 타인을 도와주는 이타성, (3) 조직의 정치적 활동에 책임적으로 참여하는 것을 말하는 시민적 덕성(civic virtue), (4) 불평하지 않고 긍정적인 태도를 갖는 스포츠맨십, (5) 타인을 존중하는 예의(courtesy)이다. 조직시민행동에 대한 관심이 증가함에 따라, 개념 구성도 보다 다양해지고 확대되었다. Podsakoff, MacKenzie, Paine, & Bachrach(2000)은 조직시민행동에 대한 다양한 개념들을 묶어서 7가지의 공통적인 구성요소로 제시하였는데, 이는 도움행동, 스포츠맨십, 조직에 대한 충성, 조직에 대한 순응, 개인적 진취성, 시민적 덕성과 자기개발이다.

우리나라의 경우 공공봉사동기 수준이 높은 공무원들은 그렇지 않은 공무원들에 비하여 자발적으로 추가적인 업무 부담을 감내하거나 친사회적 행동을 하는 등 조직시민행동을 하는 경향이 보다 강하다고 한다(Kim, 2006). 미국에서도 공무원들의 공공봉사동기는 동료 간 시민행동에 직접적이고 긍정적인 영향을 미친다고 한다. 공공봉사동기 수준이 높은 공무원들은 공공봉사의 이상(理想)에 호감을 가지며, 공공선을 구현하고자 노력하고 선행을 하려는 윤리의식, 타인을 위해 봉사하는 삶, 지역사회에 기여하려는 열망 등을 가지고 있다고 가정할 수 있다. 따라서 이들은 정책 목표를 달성하고, 공공선을 증진하며, 동료와 시민을 돕고, 자발적으로 부가적인 업무 책임을 감당하며 친사회적 행동에 참여하고자 한다. 그러므로 공공봉사동기는 조직시민행동과 긍정적인 관계가 있다고 가정할 수 있다.

가설 6: 공공봉사동기는 조직시민행동에 영향을 미칠 것이다. 공공봉사동기 수준이 높을수록 조직시민행동도 증가할 것이다.

(5) 공공봉사동기와 공직윤리

공직윤리란 업무수행과 관련하여 공무원이 무엇을 지켜야 하는지를 규정한 옳고 그름에 대한 정립된 기준을 의미한다(Svara, 2007). 공공봉사동기는 공익 증진에 기여할 것으로 여겨지는데 공익을 증진하기 위해서는 합법성과 윤리성이 전제되어야 하므로, 공공봉사동기 수준이 높으면 윤리적 행위가 더욱 준수될 것이다. 아울러 공공봉사동기와 공무원의 직업윤리는 사적인 이익보다 공익을 우선시하는 것과 같은 중첩적인 부분이 많기 때문에 공공봉사동기와 윤리적 행동 간에는 동반상승 효과가 있을 것이다. 미국에서 공공봉사동기 수준이 높은 사람들이 더욱 윤리적인 행동을 하는지 여부를 조사한 결과 공공봉사동기의 자기희생 측면은 공무원의 윤리적 판단 수준에 영향을 미치는 것으로 나타났다(Choi, 2004).

심층인터뷰에서도 모든 응답자들은 공공봉사동기와 공직윤리 간의 긍정적인 관계를 지적하고 있다. 남사씨와 남팔씨는 공익을 우선시한다는 점에서 상호 상승작용을 한다는 점을, 그리고 남구씨는 타인과 사회를 위해 일한다는 점에서 공통적인 성격을 가지기 때문이라고 설명하고 있다.

남사씨: 그렇다. 공익을 행하기 위해서는 준법정신이나 윤리성이 반

드시 선행되어야 함으로 공익을 위한 공공봉사동기 수준이 높아지면 직업윤리 수준도 높아질 것이라고 생각한다.

남오씨: 공공봉사동기는 공직윤리를 높이는 데 긍정적으로 작용한다.

여사씨: 공공봉사동기가 높은 만큼 윤리의식도 같이 높아질 것이다.

여오씨: 높아질 수 있는 여지는 많다고 본다. 그러나 절대적이지는 않다.

남팔씨: 공공봉사동기와 직업윤리는 사익보다는 공익을 우선하는 점에서 공통점이 있으므로 상호 상승작용을 한다.

여육씨: 그렇다고 본다. 공공봉사동기 수준이 공직윤리에 많은 영향을 미친다고 본다.

남구씨: 그렇다. 내가 아닌 타인과 사회를 위해 일한다는 것이 공무원의 공직윤리와도 맞아 떨어지기 때문이다.

남열씨: 함께 높아진다고 생각한다.

일반적으로 공공봉사동기는 윤리적으로 바람직한 행동을 유도할 것으로 예상할 수 있다. 하지만 공공봉사동기가 비윤리적이거나 불법적인 행동을 이끌 수도 있다. 예를 들면, 공공봉사동기의 동일시 동기를 대변하는 동정심이 강할수록 중립성을 훼손하거나, 특정 계층에 대해서는 더 호의적으로 업무처리를 하거나, 합법성 또는 정치에 대한 대응성과 같은 공공가치를 무시할 수도 있다고 한다(Maesschalck, Van der Wal, & Huberts, 2008). 그럼에도 공공봉사동기는 업무환경의 사익추구적인 성향을 억제하고 공익을 우선시하여 업무환경이 오염되지 않도록 하는 데 기여할 수 있다고 본다.

가설 7: 공공봉사동기는 공무원의 윤리적 행동과 관련이 있을 것이다. 공무원의 공공봉사동기 수준이 증가할수록 윤리적

행동도 따라서 증가할 것이다.

(6) 공공봉사동기와 업무성과

정부조직의 경우 공공봉사동기는 성과와 긍정적인 관계가 있을 것으로 가정되고 있다(Perry & Wise, 1990). 그러나 공공봉사동기와 성과 간의 관계에 대한 연구성과를 종합해 보면, 이 관계를 직접적으로 다룬 연구는 얼마 되지도 않으며(Naff & Crum, 1999; Brewer & Selden, 2000; Alonso & Lewis, 2001; Lewis & Frank, 2002; Kim, 2005), 공공봉사동기와 성과의 관계에 대한 확실한 경험적 근거도 없다(Brewer, 2008). 더욱이 Bright(2007)에 따르면, 미국의 경우 공공봉사동기와 성과 간의 관계는 전적으로 개인-조직 적합성에 의하여 매개된다고 한다. 이는 공공봉사동기는 성과에 직접적인 영향을 미치지 못한다는 것을 의미한다. 벨기에에서는 공공봉사동기와 성과간의 긍정적인 유의미한 관계를 발견하였는데, 이 연구에서는 성과를 공무원들의 자기보고를 통해 측정하였다(Vandenabeele, 2009).

일반적으로 공공봉사동기와 성과 간의 관계는 순환적(양방향적)이라고 예상할 수 있다. 공공봉사동기가 높은 경우 개인은 공공정책을 동일시할 가능성이 크고 정책과정에 더 적극적으로 참여하여 몰입할 가능성이 더 커진다(이근주 · 이혜윤, 2007). 그러므로 공무원의 공공봉사동기 수준이 높으면 열심히 일하게 되고, 이는 높은 성과를 달성하게 만든다. 높은 성과를 달성한 공무원은 성취감을 더 많이 느끼게 되고, 이는 공공봉사동기를 더욱 고양하게 될 것이다. 심층인터뷰에서도 응답자들은 대체로 공공봉사동기와 성과는 긍정적인 관계가 있다고 설명하고 있다.

여일씨: 공공봉사동기는 업무 성과를 높이고, 이로 인한 좋은 기억이 공공봉사동기에 긍정적인 작용을 한다.

남이씨: 업무 내용에 따라 다르다. 일률적으로 보기 어렵다.

남사씨: 공공봉사동기는 자발성을 전제하므로 업무성과에도 긍정적인 요소로 작용한다.

남오씨: 공공봉사동기는 시민을 위해 보다 많은 일을 하도록 만들기에 개인의 업무성과를 높이는 역할을 한다.

남칠씨: 공무원이 업무에 대한 성취감 또는 보람을 느낄 때 공공봉사동기가 높아질 수 있고, 공공봉사동기가 강할수록 열정을 갖고 업무를 추진하므로 업무성과가 높아질 것이다.

여육씨: 공공봉사동기가 높다고 개인의 업무성과를 반드시 올릴 수 있는 것은 아니라고 본다. 업무성과는 봉사동기만으로는 달성할 수 없다. 그러나 업무성과가 달성되면 그로 인한 조직 내의 만족감, 개인적 성취감 등은 공공봉사동기를 더 끌어올리는 효과가 있다.

우리나라에서의 경험적 연구들은 공공봉사동기와 성과의 관계를 지지하고 있다. 이근주(2005a)는 공무원의 공공봉사동기 수준이 높을수록 성과수준도 높아진다고 한다. 이근주・이혜윤(2007)은 중앙행정기관의 공무원을 대상으로 동기유형과 성과 간의 관계를 분석한 결과 공공봉사동기 수준이 높을수록, 그리고 직무 수행을 통하여 주어지는 내재적 보상에 대한 기대가 높을수록 성과에 더 긍정적인 영향을 미치는 것으로 나타났다. 조태준・윤수재(2009)도 서울시 공무원을 대상으로 하여 공공봉사동기가 개인의 인식을 바탕으로 측정한 조직성과에 긍정적인 영향력을 행사하고 있음을 발견하였다. 이는 공공조직에서 공무원들의 공공봉사동기가 조직성과 향상에 긍정적인 기여를 할 수 있으므로 적절한 조직관리방식을 통하여 공무원들에게 업무수행상의 자율성과 책임성을 제고할 필요가 있음을 시사한다. 하지만 공공봉사동기와 성과에 모두 독립적으로 영향을 미치는 다른 변수가 있는지, 그리고 공공봉사동기와 성과 간의 관계를 매개해 주는 변수가 있는지에 대해서도 주의를 기울여야 할 것이다.

가설 8: 공공봉사동기와 업무성과 간에는 긍정적인 관계가 있을 것이다.

제2절 경험적 연구

1. 공공봉사동기와 공무원의 행태

(1) 조사설계

기존의 데이터(박천오·강제상·권경득·김상묵, 2001)를 활용하여 공무원의 공공봉사동기와 행태 등 다양한 분석을 실시하고자 한다. 이 설문조사는 2001년 2월부터 3월까지 실시되었으며, 중앙부처, 광역자치단체, 기초자치단체를 대상으로 하였고, 지역적 안배도 하였다. 또한 각 조직별로 직급별·성별 표본수를 배분하는 할당표본추출방법(quota sampling)을 사용하여 표본을 추출하였으며, 약 2,000여 부를 배부하여 1,739부를 회수·분석하였다. 중앙부처로는 보건복지부, 건설교통부, 교육인적자원부, 행정자치부, 여성부, 해양수산부, 문화관광부, 노동부를 대상으로 하여 503부를, 광역자치단체로는 서울특별시, 경기도, 광주광역시, 전라남도, 대구광역시를 대상으로 하여 709부를, 기초자치단체는 서초구 등 서울시 자치구 공무원, 경주시 및 충청남도의 12개 시·군을 대상으로 하여 517부를 각각 회수하였다.

설문의 구성을 보면, 먼저 공무원의 직업 선택 동기에 대한 답항은 ① 직업 안정성, ② 채용 공정성, ③ 공직의 보람, ④ 사회적 평가로 범주화하였다. 분석에서는 직업 안정성이나 채용의 공정성 등과 같은 공무원의 업무수행 그 자체와는 직접적 관련성이 적은 이유 때문에 공직을 선택한 공무원 집단과 공직의 보람과 성취감, 공직 자체의 매력 때문에 공직을 택한 공무원 집단을 비교하고자 한다. 직무만족에 대한 설문문항은 Mason(1995)이 사용한 15개 문항으로, 직무기술의 다양성, 업무에 대한 흥미, 직무 자체에 대한 만족, 직장에 대한 만족, 업무의 질에 대한 강조, 조직의 환류, 동료, 감독, 자율성, 승진기회, 교육훈련, 성과평가, 공정한 대우, 보수의 조직 내 공정성, 보수의 대외적 공정성 등이다. 조직몰입에 대한 설문은 Meyer, Allen & Smith(1993)의 조직몰입 설문지(OCQ)를 토대로, 조직몰입의 3가지 차원 중 정서적 몰입(affective commitment)과 근속몰입(continuance commitment)에 대하여 각 3개 문항씩을 사용하였다. 정서적 몰입에 대한 설문문항은, 강한 소속감, 직장에 대한 특별한 의미 부여, 일체감이며, 근속몰입에 대해서는 이직 가능성, 이직 용이성, 이직 시 개선 기대 등을 측정한다. 조직시민행동에 대한 설문은, Smith, Organ, & Near(1983)가 사용한 16개 문항에 대한 Organ & Konovsky(1989)의 요인분석 결과를 바탕으로 이타주의(상급자 업무 지원, 혁신적 제안, 자발적 업무 지원, 신규직원 지도, 결근동료 지원, 조직이미지 개선 동참, 과다업무 동료 지원)와 일반적 순응(시간낭비 절제, 불필요한 휴식 절제)의 2개 요인,

9개 문항으로 구성하였다. 공공봉사동기에 대한 조사는 Brewer & Selden(2000)이 사용한 측정항목을 수정・이용하였다. 설문문항은 업무의 중요성 인식, 타인 권리옹호 의향, 바람직한 사회변화에 대한 의미 부여, 사회의 선(善)을 위한 희생감수 의향, 상호의존성에 대한 인식 등 5개 문항이다. 그리고 조직성과에 대한 측정을 위하여 조직의 초점을 내부 및 외부로 구분하고 조직이 추구하는 행정가치를 능률성, 효과성, 공정성으로 구분한 후 이들 6개 요소별로 두 개 문항씩 전체 12개 문항으로 설문문항을 사용하였다. 설문문항은 모두 Likert식 5점 척도(1=강한 부정, 3=보통, 5=강한 긍정)로 구성되었다.

데이터베이스에 입력된 1,739명의 설문응답자의 인구통계학적 분포를 보면, 남성이 69.9%, 여성이 30.1%이다. 학력을 보면, 대학 졸업 이상의 학력자가 전체의 66.7%이며, 15.8%가 전문대 졸업자이다. 연령 분포를 보면, 30대가 44.0%이고 40대가 43.3%이다. 공직 근무경력을 보면, 10년 이하가 35.2%이고 20년 이상이 22.8%이다. 직급별로 보면, 5급 이상 관리직이 18.9%, 6급이 27.1%, 7급이 28.4%이며, 8급 이하는 25.5%이다.

(2) 직업 선택 동기와 공무원의 행태

먼저 공무원의 직업 선택 동기가 공무원의 태도와 행동에 어떤 영향을 미치는지를 분석함으로써, 어떤 지원동기를 가진 공무원들이 정부성과에 더 기여할 수 있는지를 예측하고자 한다.[2] 공직을 선택하게 된 동기는 공무원이 공직생활을 통해 추구하려는 직무가치(job value)

---

2) 이 경험적 연구 결과에 대한 설명은 아래 학술논문을 토대로 작성된 것이다.
김상묵. 2005. 공직 선택동기와 공무원의 행태. 『한국행정연구』, 14(2): 297-325.

를 규정하게 되고, 공무원의 직무에 대한 태도, 직장에서의 행동, 조직목표와 조직발전에 대한 인식 등 전체 공직생활에 영향을 미치게 된다. 따라서 어떤 지원동기를 갖고 공무원이 되었는가에 따라 공무원의 태도와 행동은 차이가 있을 것이다. 조직성과에 긍정적인 영향을 미치는 것으로 검증되고 있는 직무만족, 조직몰입, 공공봉사동기, 조직시민행동을 중심으로 공직 지원동기에 따라 공무원의 조직생활은 어떤 차이가 있는지를 분석하고자 한다.

직업 선택 동기는 직무에 대한 태도 등 공무원의 조직생활 전반에 걸쳐서 영향을 미친다고 볼 수 있다. 우리는 자신이 추구하는 가치를 달성하기 위하여 직업을 갖게 되며, 직장생활을 통해 지속적으로 동일한 가치를 추구하는 것이 더 일관성 있는 행동양식이다. 직업 안정성을 주된 이유로 공직을 선택한 공무원들은 공직생활에서도 조직과 정부를 위해 적극적·자발적으로 노력하려고 하기보다는 가급적 문제를 일으키지 않고 조용히 주어진 업무만 비난받지 않을 만큼 수행하면서 안정적인 직장생활을 하고자 할 것이다. 부여된 일만 해도 '잘릴' 위험이 없는데 굳이 적극적인 태도와 행동을 보이지는 않을 것으로 예상할 수 있다. 반면에 공직이 보람 있는 직업이며 공무수행의 역할과 사명이 매력적이어서 공무원이 된 경우에는 업무수행을 통한 보람과 성취감을 보다 중요시할 것이며 조직의 목표달성을 위해 보다 적극적인 태도와 행동을 보일 것으로 예상할 수 있다. 따라서 공직 선택 동기에 따라 공무원의 태도와 행동은 차이가 있을 것이라고 가정할 수 있다.

공직 지원동기에 대한 조사 결과, 무응답을 제외한 유효 응답자 1,632명 가운데 직업 안정성을 선택한 응답자는 936명으로 전체의 57.4%로 가장 많으며, 그 다음으로 채용의 공정성을 지적한 응답자가 318명이며(19.5%), 공직의 보람을 지적한 응답자는 257명으로 전체의 15.7%, 그리고 사회적 평가를 선택한 응답자는 121명으로 전체의 7.4%이다.

응답자를 공직 지원동기를 기준으로 '직업 안정성', '채용 공정성', '공직의 보람', '사회적 평가'의 4개 응답집단으로 구분하고, 공직 지원동기에 따른 공무원의 태도와 행동을 비교·분석하기 위하여 F값을 이용한 일원배치분산분석(One-Way ANOVA)을 실시하였다($p<.05$). 이들 응답집단 간에 측정변수에 대한 응답평균의 차이 유무를 분산분석을 통해 파악하고, 어느 집단 간에 평균차이가 존재하는가를 확인하기 위하여 먼저 집단 간 분산의 동질성에 대한 검증을 Levene 통계치를 이용하여 검증한 후, 각 집단의 분산 정도가 같다는 등분산을 가정하는 경우에는 Scheffe 방식을, 등분산을 가정하지 않는 경우에는 Dunnett의 T3 방식을 적용하여 사후분석을 실시하였다. 이를 통해 공직의 보람 응답집단과 다른 응답집단 간에 통계적으로 유의미한 평균 차이가 존재하는지를 파악하고자 한다.

먼저 직무만족에 대한 응답평균값을 활용한 집단 간 비교에서, F-검증 결과 응답집단 간에 통계적으로 유의미한 차이가 있는 것으로 나타나고 있다. 공직의 보람 응답집단의 평균치는 3.26으로 직업 안정성(3.06)이나 채용 공정성(3.03) 등 다른 응답집단에 비하여 높게 나

〈표 4-1〉 직무만족에 대한 일원분산분석표

집단	평균	표준편차	F	유의확률	집단(I)	집단(J)	평균차(I-J)
직업 안정성	3.0553	.53038	11.831	.000	공직의 보람	직업 안정성	.2044***
채용 공정성	3.0293	.55829			공직의 보람	채용 공정성	.2304***
공직의 보람	3.2597	.46994			공직의 보람	사회적 평가	.0924
사회적 평가	3.1672	.54050					

비고) ***: $p<.001$.

타나고 있다. 공직의 보람 응답집단은 공직생활 전반에 대한 만족도가 다른 응답집단에 비하여 높은 편이라고 할 수 있다. 사후검증 결과, 공직의 보람 응답집단과 직업 안정성, 채용 공정성 응답집단 간에는 통계적으로 분명히 유의미한 차이가 있는 것으로 나타나고 있다. 따라서 직업을 선택할 때 공직에 대한 분명한 인식과 사명감을 갖고 공무원이 된 집단은 공직생활에 대하여 보다 만족하며 긍정적인 태도를 보인다고 볼 수 있다.

정서적 몰입은 조직몰입의 차원 가운데 가장 중요한 차원이며, 조직구성원의 조직에 대한 감정적 애착, 일체감 및 연관성을 의미한다(Meyer & Allen, 1991). 〈표 4-2〉를 보면, 공직 선택 동기에 따라 공무원의 정서적 몰입은 상당한 차이가 있음을 알 수 있다. 집단별 응답 평균을 보면, 공직의 보람 응답집단의 경우는 3.54 정도인데 비하여 직업 안정성 응답집단은 3.16, 채용 공정성 응답집단은 3.13에 불과하다. 공직의 보람을 추구하고자 공직사회에 들어온 공무원들은 다른 동기로 공직을 선택한 공무원들보다 정부조직에 대한 애착심과 일체감이 더욱 강하다고 볼 수 있다. 사후검증 결과, 다른 3개 응답집단은 하나의 조합으로 묶이지만, 공직의 보람 응답집단은 독자적으로 하나의 조합을 형성하고 있다.

〈표 4-2〉 정서적 몰입에 대한 일원분산분석표

집단	평균	표준편차	F	유의확률	집단(I)	집단(J)	평균차(I-J)
직업 안정성	3.1576	.75272	19.430	.000	공직의 보람	직업 안정성	.3807***
채용 공정성	3.1319	.77199			공직의 보람	채용 공정성	.4064***
공직의 보람	3.5383	.69624			공직의 보람	사회적 평가	.2407**
사회적 평가	3.2975	.76321					

비고) **: $p<.01$, ***: $p<.001$.

공공봉사동기는 목표달성, 개인적 성과뿐만 아니라 조직몰입, 직무만족과 같은 중요한 직무관련 태도와도 관련이 있으며 정부조직의 생산성에 긍정적인 기여를 한다고 볼 수 있다(Brewer & Selden, 1998, 2000; Crewson, 1997). 예상할 수 있는 것처럼, 공직 선택 동기에 따른 응답집단 간에는 통계적으로 유의미한 차이가 존재하는 것으로 나타나고 있다. 공직의 보람 집단의 응답평균은 3.71 수준인 반면, 직업 안정성 집단의 응답평균은 3.36, 채용 공정성 집단의 응답평균은 3.37, 사회적 평가 응답집단의 경우에도 3.47 수준이다. 공직의 보람 때문에 공직을 선택한 공무원 집단은 공직생활을 통하여 지역사회와 주민, 국민과 국가를 위하여 봉사하려는 자세와 의지가 다른 응답집단에 비하여 상대적으로 높은 것으로 볼 수 있다. 이들은 사회에 기여할 수 있는 업무의 수행, 사회와 공익을 위한 봉사, 그리고 다른 사람들을 돕는 일에 더 큰 가치를 부여한다고 말할 수 있다. 사후검증 결과, 직업 안정성, 채용 공정성 및 사회적 평가 응답집단이 하나의 조합으로 묶이는 데 비하여 공직의 보람 응답집단은 독자적으로 하나의 조합을 형성하고 있다.

〈표 4-3〉 공공봉사동기에 대한 일원분산분석표

집단	평균	표준편차	F	유의확률	집단(I)	집단(J)	평균차(I-J)
직업 안정성	3.3848	.57211	22.998	.000	공직의 보람	직업 안정성	.3266***
채용 공정성	3.3720	.60391			공직의 보람	채용 공정성	.3395***
공직의 보람	3.7115	.49576			공직의 보람	사회적 평가	.2437**
사회적 평가	3.4678	.69686					

비고) **: $p<.01$, ***: $p<.001$.

조직시민행동은 직무분장을 통해 부여된 역할 이외에 조직목표 달성과 조직발전을 위하여 보상이 없더라도 스스로 찾아서 기여하려는 공무원의 자발적이고 적극적인 행동을 의미한다(이규만·정윤길, 2001). 공직 선택동기에 따른 응답집단 간에는 조직시민행동에서도 통계적으로 유의미한 차이가 존재함을 알 수 있다. 공직이 보람 있는 직업이기 때문에 공무원이 된 집단의 응답평균은 3.63 수준인 반면, 나머지 다른 응답집단의 경우에는 응답평균이 3.45~3.50 수준이다. 따라서 다른 집단들에 비하여 공직의 보람을 추구하는 공무원들이 공직생활에서 보다 조직시민행동을 보인다고 해석할 수 있다. 사후검증 결과, 직업 안정성, 채용 공정성 및 사회적 평가 응답집단이 하나의 조합으로 묶이는 데 비하여 공직의 보람 응답집단은 독자적으로 하나의 조합을 형성하고 있다.

〈표 4-4〉 조직시민행동에 대한 일원분산분석표

집단	평균	표준편차	F	유의확률	집단(I)	집단(J)	평균차(I-J)
직업 안정성	3.4541	.45765	9.632	.000	공직의 보람	직업 안정성	.1721***
채용 공정성	3.4624	.46730			공직의 보람	채용 공정성	.1638**
공직의 보람	3.6262	.41621			공직의 보람	사회적 평가	.1281
사회적 평가	3.4981	.50234					

비고) **: $p<.01$, ***: $p<.001$.

공무원이 공직을 선택한 동기가 무엇인가에 따라 공무원이 공직생활에서 보이는 태도와 행동은 차이가 있을 것이라는 가정하에 구체적으로 직무만족, 정서적 몰입, 공공봉사동기, 조직시민행동에서 어떤 차이가 있는지를 설문조사 결과를 토대로 분석하였다. 그 결과, 공직 선택 동기에 따라 응답집단 간에는 통계적으로 유의미한 차이가 나타나고 있다. 공직의 보람 응답집단의 경우 다른 응답집단에 비하여 상대적으로 높은 수준의 직무만족, 정서적 몰입, 공공봉사동기, 조직시민행동을 보이고 있으며, 특히 직업 안정성 응답집단과 채용 공정성 응답집단과는 뚜렷한 차이가 있는 것으로 나타난다. 이에 근거하여, 공직선택 동기에 따라서 공무원이 되고 난 후 조직생활 및 업무수행 과정에서의 태도와 행동은 차이가 날 것으로 예상할 수 있다.

직업을 선택하게 된 동기가 무엇인가에 따라서 직장생활이 달라질 것이라는 시각에서 공무원을 직업으로 선택하게 된 이유와 공무원의 행동과 태도 간에는 어떤 관련성이 있는지를 규명하고자 하였다. 분석 결과, 공무원의 직업 선택 동기에 따라 공무원의 태도와 행동은 다르다는 점을 발견하였다. 분석 결과는 다음과 같이 해석할 수 있다. 신분이 보장되고 안정성이 있다는 이유로 공직을 선택한 공무원의 경우에는 공직생활을 통해 가장 중요하게 추구하는 가치는 정년까지의 안정적인 직장생활일 것이다. 안정적인 직장생활을 영위하기 위해서는 굳이 조직의 발전이나 조직목표 달성을 위해 궂은일이나 어려운 일을 자청해서 담당하거나 더 많은 일을 수행하고자 힘쓸 필요는 없다. 동료나 상사의 과중한 업무를 스스로 분담하여 수행할 필요도 느끼지 않으며, 솔선수범하여 새로운 업무를 발굴하거나 업무수행방식의 개선을 도모할 필요도 없다. 오히려 위에서 시키는 일이나 사무분장을 통해 주어진 일만 수행하는 것이 보다 적절하다고 판단할 것이다. 그러니 조직에 대한 애착과 직무에 대한 관심이나 만족 수준이 낮을 수밖에 없다고 볼 수 있다.

채용기회가 공평하다는 이유로 공직을 선택한 공무원의 경우에도 직업 안정성 때문에 공무원이 된 경우와 유사한 행태를 보이고 있다. 비록 통계적으로 유의미하지는 않지만, 오히려 직업 안정성 때문에 공직을 택한 공무원 집단보다 여러 변수에 대한 응답수준이 더 낮게 나타나고 있다. 채용 공정성이란 공직 선택 동기를 가진 집단은 공무원으로 임용된 순간에 이미 목표가 달성된 것이다. 그러니 굳이 열심히 일하려는 의지나 의욕도 없다고 할 수 있다. 단지 별 탈 없이 직장생활하면서 안정적인 생활을 영위하는 것이 가장 바람직한 가치라고 여길 것이다. 그러니 이들도 조직에 대한 애착이나 직무와 행정서비스에 대한 관심이나 만족 수준이 낮다고 하겠다.

공직에 대한 높은 사회적 평가와 명예 때문에 공직을 선택한 공무원의 경우에는 앞의 두 집단과는 약간 차이가 있다. 여러 변수에 대한 측정 결과, 앞의 두 집단보다는 높은 응답평균을 보이고 있다. 이들은 공직에 대한 사회적 평가가 좋기 때문에 공무원이 되었다. 그런데 승진할수록 사회적 평가나 명예가 더욱 높아진다는 점을 인식하게 되어, 앞의 두 집단에 비하여 보다 좋은 자리와 승진에 더 많은 관심과 의미를 부여할 것이다. 따라서 직무 자체에 대한 관심 때문이라기보다는 열심히 일할수록 조직활동에 대하여 더 적극적일수록 조직 내 관계가 더 좋을수록, 승진 가능성이 더 높아질 것이라고 판단하기 때문에, 이들의 조직에 대한 애착과 직무에 대한 관심이나 만족 수준이 직업 안정성 응답집단이나 채용 공정성 응답집단보다는 높게 나타난다고 볼 수 있다.

공직이 보람 있는 직업이기 때문에, 공무수행을 통한 보람과 성취감을 추구하고자 공직을 선택한 공무원은 공직이 주는 내재적 보상(intrinsic rewards)에 대하여 더 관심이 많을 것이다(김상묵, 2003). 담당업무에 대한 관심과 흥미도 많고, 직장생활에 대해서도 더 만족할 뿐만 아니라 조직목표 달성을 위해 더 자발적으로 기여하고자 노력하며 적극적으로 국가발전과 국민생활의 질 향상을 위해 헌신하고자 노력할 것이다. 이런 유형의 공무원들은 정부조직의 성과 향상이나 정책목표 달성에 보다 긍정적인 영향을 미치게 된다. 공무원으로서의 업무수행 자체가 공직 선택 동기를 충족시키기 때문에 공직생활을 통하여 지속적으로 추구하는 직무가치가 된다. 따라서 공직 선택 동기가 공직의 보람 때문이라고 응답한 집단은 다른 응답집단에 비하여 더 높은 수준의 직무만족, 정서적 몰입, 공공봉사동기, 조직시민행동을 보인다고 볼 수 있다.

공직의 보람과 성취감 때문에 공직을 선택한 공무원의 비율이 높을수록 공무원 집단의 직무만족, 정서적 몰입, 공직동기 및 조직시민행동의 수준이 높아지게 되고, 이로 인해 정부의 성과와 경쟁력은 높아진다. 공직생활의 보람과 성취감을 추구하고자 공직을 선택하는 공무원의 비율을 증가시키거나 공무원이 된 후에라도 공직생활의 보람과 성취감을 추구하도록 유도하는 것이 정부의 질과 성과, 경쟁력 강화에 기여하는 방법이 될 것이다.

(3) 공공봉사동기 수준과 공무원의 행태

다음은 공무원의 공공봉사동기 수준과 공무원의 직무만족, 조직몰입 및 조직시민행동과의 관계를 분석하고자 한다.[3] 공공봉사동기에 대한 설문조사 결과, 5개 설문문항에 대한 전체 응답평균이 3.44이고 표준편차가 0.59로 나타났다. 평균값을 중심으로 표준편차의 ±1/2을 경계로 하여, 공공봉사동기가 높은 집단(3.74 이상, 595명), 낮은 집단(3.14 이하, 480명) 및 중간 집단(3.14 < 응답평균 < 3.74, 640명)의 3개 집단으로 구분하였다. 이 집단들 간에 직무만족, 조직몰입(정서적 몰입, 근속몰입), 조직시민행동(이타주의, 일반적 순응)에 차이가 있는가를 ANOVA

---

3) 이 경험적 연구 결과에 대한 설명은 아래 학술논문을 토대로 작성된 것이다.
김상묵. 2003. 공공서비스동기와 내적 보상의 중요성에 대한 탐색적 연구. 『한국행정논집』, 15(4): 771-790.

를 이용하여 분석하였다.

분석 결과, 공공봉사동기의 수준이 다른 집단 간에는 근속몰입을 제외한 모든 변수에서 분명한 차이가 존재하는 것으로 나타났다. 먼저 직무만족을 보면, 공공봉사동기 수준이 높은 집단의 응답평균은 공공봉사동기가 중간 정도인 집단이나 낮은 집단에 비하여 높으며, 이 차이는 통계적으로 유의미하다. 조직몰입의 경우, 정서적 몰입에서 공공봉사동기 수준이 높은 집단이 가장 높고, 또한 이 집단과 그렇지 않은 집단 간의 응답평균의 차이는 통계적으로 유의미하다. 근속몰입의 경우에도 공공봉사동기 수준이 높은 집단의 응답평균이 가장 높으나 집단 간 차이는 통계적으로 유의미하지는 않다. 조직시민행동에서는 이타주의 성향과 일반적 순응 경향 모두 공공봉사동기 수준이 높은 집단의 응답평균이 가장 높을 뿐만 아니라 다른 집단과의

〈표 4-5〉 공공봉사동기의 영향

종속변수		공공봉사동기	평균	표준편차	F	유의확률
직무만족		낮은 집단	2.7447	.5006	139.939	.000
		중간 집단	3.0400	.4589		
		높은 집단	3.2591	.4798		
조직몰입	정서적 몰입	낮은 집단	2.7704	.7227	177.626	.000
		중간 집단	3.2259	.6389		
		높은 집단	3.5701	.7184		
	근속몰입	낮은 집단	3.3896	.7039	1.578	.207
		중간 집단	3.4272	.6742		
		높은 집단	3.4622	.7605		
조직시민행동	이타주의	낮은 집단	3.1504	.5198	227.127	.000
		중간 집단	3.4843	.3840		
		높은 집단	3.7338	.4290		
	일반적 순응	낮은 집단	3.2573	.7632	58.356	.000
		중간 집단	3.4630	.6709		
		높은 집단	3.7137	.6539		

주) 사후검증 결과, 근속몰입을 제외한 모든 변수에서 집단 간(높은 집단 대 중간 집단, 중간 집단 대 낮은 집단, 높은 집단 대 낮은 집단) 차이는 모두 통계적으로 유의미하다(p<.05).

응답평균의 차이도 유의미하다. 즉, 공공봉사동기 수준이 높을수록 직무만족도가 높고, 정서적 몰입 수준이 높고, 이타적 성향과 일반화된 순응 성향이 높은 것으로 볼 수 있다. 즉, 공공봉사동기가 공무원의 직무만족, 조직몰입 및 조직시민행동과 긍정적인 관계가 있음을 알 수 있었다.

이러한 분석 결과를 감안할 때, Perry & Wise(1990)의 주장과 같이 정부조직의 경우 공공봉사동기는 성과에 긍정적인 영향을 미칠 것으로 예상하는 것이 상당한 타당성을 가질 수 있다. 이 분석 결과는 1996년 미국 연방공무원에 대한 조사 결과와 유사하다. Naff & Crum (1999)은 공공봉사동기와 공무원의 직무만족, 성과, 공직에 남으려는 의도, 정부의 개혁노력에 대한 지원 사이에는 긍정적인 관계가 있음을 보인다. 따라서 공공봉사동기는 공무원의 태도와 행동에 상당한 영향을 미치는 중요한 변수로 고려되어야 할 것이다.

(4) 공공봉사동기와 조직시민행동

여기에서는 공공봉사동기가 공무원의 조직시민행동에 미치는 영향을 분석하고자 한다.[4] 분석모형은 공무원의 직무만족, 정서적 몰입, 공공봉사동기를 독립변수로, 그리고 조직시민행동을 종속변수로 구성하였다. 조직몰입은 규범적 몰입이나 근속몰입이 아닌 정서적 몰입(affective commitment)만을 분석대상으로 하였는데, 그 이유는 선행연구에서 정서적 몰입이 조직시민행동과 유의미한 관련성을 보였기 때

4) 이 경험적 연구 결과에 대한 설명은 아래 학술논문을 토대로 작성된 것이다.
Sangmook Kim. 2006. Public Service Motivation and Organizational Citizenship Behavior in Korea. *International Journal of Manpower,* 27(8): 722-740.

문이다(Bolon, 1997; Organ & Ryan, 1995; Schappe, 1998).

조사 결과에 대한 통계분석은 구조방정식모형(structural equation modeling: SEM)을 사용하였다. SEM은 경로분석과 요인분석을 통합한 일련의 통계기법을 의미하며, 측정모형(measurement model)의 타당성과 구조모형(structural model)의 적합성을 검증하는 두 가지 단계에 중점을 둔다. 측정모형 검증은 확인적 요인분석(confirmatory factor analysis)을 통하여, 그리고 구조모형 검증은 잠재변수들에 대한 경로분석을 통하여 수행된다. SEM에서는 연구모형에 포함된 모든 관계를 한꺼번에 검증할 수 있다.

먼저 교차타당성분석(cross-validation)을 실시하였다. 무응답이 포함된 데이터를 제거하고, SPSS의 무작위 표본추출을 통해 전체 표본을 두 개로 나누었다. 첫 번째 하위표본을 사용하여 모형을 평가한 후, 두 번째 하위표본을 사용하여 결과의 교차타당성을 평가한다. 첫 번째 표본을 사용하여 각 변수에 대한 탐색적 요인분석(exploratory factor analysis)을 실시한 후 측정모형(즉, 요인과 척도)을 만들며, 두 번째 하위표본에 대하여 확인적 요인분석을 실시하여 모형의 적합도(goodness of fit)를 평가한다. 적합도가 좋으면, 전체 표본에 대하여 확인적 요인분석을 실시한다.

모형의 적합도 평가를 위하여 추리적 χ^2와 여러 적합도 지수를 함께 사용하였다. χ^2의 통계치는 적고 유의미하지 않아야 좋은 적합도를 의미하지만, 표본의 크기가 클수록 이 통계치는 좋은 적합도를 가진 모형을 오히려 기각하는 경향을 보인다(Epitropaki & Martin, 2004). 이로 인해 모형 적합도 평가를 위한 여러 적합도 지수를 함께 사용하는데, 이 연구에서는 CFI(comparative fit index), GFI(goodness-of-fit index), RMSEA(root mean square error of approximation), TLI(Tucker-Lewis index)

를 사용하였다. CFI, GFI, TLI의 통계치가 0.9 이상이며 RMSEA의 통계치가 0.08 미만이면, 모형은 수용할 만한 적합도를 보인다고 할 수 있다(Byrne, 2001; Vandenberg & Lance, 2000).

먼저 전체 1,584개 표본을 두 개의 무작위 하위표본으로 나눈 후, 첫 번째 표본(n=764)에 대해서는 탐색적 요인분석을 실시하였다. 이를 통하여 각 변수(요인)에 대한 척도가 적절한지를 초기 공통분산(communality)과 요인적재치(factor loading)를 바탕으로 부적절한 척도들을 제거하여 다섯 개 요인으로 된 측정모형을 만든 다음, 두 번째 하위표본(n=820)을 대상으로 확인적 요인분석을 실시하였다. 이 모형에 대한 적합도 평가 결과 수용 가능한 적합도를 보이므로, 이를 다시 전체 표본을 대상으로 한 확인적 요인분석을 실시하여 측정모형의 적합도가 적절함을 재확인하였다($\chi^2(df=179)=1002.7$, $p<.001$; CFI= 0.925; GFI=0.941; TLI=0.913; RMSEA=0.054).

공공봉사동기, 직무만족, 정서적 몰입과 조직시민행동의 두 개 하위요인인 이타주의와 일반적 순응 간의 관계를 검증하기 위하여 전체 구조모형의 경로를 평가하였다. 전체 구조모형도 적절한 모형 적합도를 보이고 있으며, 이 모형에서 공공봉사동기, 직무만족, 정서적 몰입은 이타주의의 분산을 50.6% 설명해 주고 있으며, 일반적 순응에 대해서는 13.1%의 설명력을 보이고 있다. 전체 6개의 경로 가운데 3개의 경로는 통계적으로 유의미하다($p<.001$). 공공봉사동기와 이타주의 및 일반적 순응과의 경로는 통계적으로 유의미하며, 정서적 몰입과 이타주의 간의 관계도 통계적으로 유의미하다. 하지만 직무만족은 조직시민행동의 두 개 요인 모두와 통계적으로 유의미한 관계를 보이지 못하고 있다.

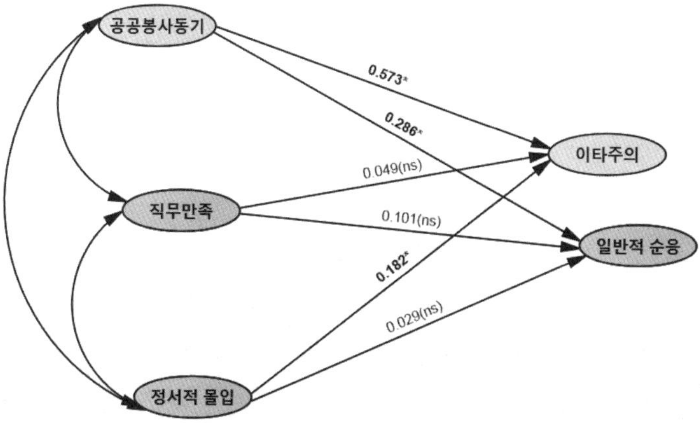

비고) *: p<.001. (ns)는 경로계수가 통계적으로 유의미하지 않음을 의미함.
출처: Kim(2006: 735).

〈그림 4-1〉 공공봉사동기, 직무만족, 정서적 몰입과 조직시민행동 간의 관계

앞에서 설정한 가설에서 공공봉사동기는 조직시민행동과 긍정적인 관계가 있을 것이라고 가정하였다. 분석 결과 공공봉사동기는 조직시민행동의 하위차원인 이타주의(β=0.573) 및 일반적 순응(β=0.286)과 모두 긍정적인 관계가 있음을 보여 주고 있다. 따라서 공무원의 조직시민행동에 영향을 미친다고 여겨지는 직무만족이나 정서적 몰입 변수보다도 공공봉사동기가 더 중요한 변수임을 알 수 있다. 이 연구의 결과는 공공봉사동기 수준이 높은 공무원이 낮은 공무원들에 비하여 조직시민행동을 하는 경향이 높다는 것을 보여 준다. 따라서 이 결과는 앞에서 설정한 가설 6을 지지한다.

(5) 공공봉사동기와 조직성과

이제는 공무원의 공공봉사동기와 조직성과의 관계를 분석하고자 한다.[5] 공공부문에서는 조직성과(organizational performance)를 정확하게 측정하기 어렵다. Brewer & Selden(2000: 689)은 조직구성원의 인식에 기초한 조직성과의 측정방법을 제안하였다. 전통적으로 객관적 자료가 성과를 평가하는 데 주로 사용되었다. 객관적 자료는 보다 공정하다고 여겨지지만, 자료를 수집하는 게 용이하지 않다. 객관적 평가자료를 구하기 어려운 경우에는 주관적 평가방법이 합리적인 대안이 될 수 있다. 성과에 대한 자기보고 및 인식에 기초한 측정의 정확성 여부에 대한 의문은 여전히 존재하지만, 조직 차원의 성과에 대한 인식 데이터와 객관적 측정 사이에는 높은 상관관계가 있다고 한다. 특히 Dess & Robinson(1984)은 재무적 성과측정과 인식데이터 간의 강한 긍정적 상관관계를 발견하였으며, 조직성과에 대한 인식에 기초한 평가방법과 객관적 측정방법 사이에는 긍정적 상관관계가 있다는 점을 여러 연구는 밝히고 있다(Dollinger & Golden, 1992; McCracken, McIlwain, & Fottler, 2001; Powell, 1992; Venkatraman & Ramanujam, 1987).

조직성과 및 조직효과성의 적절한 구성요소가 무엇인지에 대한 합의는 아직 없다(Au, 1996; Forbes, 1998; Ostroff, 1992). 많은 연구자들이 하나의 척도에 의존하여 조직성과를 평가하고 있으나, 조직에 대한 종합적인 평가를 위해서는 다수의 내부적 기준과 외부적 기준이 필요하다는 데에는 일반적인 동의가 이루어지고 있다(Cameron, 1986;

---

5) 이 경험적 연구 결과에 대한 설명은 아래 학술논문을 토대로 작성된 것이다.
Sangmook Kim. 2005. Individual-level Factors and Organizational Performance in Government Organizations. *Journal of Public Administration Research and Theory*, 15(2): 245-261.

Connolly, Conlon, & Deutsch, 1980). 선행연구에서는 성과에 대한 좁은 능률성 중심의 측정에 치중하며, 형평성과 공정성 같은 다른 변수들은 무시하는 경향이 있었다. 이러한 성과에 대한 협소한 평가 경향은 조직효과성에 대한 그릇된 결론을 도출할 수도 있다(Brewer & Selden, 2000: 688).

조직성과의 개념은 조직이 주어진 사명에 부합하는 기능을 얼마나 적절하게 수행하는지 그리고 조직의 사명과 규정에 따른 활동과 산출을 실제 얼마나 제공하는지 여부를 의미한다. 조직의 내부적 운영과 관리는 이러한 목표를 달성하는 데 기여한다. 따라서 공공부문의 조직성과는 내부적 성과와 외부적 성과 측면으로 구분할 수 있으며, 각 측면은 능률성, 효과성, 공정성과 같은 성과 가치들로 구성된다. 이러한 조직성과는 개인적 차원의 변수들에 의해 영향을 받을 것으로 가정할 수 있다. 조직성과는 조직의 내부적 측면과 외부적 측면으로 구분하고, 이들 각 측면의 능률성・효과성・공정성에 대하여 2개 문항씩 모두 12개 설문문항을 사용하여 측정하였으며, 조직시민행동도 하위차원으로 구분하지 않고 모두 9개 문항으로 측정하였다. 분석에서는 해당 설문문항에 모두 응답한 경우만 포함시켰기 때문에 데이터베이스의 1,739개 자료보다 적은 1,392개 자료만 분석대상으로 하였다.

우리나라 정부조직에 대한 조직성과 평가 결과를 보면, 내부적 요인에 대한 응답평균이 외부적 요인에 대한 응답평균보다 낮게 나타나고 있다. 능률성 측면의 경우 내부적 능률성에 대한 평가 결과는 3.20인데 비하여, 외부적 능률성에 대한 평가 결과는 3.48이다. 이와 유사하게 효과성의 경우 내부적 효과성에 대한 평가는 3.45인 반면, 외부적 효과성에 대한 평가는 3.67로 나타났으며, 공정성의 경우에도 내부적 공정성 평가는 3.00인데 외부적 공정성 평가는 3.70이었다.

가장 응답평균이 낮은 요소는 내부적 공정성이며, 이처럼 조직 내부적 문제에 대한 응답 결과가 외부적 문제에 대한 응답 결과보다 낮은 현상은 미국에서도 동일하게 나타났다(Brewer & Selden, 2000).

통계분석은 위계적 회귀분석(hierarchical regression)을 사용하였다. 〈표 4-6〉에서 볼 수 있듯이, 모형 1에서는 5개 통제변수만 투입하였고, 모형 2에서는 독립변수로 4개의 개인적 차원 변수를 추가적으로 투입하였다. 이러한 과정을 통해 그릇된 영향이 제거되기 때문에 두 번째 단계 R^2의 유의미한 변화는 개인적 차원 변수의 조직성과에 대한 진정한 기여도를 보여 준다. 분석결과를 보면, 모형 1에서 5개 통제변수는 조직성과에 대하여 5.2%의 설명력을 가진다. 모형 2에서는 4개 개인적 차원 변수의 투입으로 종속변수에 대한 R^2가 31.8% 증가하였다. 따라서 개인적 차원 변수는 조직성과와 중요한 관계가 있음을 알 수 있다. 조직성과에 영향을 미치는 각 변수들의 상대적 중

〈표 4-6〉 공공봉사동기와 조직성과

	모형 1 (β)	모형 2 (β)
통제변수		
성별 (남=0, 여=1)	−0.098**	−0.080**
연령	0.045	0.013
학력	−0.008	−0.020
재직기간	0.161***	0.073*
직급	0.030	0.100***
개인적 차원 변수		
직무만족		0.360***
정서적 몰입		0.103***
공공봉사동기		0.073**
조직시민행동		0.198***
R^2의 변화	0.052	0.318
F의 변화	15.276***	174.383***
R^2	0.052	0.370
F값	15.276***	90.234***

비고) *: $p<.05$, **: $p<.01$, ***: $p<.001$

자료: Kim(2005: 253), Table 3.

요성을 비교하기 위하여 표준화계수(β)를 살펴보면, 직무만족, 조직시민행동, 정서적 몰입과 공공봉사동기의 4개 변수 모두 조직성과에 대하여 통계적으로 유의미한 영향을 미친다는 점을 알 수 있다. 이 가운데 직무만족의 영향이 가장 크며 그 다음은 조직시민행동이다. 그러므로 다른 개인적 차원의 변수들과 함께 공무원의 공공봉사동기는 정부조직의 성과와 긍정적인 관계가 있다고 할 수 있다. 이 분석결과는 앞에서 설정한 가설 8을 지지한다.

2. 공공봉사동기와 개인-조직 적합성, 직무만족 및 조직몰입

(1) 조사설계

공공봉사동기가 개인의 직무만족과 조직몰입에 직접적으로 영향을 미치는지 아니면 개인-조직 적합성을 매개로 간접적으로 영향을 미치는지를 파악하고자, 2010년 지방공무원을 대상으로 한 설문조사 결과를 분석하고자 한다.[6] 분석한 자료는 서울, 경기도 및 경상북도에서 각각 하나씩 기초자치단체를 선정한 뒤 각 소속 공무원 400명씩을 대상으로 설문조사를 실시하여 얻은 814부의 조사결과이다(회수율 67.8%).[7]

공공봉사동기 측정을 위하여 Kim et al.(2010)이 제시한 20개 설

---

6) 이 경험적 연구 결과에 대한 설명은 아래 학술논문을 토대로 작성된 것이다.
Sangmook Kim. 2012. Does Person-Organization Fit Matter in the Public Sector? Testing the Mediating Effect of Person-Organization Fit in the Relationship between Public Service Motivation and Work Attitudes. *Public Administration Review*, 72(6): 830-840.

7) 제2장 제2절 4. 공무원의 공공봉사동기 영향요인 참조

문문항을 사용하였는데, 이는 공공봉사동기의 수단적 동기 정도를 측정하는 공공봉사 호감도(APS) 차원에 대한 설문문항 5개, 가치기반적 동기 정도를 측정하는 공공가치 몰입(CPV) 차원에 대한 6개 문항, 동일시 동기 정도를 측정하는 동정심(COM) 차원에 대한 5개 문항, 자기희생(SS) 차원에 대한 설문문항 4개 등으로 구성되어 있다. 개인-조직 적합성(P-O fit)은 Cable & DeRue(2002)가 사용한 3개 문항으로 측정하였는데, 이는 개인-조직 적합성을 가치의 일치성(value congruence) 정도로 보고 개인의 가치와 조직의 실제 가치체계 간의 유사성 여부를 측정하는 데 초점을 두고 있다. 실제로 가치의 일치성은 개인-조직 적합성의 조작적 정의로 널리 활용되고 있으며, 상응하는 개인적 특성과 조직 특성 간의 양립가능성에 초점을 두고 있다(Kristof-Brown, Zimmerman, & Johnson, 2005). 조직몰입은 정서적 몰입을 통해 평가하며, Meyer, Allen, & Smith(1993)가 사용한 문항 가운데 요인적재치가 높은 3개 문항으로 측정한다. 직무만족은 전반적인 만족도를 측정하기 위한 5개 문항을 사용하였다(Agho, Mueller, & Price, 1993). 직무만족과 조직몰입에 대한 통제변수로 연령, 성별, 최종학력, 재직기간, 부하직원 유무 등을 포함하였다.

통계분석은 PLS(Partial Least Square) 구조방정식모형(SEM)을 활용하였다. 공공봉사동기는 다수의 반영적 측정지표를 갖는 네 개의 일차요인(first-order factor)으로 구성된 이차요인 형성적 모형(second order formative model)으로 정의된다(제1장 참조). PLS 경로모형은 복잡한 모형의 검증에 편리할 뿐만 아니라 반영적 측정지표(20개 설문문항)에 대한 데이터를 반복해서 사용할 수 있도록 하기 때문에 이차요인 모형에 대한 분석이 용이하다(Fornell & Bookstein, 1982; Wetzels, Odekerken-Schröder, & van Oppen, 2009). 분석을 위한 통계프로그램은 Smart PLS

2.0을 사용하였다.

(2) 분석결과

공공봉사동기의 경우, 응답자들은 공공가치 몰입 차원에 대해서는 높은 응답평균을 보인 반면, 자기희생 차원에 대해서는 낮은 응답평균을 보이고 있다. 또한 조직몰입은 상당히 높은 수준이라고 볼 수 있으나 개인-조직 적합성 정도는 낮은 편이다.

공공봉사동기(이차요인)와 그 하위차원(일차요인) 간의 관계에서, 공공봉사동기 수준에 대한 하위차원들의 상대적 영향력 정도는 상이한 것으로 나타난다. 공공가치 몰입($\beta=0.341$)과 공공봉사 호감도($\beta=0.325$) 차원은 기여도가 큰 데 비하여, 동정심과 자기희생 차원은 이보다 영향력이 적은 것으로 볼 수 있다. 이 표본의 경우 응답자의 공공봉사동기 수준은 다음 함수를 통해 평가할 수 있다: PSM=0.325APS+0.341CPV+0.270COM+0.252SS.

〈표 4-7〉 설문문항과 통계치

개념과 측정문항	평균	표준편차	요인적재치
공공봉사 호감도(APS)			
·공공서비스 개선을 위해 노력하는 데 관심이 있다.	3.99	0.701	0.733
·지역사회에 도움을 주는 활동에 참여하는 사람들을 존경한다.	3.87	0.751	0.710
·사회문제를 해결하려는 활동에 동참하는 것이 중요하다.	3.82	0.746	0.680
·의미 있는 공공봉사는 나에게 매우 중요하다.	3.80	0.732	0.770
·내가 공공선(公共善)을 위해 기여하는 것은 중요하다.	3.80	0.699	0.745
공공가치 몰입(CPV)			
·시민에게 동등한 기회를 제공하는 것이 매우 중요하다.	4.10	0.717	0.733
·시민들이 행정서비스가 지속적으로 제공될 것이라고 믿는 것	3.80	0.724	0.642

이 중요하다.			
·공공정책을 만들 때에는 미래세대의 이익도 고려하는 게 중요하다.	4.17	0.742	0.716
·윤리적으로 행동하는 것은 공무원에게 필수적이다.	4.14	0.770	0.764
·공무원은 항상 자신의 활동이 정당한지 여부를 인식해야 한다.	4.21	0.693	0.711
·나는 개인의 자유와 권리 신장을 지지한다.	4.10	0.747	0.723
동정심(COM)			
·곤궁에 처한 사람을 보면 측은한 마음을 주체하기가 어렵다.	3.47	0.778	0.676
·사회적 약자의 어려운 처지를 보면 동정심을 느낀다.	4.05	0.679	0.742
·어려움에 직면한 사람들을 보면 안타까운 마음이 든다.	3.92	0.621	0.768
·부당하게 대우받는 사람들을 보면 매우 화가 난다.	3.95	0.759	0.691
·다른 사람들의 복지를 고려하는 것이 매우 중요하다.	3.78	0.689	0.694
자기희생(SS)			
·사회를 위해 나 자신의 희생을 감수할 준비가 되어 있다.	3.23	0.761	0.819
·나 자신보다 시민으로서의 의무를 우선시해야 한다.	3.56	0.780	0.724
·나는 사회를 위해 개인적인 손실도 기꺼이 수용할 수 있다.	3.21	0.812	0.792
·비록 내가 비용을 지불하게 되더라도, 가난한 사람들을 돕기 위한 좋은 계획에 찬성한다.	3.72	0.759	0.737
개인-조직 적합성			
·내가 인생에서 추구하는 가치와 내 직장이 추구하는 가치는 매우 유사하다.	3.21	0.828	0.897
·나의 개인적 가치는 내 조직의 가치나 문화와 잘 어울린다.	3.23	0.783	0.914
·내 조직의 가치와 문화는 내가 인생에서 추구하는 가치와 잘 맞는다.	3.18	0.826	0.923
직무만족			
·나는 현재의 직업에 매우 만족하고 있다.	3.47	0.854	0.810
·요즈음 나는 업무에 만족하고 있다.	3.38	0.804	0.813
·대체로 나는 업무에 대하여 열정적이다.	3.65	0.739	0.723
·보통사람들의 경우보다 나는 나의 직업을 더 좋아한다.	3.48	0.814	0.821
·나는 내가 하는 일을 정말로 즐긴다.	3.34	0.806	0.845
조직몰입			
·나는 나의 직장에 대하여 강한 소속감을 느끼고 있다.	3.70	0.784	0.827
·내 조직에 대하여 애정을 가지고 있다.	3.50	0.792	0.854
·나는 직장에서 가족과 같은 분위기를 느끼고 있다.	3.63	0.764	0.892

출처: Kim(2012), Appendix.

PLS 구조모형에 대한 분석 결과, 공공봉사동기는 개인-조직 적합성, 직무만족, 조직몰입에 대하여 모두 긍정적이며 통계적으로 유의미한 직접적 관계가 있는 것으로 나타났다. 또한 개인-조직 적합성은 직무만족과 조직몰입에 대하여 긍정적이며 통계적으로 유의미한 영향을 미치는 것으로 볼 수 있다. 따라서 공무원의 공공봉사동기는 직무만족과 조직몰입에 대하여 긍정적이고 직접적인 영향을 미칠 뿐만 아니라, 개인-조직 적합성을 매개로 하여 간접적인 영향도 미치는 것으로 이해할 수 있다. 공공봉사동기의 직무만족에 대한 전체 효과(직접 효과+간접 효과) 정도는 0.430이며, 조직몰입에 대한 전체 효과는 0.473이라고 할 수 있다. 이 모형에서 공공봉사동기와 개인-조직 적합성은 직무만족의 분산을 38.1% 설명해 주고 있으며, 조직몰입에 대해서는 45.7%의 설명력을 보이고 있다. 또한 공공봉사동기의 개인-조직 적합성에 대한 설명력은 13.9%이다.

공공봉사동기와 개인-조직 적합성을 제외한 5개 통제변수들은 직무만족에 대하여 오직 4.8%의 설명력을 보이고 있으며, 조직몰입의 분산을 단지 4.9%를 설명해 줄 뿐이다. 재직기간 및 부하직원 유무는 직무만족 및 조직몰입과 긍정적인 관계를 보이며(p<.001), 연령과 조직몰입 간의 관계는 부정적인 것으로 나타났다(p<.05). 성별과 교육수준은 이 종속변수들과 통계적으로 유의미한 관계를 보이지 못하고 있다. 따라서 재직기간이 길수록 공직에 대한 만족도가 높으며 조직에 대한 몰입 수준도 높아진다고 볼 수 있으며, 부하직원이 있는 공무원들은 그렇지 않은 공무원들에 비하여 보다 업무에 만족하고 조직에 몰입하는 경향을 보인다고 해석할 수 있다.

이 분석 결과를 통하여 공공봉사동기는 직무만족과 조직몰입에 대하여 직접적인 영향을 미칠 뿐만 아니라, 개인-조직 적합성에 대한

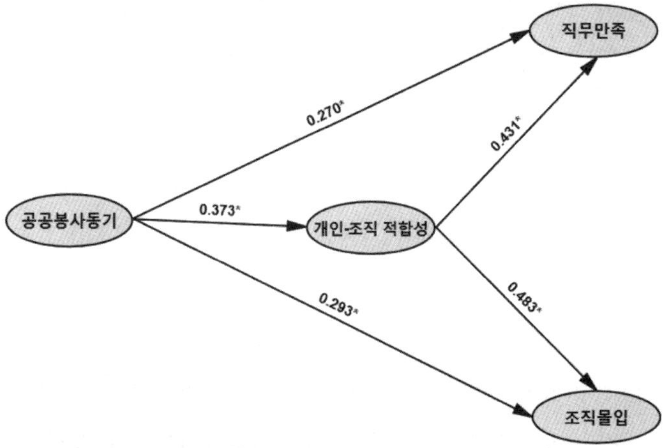

비고) *: $p<.001$.

〈그림 4-2〉 공공봉사동기, 개인-조직 적합성, 직무만족과 조직몰입

영향을 통하여 이들 변수에 대한 간접적인 영향도 함께 미친다는 것을 발견할 수 있다. 따라서 이 결과는 앞에서 설정한 가설 1에서 가설 5까지를 지지한다.

제3절 맺음말

지난 20여 년간 공공봉사동기의 영향에 대한 많은 연구들이 수행되었다. 선행연구 검토 및 심층면접 내용을 토대로, 공공봉사동기는 개인-조직 적합성, 직무만족, 조직몰입, 조직시민행동, 윤리적 행동 및 업무성과와 긍정적인 관계가 있다는 일련의 가설을 설정하였다.

이러한 가설을 검증하기 위하여 다양한 경험적 연구 및 통계분석을 실시하였다. 먼저 공무원의 직업 선택 동기와 공무원의 행태 간의 관계를 분석한 결과, 공직의 보람과 성취감을 이유로 공직을 선택한 공무원 집단은 직업 안정성, 채용 공정성, 사회적 평가 등 다른 직업 선택 이유를 가진 집단에 비하여 상대적으로 높은 수준의 직무만족, 정서적 몰입, 공공봉사동기, 조직시민행동을 보이며, 특히 직업 안정성이나 채용 공정성을 이유로 공직을 선택한 집단과는 뚜렷한 차이가 있다. 이 조사 결과를 통하여 공무원의 직업 선택 동기에 따라서 공직에서의 직무태도와 행동이 상이할 것으로 예상할 수 있다. 그러므로 신분보장이나 높은 보수, 공정한 채용과 같은 외재적 요인보다는 보람과 성취감과 같은 내재적 동기요인을 중요시하는 지원자들이 공직에 보다 많이 진출할 수 있도록 고려해야 한다.

공무원의 공공봉사동기 수준과 직무만족, 조직몰입 및 조직시민행동과의 관계를 분석한 결과, 공공봉사동기 수준이 높은 공무원 집단이 그렇지 않은 공무원 집단에 비하여 직무만족, 정서적 몰입 및 조직시민행동 수준이 보다 높은 것으로 나타난다. 또한 공무원의 직무만족, 정서적 몰입, 공공봉사동기를 독립변수로 하고 조직시민행동에 대한 상대적 영향력을 비교했을 때, 공공봉사동기의 영향력이 가장 큰 것으로 나타났다. 그리고 공무원의 공공봉사동기는 직무만족, 조직시민행동, 정서적 몰입과 함께 조직성과에 긍정적인 기여를 하는 것으로 나타났다.

공공봉사동기와 개인-조직 적합성, 그리고 조직몰입과 직무만족 간의 관계를 분석한 결과, 공공봉사동기는 개인-조직 적합성, 직무만족, 조직몰입에 대하여 모두 긍정적인 직접적 관계가 있을 뿐만 아니라 개인-조직 적합성에 대한 영향을 통하여 직무만족과 조직몰입에 대하여 간접적인 영향도 함께 미치는 것을 발견하였다.

이러한 경험적 연구를 통해 공공봉사동기는 공무원 개인과 정부조직에 긍정적인 기여를 한다는 것을 알 수 있다. 앞으로도 공공봉사동기와 공무원의 윤리적 행동, 딜레마 상황에서의 의사결정, 개인 업무의 성과, 리더십 등 보다 다양한 영역에서 공공봉사동기의 효과와 영향에 대한 논의와 분석이 풍부하게 이루어지기를 기대한다. 또한 이 장에서 주로 사용하고 있는 설문조사를 통한 가설 검증과 같은 양적 분석방법 이외에도 실험이나 관찰, 객관적 자료 분석, 개인이나 조직에 대한 비교 사례연구 등 다양한 질적 분석방법을 활용하여 보다 신뢰성 높은 설득력 있는 연구성과가 많이 제공되기를 희망한다(Wright & Grant, 2010).

제5장 공공봉사동기 수준에 대한 국제 비교

제5장 공공봉사동기 수준에 대한 국제 비교

제1절 조사설계

1. 선행연구 검토

공공봉사동기에 대한 연구는 주로 단일 국가 또는 인접한 소수의 국가들을 대상으로 주로 수행되어 왔으며, 상이한 문화를 가진 여러 나라들을 대상으로 한 국제적 비교연구는 거의 없는 실정이다(Houston, 2011; Vandenabeele & Van de Walle, 2008). 이러한 원인으로는 주로 미국에서 연구가 활발하게 수행되었고, 국가적 특성이 공공봉사동기에 영향을 미치므로 주로 개별 국가 중심의 연구가 이루어져 왔다는 점과, 여러 나라에서 공동으로 활용가능한 척도의 개발·검증이 어려울 뿐만 아니라 공공봉사동기와 연관된 가치(values)가 국가나 지역마다 상이하여 동일한 구조의 공공봉사동기 측정이 곤란하다는 점 등을 들 수 있다. 앞으로 공공봉사동기 연구가 세계적으로 활성화되도록 하기 위해서는 국제적 비교연구가 보다 용이하게 이루어질 수 있도록 이론적·경험적 연구가 왕성하게 이루어져야 할 것이다.

Vandenabeele & Van de Walle(2008)는 2004년 ISSP(International Social Survey Program) 시민의식(citizenship) 조사결과를 활용하여 공공봉사동기에 대한 국제적 유형을 분석하고 있다. ISSP 조사는 1983년부터 실시되고 있으며 세계적으로 40여 개 국가를 대상으로 하고 있다. 2004년 조사는 시민의식에 초점을 두고 국가와 시민과의 관계에 대한 다양한 질문을 포함하고 있다. 이 조사는 공공봉사동기를 측정하기 위하여 설계한 것이 아니기 때문에 그동안 연구·개발된 공공봉사동기의 개념 구성 및 척도를 제대로 반영하지 못하고 있으나(제2장 참고), 그 대신 시민의식에 대한 설문 가운데 공공봉사동기와 관련된 5개 설문문항을 추출하여 공공봉사동기 척도의 대용물(proxy)로 사용하였다. 각 문항은 7점 척도로 측정되었으며, '가장 중요하다'는 응답이 7이다. 사용한 설문문항은 아래와 같다.

공공봉사동기 5개 측정문항에 대한 비교대상 38개 국가, 52,550명의 응답평균은 4.99(표준편차 1.21)이다.[1] 공공봉사동기의 전반적 수

〈표 5-1〉 공공봉사동기 척도(ISSP 2004)

하위차원	신뢰도(Cronbach's α)	문항
정치와 정책	0.60	·정부의 활동에 늘 관심을 가진다. ·시민사회단체에서 활동한다.
동정심	0.76	·나보다 못한 우리나라 사람을 돕는다. ·나보다 못한 다른 나라 사람을 돕는다.
자기희생	NA	·비용을 더 지불하더라도, 윤리적 또는 환경적 고려에 더 적합한 상품을 선택한다.

자료: Vandenabeele & Van de Walle(2008: 229), Table 11.1

1) 분석대상 국가는 호주, 독일, 영국, 미국, 오스트리아, 헝가리, 아일랜드, 네덜란드, 노르웨이, 스웨덴, 체코, 슬로베니아, 폴란드, 불가리아, 러시아, 뉴질랜드, 캐나다, 필리핀, 이스라엘, 일본, 스페인, 라트비아, 슬로바키아, 프랑스, 키프로스, 포르투갈, 칠레, 덴마크, 스위스, 벨기에, 브라질, 베네수엘라, 핀란드, 멕시코, 대만, 남아프리카공화국, 대한민국, 우루과이 등이다.

준이나 각 하위차원별 응답평균을 보면 지역 간 차이가 존재하며, 회귀분석 결과에서도 지역이 설명력 있는 유의미한 독립변수임을 보여주고 있다. 전반적으로 미국과 캐나다가 포함된 북미지역과 우루과이, 베네수엘라, 브라질, 멕시코 등이 포함된 중남미 지역의 공공봉사동기 수준이 다른 지역에 비하여 상대적으로 높게 나타났으며, 헝가리, 체코, 폴란드 등이 포함된 동유럽 지역의 공공봉사동기 수준이 가장 낮은 편이다. 이러한 지역적 차이는 조사된 3가지 하위차원에서도 동일하게 나타났다. 아울러 대부분의 지역에서 공공부문 종사자들의 공공봉사동기가 다른 응답자들에 비하여 높은 경향을 보였다.

공공봉사동기의 지역 간 편차를 유발하는 원인의 하나로 국가 간의 제도적 차이를 지적하면서, Vandenabeele & Van de Walle(2008)는 서유럽에서는 과도한 시장화(marketization)와 같은 신공공관리(new public management) 개혁으로 인해 공공봉사동기와 그 구성 가치의 중요성이 보다 퇴색되었기 때문이라고 해석한다. 또한 남유럽이나 남미에서는 가톨릭교회의 영향 또는 공동체적 성향이 긍정적인 영향을 미쳤고 동유럽의 경우에는 민주화의 경험이 아직 일천하기 때문이라고

〈표 5-2〉 지역별 공공봉사동기 응답평균

지역	공공봉사동기 전체	정치와 정책 차원	동정심 차원	자기희생 차원
동유럽	4.46	4.23	4.96	3.88
북유럽	4.67	4.48	5.01	4.11
서유럽	4.85	4.65	5.09	4.34
호 주	5.00	4.97	5.11	4.50
남유럽	5.04	5.04	5.22	4.79
아시아	5.30	5.10	5.39	4.83
중남미	5.41	5.15	5.85	4.89
북 미	5.44	5.41	6.33	5.21

자료: Vandenabeele & Van de Walle(2008: 239-240).

설명한다. 하지만 이러한 공공봉사동기의 지역적 격차를 충분히 설명하기 위해서는 보다 많은 연구가 이루어져야 할 것이다.

Houston(2011)은 2005년 ISSP 업무지향성(work orientation) 조사결과를 활용하여 11개 유럽 및 북미 국가를 대상으로 직업의 영역(locus)과 분야(focus)가 공공봉사동기와 관련 있는 업무동기(work motives)에 어떤 영향을 미치는지, 그리고 복지국가 유형은 어떤 관계가 있는지를 분석하였다.2) 직업의 영역은 정부부문 또는 비정부부문(민간부문)으로 구분하고, 직업의 분야는 공공봉사(중등교육, 사서 및 정보제공, 사회사업, 안전/보건/검역, 간호, 정부 사회복지, 보육, 소방, 경찰 등) 분야와 그 외 분야로 구분한다. 또한 연구에서는 업무동기를 내재적 동기(intrinsic motives)와 외재적 동기(extrinsic motives)로 구분하고, 내재적 동기는 다시 '의무에 기반한(obligation-based) 내재적 동기'와 '흥미에 기반한(enjoyment-based) 내재적 동기'로 구분하고, 외재적 동기는 통제된 외재적 동기와 자율적인 외재적 동기로 구분한다. 그리고 분석대상 국가는 복지수준을 기준으로 영미계(영국, 미국, 캐나다, 아일랜드), 대륙계(벨기에, 프랑스, 스위스), 북유럽계(덴마크, 핀란드, 노르웨이, 스웨덴) 등으로 유형화하였다. 북유럽계 국가들이 가장 발달한 복지국가이며 그 다음이 대륙계 국가들이고, 영미계 국가들이 복지수준이 가장 낮다고 분류한다. 잘 발달한 복지국가에서는 덜 발달한 복지국가들에 비하여 공공봉사동기와 연관된 업무동기(즉, 의무에 기반한 내재적 동기)를 덜 중요시한다는 가설과, 덜 발달한 복지국가의 공무원들은 보다 발달한 복지국가들의 공무원들에 비하여 공공봉사동기와 연관된 업무동기를 덜 중요시하는 경향이 있다는 대립되는 가설을 설정하

2) 분석대상 국가는 미국, 캐나다, 아일랜드, 영국, 벨기에, 프랑스, 스위스, 덴마크, 핀란드, 노르웨이, 스웨덴 등이다.

였다. 분석 결과, 영미계 국가의 응답자들은 다른 복지국가 유형들에 비하여 의무에 기반한 내재적 동기를 가장 중요하게 간주하는 경향이 보다 높으며, 보다 발달한 복지국가에서는 서로서로에 대한 시민들의 관심을 약화시키는 경향이 있다고 한다. 또한 의무에 기반한 내재적 동기는 높은 수준의 공공봉사동기를 가지는 조직구성원들을 설명하는 데 유용하지만 흥미에 기반한 내재적 동기와 통제된 외재적 동기는 유용하지 않다고 한다. 따라서 이 연구는 직업의 영역뿐만 아니라 직업 분야도 공공봉사동기와 관련이 있음을 밝히고 있다.

2. 조사설계

국제적으로 통용가능한 공공봉사동기의 척도를 개발하기 위한 목적으로 12개 국가를 대상으로 2010년에 실시된 설문조사 결과를 활용하여(Kim et al., 2013), 우리나라와 중국, 미국, 영국, 프랑스, 스위스, 호주, 덴마크 공무원들의 공공봉사동기 수준을 상호 비교하고자 한다.[3] 세계 62개 사회를 비교분석한 GLOBE 연구에 따르면(House, Hanges, Javidan, Dorfman, & Gupta, 2004), 우리나라와 중국은 동일한 유교국가군(Confucian Asia Cluster)에 속한다. 유교국가군에는 싱가포르, 일본, 대만, 홍콩도 포함된다. 이 국가들은 유교의 영향을 받아 공통적으로 인적 관계를 중요시하며, 근면, 자기희생, 참을성(지연된 만족)과 같은 신조들을 가정교육을 통해 배운다. 영국, 미국, 호주는 앵글로 국가군(Anglo Cluster)에 속하는데, 이 국가들은 인종적 · 언어

3) 국제조사 대상에는 이 8개 국가들 이외에도 벨기에, 이탈리아, 네덜란드 및 리투아니아도 포함된다. 조사방법에 대한 자세한 설명은 Kim et al.(2013)을 참고하기 바란다.

적 유사성을 지니고 있다. 덴마크는 북유럽 국가군에, 스위스(독일어 사용권)는 독일 국가군에, 프랑스는 라틴 국가군에 속한다. 동일한 유교문화의 영향을 받았으나 정치·행정체제가 상이한 중국과의 비교와 상이한 문화와 배경을 가진 유럽 국가 및 미국과의 비교를 통하여 우리나라 공무원의 공공봉사동기 수준은 다른 나라들에 비하여 어떤 특징을 지니고 있는지를 파악하고자 한다.

나라마다 정부형태가 서로 다르기 때문에 가능한 한 표본의 유사성을 확보하기 위하여 설문대상을 지방정부(기초자치단체) 소속 공무원으로 한정하였다. 또한 지방정부의 구조와 기능이 나라마다 상이할 뿐만 아니라 한 국가 내에서도 서로 다를 수 있기 때문에 각 국가에서의 설문대상은 지방정부(시, 군, 읍 등)의 행정부서(즉, 주민과 직접적인 접촉이 없는 부서) 및 서비스부서(즉, 주민과 직접적 접촉이 가능한 부서)에 근무하는 직업공무원으로 제한하였다. 따라서 비록 지방정부에 속한 공무원이라고 할지라도 경찰, 소방, 교육, 교통, 문화예술, 보건 분야에 종사하는 인력은 제외하였다. 각 국가마다 하나의 지방정부에서 250명에 대한 설문결과를 확보하고자 의도하였으나, 불가능한 경우에는 복수의 지방정부를 대상으로 설문조사를 하는 경우도 수용하기로 하였다. 우리나라와 중국에서는 설문지 배부방식을 사용하였으며, 덴마크, 네덜란드, 스위스, 영국에서는 이메일을 활용한 온라인 조사방식을, 그리고 미국과 프랑스에서는 두 가지 방법을 모두 사용하였다.

분석에서 사용한 공공봉사동기에 대한 설문문항은 공공봉사 호감도(APS) 차원, 공공가치 몰입(CPV) 차원, 동정심(COM) 차원, 그리고 자기희생(SS) 차원별로 각각 4개씩 모두 16개 문항으로 구성되어 있다(Kim et al., 2013). 설문문항은 모두 5점 척도(1=강한 부정, 5=강한 긍정)를 사용하였는데, 이러한 방식의 척도(Likert-type scale)는 정답이나 오답이 없는 사회과학 및 행태과학 분야의 경험적 연구에서 가장 널리 사용되는 응답형태이다(Spector, 1992).

국가 간 비교를 위하여 F값을 이용한 일원배치분산분석(One-Way ANOVA)을 실시하였다($p<.05$). 공공봉사동기 측정변수에 대한 국가별 응답평균의 차이 유무를 분산분석을 통해 파악하고, 우리나라와 어느 국가 사이에 평균 차이가 존재하는지를 확인하기 위하여 먼저 집단 간 분산의 동질성에 대한 검증을 Levene 통계치를 이용하여 검증한 다음, 각 집단의 분산 정도가 같다는 등분산을 가정하는 경우에는 Scheffe 방식을, 등분산을 가정하지 않는 경우에는 Dunnett의 T3 방식을 적용하여 사후분석을 실시하였다. 이를 통해 공공봉사동기의 각 척도에 대하여 우리나라와 다른 국가 간에 통계적으로 유의미한 평균 차이가 존재하는지를 파악하고자 한다. 하지만, 국가 간 응답평균의 차이를 직접적으로 비교하는 데에는 주의가 필요하다. 언어와 문화의 차이로 인해 응답자들이 모두 설문문항들을 동일한 의미로 해석했는지에 대해서는 의문의 여지가 있으며, 문화적 특성에 따라 응답에서 사회적 소망성 편향의 정도가 다르게 나타날 수 있기 때문이다(Kim et al., 2013; Kim & Kim, 2012b).

제2절 공공봉사동기 수준 비교

첫째, 공공봉사 호감도 차원에 대한 4개 측정문항 가운데 지역사회에 기여하는 활동에 대한 호감도 문항에 대한 응답 결과를 비교하였다. 응답평균에 대한 국가 간 비교에서 F-검증 결과, 비교대상 국가 사이에 통계적으로 유의미한 차이가 있는 것으로 나타나고 있다. 조사대상인 8개 국가 가운데 우리나라의 응답평균이 4.004로 가장 낮았으며 스위스의 응답평균이 4.296으로 가장 높았다. 사후검증 결과, 우리나라와 중국, 미국, 프랑스와는 비록 응답평균의 차이는 있으나 통계적으로 유의미한 정도는 아니다. 우리나라와 스위스, 호주, 덴마크 간에는 통계적으로 유의미한 분명한 차이가 있는 것으로 나타나고 있다. 동일한 문화권인 중국과 비교할 때 우리나라의 응답평균이 약간 낮은 편이지만 그 차이는 크지 않다. 우리나라의 응답평균이 가장 낮은 이유는 아마도 지역사회 봉사활동이 아직 활성화되지 못하고 있으며, 자원봉사자에 대한 사회적 인정과 존중도 높지 않아서 지역사회에 이바지하는 활동에 대한 평가가 아직 높지 않기 때문이 아닌가 싶다.

하위차원	공공봉사 호감도(APS)							
측정문항	지역사회에 도움을 주는 활동에 참여하는 사람들을 존경한다.							
국가	한국	중국	덴마크	미국	영국	호주	스위스	프랑스
표본수	253	230	249	250	260	249	250	266
평균	4.004	4.129	4.281	4.171	4.146	4.281	4.296	4.113
표준편차	.6577	.5735	.6708	.7138	.6705	.5547	.7660	.7737

비고) F=5.704, $p<.001$.

둘째, 사회문제 해결 활동에 대한 호감도 문항에 대한 국가 간 비교에서 F-검증 결과 이 국가들 사이에 통계적으로 유의미한 차이가 있는 것으로 나타나고 있다. 조사대상 국가 가운데 우리나라의 응답평균이 3.885로 가장 낮으며 호주의 응답평균이 4.257로 가장 높은 편이다. 사후검증 결과, 우리나라와 중국, 미국, 프랑스, 덴마크와는 다소 차이가 있으나 통계적으로 유의미한 정도는 아니다. 우리나라와 스위스, 호주, 영국 간에는 통계적으로 유의미한 분명한 차이가 있는 것으로 나타나고 있다. 우리나라의 응답평균이 가장 낮은 이유는 아마도 사회문제 해결을 위한 시민이나 지역사회의 자발적인 참여와 활동보다는 중앙정부나 지방자치단체에 의존하는 경향이 보다 높기 때문일 것이다.

하위차원	공공봉사 호감도(APS)							
측정문항	사회문제를 해결하려는 활동에 동참하는 것이 중요하다.							
국가	한국	중국	덴마크	미국	영국	호주	스위스	프랑스
평균	3.885	3.961	4.016	3.942	4.242	4.257	4.224	4.000
표준편차	.7118	.7496	.7541	.7920	.6742	.5734	.8102	.8378

비고) F=10.320, p<.001.

셋째, 의미 있는 공공봉사에 대한 호감도 문항에 대하여 F-검증 결과 국가 간에 통계적으로 유의미한 차이가 있는 것으로 나타나고 있다. 조사대상 국가 가운데 우리나라의 응답평균은 가장 낮은 3.779이며 프랑스의 응답평균은 가장 높은 4.538로, 그 차이는 0.759나 된다. 사후검증 결과, 우리나라는 다른 모든 국가 사이에 통계적으로 유의미한 분명한 평균 차이가 있는 것으로 나타나고 있다. 공공봉사란 국가와 사회를 위한 봉사다. 우리나라에 비하여 서양 국가들은 교육과 체험을 통하여 사회와 이웃을 위한 봉사활동의 중요성과 의미를 익히며 국가와 사회를 위하여 어떻게 기여할 것인지에 대한 개인 차원의 가치관과 의식이 보다 분명하기 때문에 이런 차이가 난다고 해석할 수 있다. 우리나라 공무원들의 국가와 사회를 위하여 봉사하려는 행동지향성이 다른 나라들에 비하여 낮은 편이라는 점은 주목해야 한다.

하위차원	공공봉사 호감도(APS)							
측정문항	의미 있는 공공봉사는 나에게 매우 중요하다.							
국가	한국	중국	덴마크	미국	영국	호주	스위스	프랑스
평균	3.779	3.992	4.182	4.157	4.028	4.137	4.304	4.538
표준편차	.7116	.6931	.6873	.7468	.6887	.6201	.7415	.5493

비고) F=27.910, p<.001.

넷째, 공공선 증진에 대한 호감도 문항에 대하여 F-검증 결과 국가 간에 통계적으로 유의미한 차이가 있는 것으로 나타나고 있다. 조사대상 국가 가운데 우리나라의 응답평균이 가장 낮으며 덴마크의 응답평균이 가장 높다. 사후검증 결과, 우리나라는 중국을 제외한 모든 국가들과 통계적으로 유의미한 분명한 차이가 있는 것으로 나타나고 있다. 우리나라에 비하여 덴마크 등 서구유럽에서는 개인이 아닌 국가나 사회를 위하여 좋은 일을 하겠다는 의지나 공익 증진을 위하여 기여하겠다는 가치관의 확립이 보다 중요시된다는 점을 보여 주는 조사결과이다.

하위차원	공공봉사 호감도(APS)							
측정문항	내가 공공선(公共善)을 위해 기여하는 것은 중요하다.							
국가	한국	중국	덴마크	미국	영국	호주	스위스	프랑스
평균	3.814	3.926	4.239	4.166	4.004	4.120	4.228	4.113
표준편차	.6550	.7231	.5985	.6771	.6367	.5550	.7114	.6912

비고) F=12.912, p<.001.

공공가치 몰입 차원의 4개 설문문항의 경우, 첫째, 기회균등에 대한 몰입 문항에 대하여 F-검증 결과 국가 간에 통계적으로 유의미한 차이가 있는 것으로 나타나고 있다. 조사대상 국가 가운데 덴마크의 응답평균이 가장 낮으며 스위스의 응답평균이 가장 높다. 사후검증 결과, 우리나라는 중국과 유사한 응답평균을 보이나 스위스나 프랑스에 비해서는 통계적으로 유의미한 분명한 차이가 있는 것으로 나타나고 있다. 모든 국가에서 응답평균이 4.0 이상으로 나타나 기회균등의 중요성에 대한 높은 인식을 보여 주며, 앵글로 국가군에 속하는 미국, 영국, 호주의 응답평균이 매우 유사하게 나타나는 것이 특징적이다.

하위차원	공공가치 몰입(CPV)							
측정문항	시민에게 동등한 기회를 제공하는 것이 매우 중요하다.							
국가	한국	중국	덴마크	미국	영국	호주	스위스	프랑스
평균	4.130	4.183	4.075	4.290	4.285	4.293	4.556	4.466
표준편차	.6746	.6878	.9291	.8386	.7056	.5594	.6934	.6087

비고) F=12.818, $p<.001$.

둘째, 지속적인 행정서비스 몰입 문항에 대하여 F-검증 결과 국가 간에 통계적으로 유의미한 차이가 있는 것으로 나타나고 있다. 조사대상 국가 가운데 중국의 응답평균이 가장 낮으며, 프랑스의 응답평균이 가장 높다. 사후검증 결과, 우리나라와 덴마크, 영국, 호주, 스위스, 프랑스 간에는 통계적으로 유의미한 분명한 차이가 있는 것으로 나타나고 있다. 중국은 비교대상 국가들과 정치·행정체제가 다르기 때문에 이 문항에 대한 응답 결과를 수평적으로 비교하는 것은 무리가 있다. 하지만 행정서비스의 지속성에 대한 인식 정도에서 우리나라의 응답평균이 유럽 국가들에 비하여 낮은 이유는 아마도 우리나라의 경우 국민에게 제공되는 행정서비스의 범위가 이 국가들에 비하여 상대적으로 좁기 때문에 행정서비스의 지속성에 대한 중요도 인식 정도가 낮은 편이라고 해석할 수도 있을 것이다.

하위차원	공공가치 몰입(CPV)							
측정문항	시민들이 행정서비스가 지속적으로 제공될 것이라고 믿는 것이 중요하다.							
국가	한국	중국	덴마크	미국	영국	호주	스위스	프랑스
평균	3.862	3.755	4.077	3.981	4.127	4.189	4.308	4.338
표준편차	.6907	.8799	.6742	.7735	.6830	.5164	.7479	.6773

비고) F=20.685, p<.001.

셋째, 미래세대 고려 몰입 문항에 대하여 F-검증 결과 국가 간에 통계적으로 유의미한 차이가 있는 것으로 나타나고 있다. 조사대상 국가 가운데 덴마크의 응답평균이 가장 낮으며, 프랑스의 응답평균이 4.429로 가장 높다. 사후검증 결과, 우리나라와 호주, 프랑스, 스위스 간에는 통계적으로 유의미하고 분명한 차이가 있는 것으로 나타나고 있다. 전반적으로 조사대상 국가 모두 공공정책 수립 시 미래세대의 이익을 고려해야 한다고 인식하는 경향이 높다고 볼 수 있다.

하위차원	공공가치 몰입(CPV)							
측정문항	공공정책을 만들 때에는 미래세대의 이익도 고려하는 게 중요하다.							
국가	한국	중국	덴마크	미국	영국	호주	스위스	프랑스
평균	4.173	4.145	4.116	4.147	4.196	4.373	4.392	4.429
표준편차	.6715	.7600	.7604	.7466	.6120	.5618	.6754	.6299

비고) F=9.051, p<.001.

넷째, 공무원의 윤리적 행동 몰입 문항에 대하여 F-검증 결과 국가 간에 통계적으로 유의미한 차이가 있는 것으로 나타나고 있다. 조사대상 국가 가운데 우리나라의 응답평균이 4.099로 가장 낮으며 호주의 응답평균이 4.606으로 가장 높다. 사후검증 결과, 우리나라와 서양 국가들 간에는 통계적으로 유의미한 분명한 차이가 있는 것으로 나타나고 있다. 이러한 응답 경향을 보면, 우리나라 공무원들은 윤리적 행동의 중요성에 대한 인식이 다른 나라들에 비하여 부족하다는 점을 알 수 있다.

하위차원	공공가치 몰입(CPV)							
측정문항	윤리적으로 행동하는 것은 공무원에게 필수적이다.							
국가	한국	중국	덴마크	미국	영국	호주	스위스	프랑스
평균	4.099	4.228	4.501	4.318	4.504	4.606	4.332	4.366
표준편차	.7414	.6616	.6391	.8183	.6245	.5136	.8002	.6486

비고) F=14.251, p<.001.

동정심 차원의 경우, 첫째, 사회적 약자에 대한 동정심 문항에 대하여 F-검증 결과 국가 간에 통계적으로 유의미한 차이가 있는 것으로 나타나고 있다. 조사대상 국가 가운데 스위스의 응답평균이 가장 낮으며, 덴마크의 응답평균이 가장 높은 편이다. 우리나라의 응답평균은 중국이나 호주, 프랑스와 유사하다. 사후검증 결과, 우리나라와 미국, 스위스 간에는 통계적으로 유의미한 분명한 차이가 있는 것으로 나타나고 있다. 즉, 우리나라 공무원들의 사회적 약자에 대한 동정심은 미국이나 스위스 공무원들에 비하여 높은 편이다.

하위차원	동정심(COM)							
측정문항	사회적 약자의 어려운 처지를 보면 동정심을 느낀다.							
국가	한국	중국	덴마크	미국	영국	호주	스위스	프랑스
평균	4.079	4.034	4.211	3.823	3.877	4.052	3.544	4.011
표준편차	.6251	.6795	.7126	.8992	.8476	.6296	.8963	.7938

비고) F=17.632, p<.001.

둘째, 어려운 사람들에 대한 동정심 문항에 대하여 F-검증 결과 국가 간에 통계적으로 유의미한 차이가 있는 것으로 나타나고 있다(p<.01). 조사대상 국가 가운데 프랑스의 응답평균이 가장 낮으며 호주의 응답평균이 가장 높은 편이다. 사후검증 결과, 호주, 덴마크, 영

국, 프랑스 간에는 통계적으로 유의미한 차이가 있다고 할 수 있으나 그다지 큰 편은 아니며, 우리나라와 다른 나라들 간에는 통계적으로 유의미한 차이는 없는 것으로 나타나고 있다. 조사대상 국가들의 경우 전반적으로 어려운 사람들에 대하여 안타깝게 생각하는 심정은 유사하다고 볼 수 있다.

하위차원	동정심(COM)							
측정문항	어려움에 직면한 사람들을 보면 안타까운 마음이 든다.							
국가	한국	중국	덴마크	미국	영국	호주	스위스	프랑스
평균	3.956	3.999	3.891	4.011	3.919	4.096	3.920	3.883
표준편차	.5927	.6407	.6635	.7418	.6192	.4739	.8512	.7253

비고) F=2.913, p<.01.

셋째, 부당한 차별에 대한 동정심 문항에 대하여 F-검증 결과 국가 간에 통계적으로 유의미한 차이가 있는 것으로 나타나고 있다. 조사대상 국가 가운데 영국의 응답평균이 가장 낮으며 스위스의 응답평균이 가장 높은 편이다. 사후검증 결과, 우리나라와 호주, 미국, 덴마크, 프랑스, 스위스 간에는 통계적으로 유의미한 분명한 차이가 있는 것으로 나타나고 있다. 부당하게 대우받는 사람들에 대한 동정심은 유럽대륙 국가들에게서 가장 높게 나타난다고 볼 수 있다. 우리나라와 중국의 응답 결과를 보면 부당한 사회적 차별에 대한 용인 내지 무관심이 유교문화적 배경에 기인하는 게 아닌가 하는 생각이 들기도 한다.

하위차원	동정심(COM)							
측정문항	부당하게 대우받는 사람들을 보면 매우 화가 난다.							
국가	한국	중국	덴마크	미국	영국	호주	스위스	프랑스
평균	3.941	3.987	4.224	4.162	3.827	4.133	4.340	4.289
표준편차	.7404	.6233	.7422	.7431	.8178	.5978	.7764	.7836

비고) F=15.216, p<.001.

넷째, 타인의 복지에 대한 동정심 문항에 대하여 F-검증 결과 국가 간에 통계적으로 유의미한 차이가 있는 것으로 나타나고 있다. 조사대상 국가 가운데 우리나라의 응답평균이 가장 낮으며, 호주의 응답평균이 가장 높은 편이다. 사후검증 결과, 중국과 덴마크를 제외하고, 우리나라와 다른 나라들 간에는 통계적으로 유의미한 분명한 차이가 있는 것으로 나타나고 있다. 이러한 응답 결과를 보면, 우리나라 공무원들은 서로에 대한 관심과 배려, 그리고 이웃과 더불어 행복한 삶을 누리려는 공동체적 지향 등이 다른 나라에 비하여 부족하다고 볼 수 있다.

하위차원	동정심(COM)							
측정문항	다른 사람들의 복지를 고려하는 것이 매우 중요하다.							
국가	한국	중국	덴마크	미국	영국	호주	스위스	프랑스
평균	3.838	3.908	3.958	4.085	4.177	4.204	4.160	4.146
표준편차	.6557	.7089	.6401	.7177	.6393	.5104	.7594	.6767

비고) F=10.840, $p<.001$.

자기희생 차원의 경우, 첫째, 사회를 위한 희생 문항에 대하여 F-검증 결과 국가 간에 통계적으로 유의미한 차이가 있는 것으로 나타나고 있다. 조사대상 국가 가운데 우리나라의 응답평균이 가장 낮으며, 호주의 응답평균이 가장 높은 편이다. 사후검증 결과, 우리나라와 호주, 스위스, 미국 간에는 통계적으로 유의미한 분명한 차이가 있는

하위차원	자기희생(SS)							
측정문항	사회를 위해 나 자신의 희생을 감수할 준비가 되어 있다.							
국가	한국	중국	덴마크	미국	영국	호주	스위스	프랑스
평균	3.188	3.370	3.394	3.466	3.365	3.610	3.572	3.320
표준편차	.7406	.8503	.8094	.8624	.7964	.7546	.8809	.9149

비고) F=6.856, $p<.001$.

것으로 나타나고 있다. 이러한 응답 경향을 보면, 우리나라 공무원들은 국가와 사회를 위하여 헌신하거나 기꺼이 자신의 희생도 감수하려는 성향이 다른 나라들에 비하여 부족하다고 볼 수 있다.

둘째, 시민의무 문항에 대하여 F-검증 결과 국가 간에 통계적으로 유의미한 차이가 있는 것으로 나타나고 있다. 조사대상 국가 가운데 영국의 응답평균이 2.915로 가장 낮으며, 중국의 응답평균이 3.826으로 가장 높다. 사후검증 결과, 우리나라의 응답평균은 중국보다 낮고 이 차이는 통계적으로도 유의미하다. 또한 우리나라와 영국, 호주, 덴마크, 스위스 간에는 통계적으로 유의미한 분명한 차이가 있는 것으로 나타나고 있다. 자기 자신보다는 시민으로서의 의무를 보다 우선시하여야 한다는 인식은 서양 국가들에 비하여 집단주의적 성향이 높은 유교국가군에서 더 두드러진다고 볼 수 있다.

하위차원	자기희생(SS)							
측정문항	나 자신보다 시민으로서의 의무를 우선시해야 한다.							
국가	한국	중국	덴마크	미국	영국	호주	스위스	프랑스
평균	3.531	3.826	3.131	3.369	2.915	3.016	3.000	3.612
표준편차	.8232	.8013	.7806	.9216	.8293	.9374	1.0140	.9208

비고) F=35.278, p<.001.

셋째, 개인 손실 수용 문항에 대하여 F-검증 결과 국가 간에 통계적으로 유의미한 차이가 있는 것으로 나타나고 있다. 조사대상 국가 가운데 영국의 응답평균이 2.804로 가장 낮으며, 덴마크의 응답평균이 가장 높다. 사후검증 결과, 우리나라의 응답평균은 덴마크에 비하여 낮으며 이 차이는 통계적으로 유의미하다. 하지만 영국이나 스위스보다는 높으며, 이는 통계적으로 유의미할 만큼 분명한 차이가 있다. 덴마크는 북유럽국가로 공공부문의 비중이 높으며 정부가 노사관계에 더 적극적으로 개입하여 조정하는 조합주의적 성격이 강하다(김상묵·남궁근, 2005). 또한 덴마크는 정부 주도의 보편적인 복지서비스를 제공하며 복지에 대한 민간시장의 역할은 제한적이다(Houston, 2011). 이런 국가적 특성이 사회를 위해 개인적 손실을 감내하려는 인식에 영향을 미쳤다고도 해석할 수 있다. 개인주의적 성향이 강한 국가들의 경우에는 이 설문에 대한 응답평균이 낮다고 볼 수 있다.

하위차원	자기희생(SS)							
측정문항	나는 사회를 위해 개인적인 손실도 기꺼이 수용할 수 있다.							
국가	한국	중국	덴마크	미국	영국	호주	스위스	프랑스
평균	3.158	3.378	3.552	3.097	2.804	2.968	2.876	3.102
표준편차	.8206	.9486	.7269	.9892	.8940	.9708	.9551	1.0715

비고) F=18.072, p<.001.

넷째, 비용지불 의사 문항에 대하여 F-검증 결과 국가 간에 통계적으로 유의미한 차이가 있는 것으로 나타나고 있다. 조사대상 국가 가운데 미국의 응답평균이 가장 낮으며 덴마크의 응답평균이 가장 높다. 사후검증 결과, 우리나라와 미국, 영국, 프랑스 간에는 통계적으로 유의미한 분명한 차이가 있는 것으로 나타나고 있다. 우리나라의 응답평균은 3.727로 덴마크보다는 약간 낮지만 다른 국가들보다는 높은 응답평균을 보이고 있는데, 아마도 자연재해로 인한 피해 복구 또는 불우이웃돕기 등을 통해 서로 조금씩 모아서 가난한 사람들을 도와온 오랜 관행으로 인해 이러한 인식이 생겨난 것으로 해석할 수 있다.

하위차원	자기희생(SS)							
측정문항	비록 내가 비용을 지불하게 되더라도, 가난한 사람들을 돕기 위한 좋은 계획에 찬성한다.							
국가	한국	중국	덴마크	미국	영국	호주	스위스	프랑스
평균	3.727	3.570	3.849	3.206	3.377	3.590	3.636	3.466
표준편차	.7405	.8473	.7300	1.0299	.8174	.8895	.9049	1.0392

비고) F=13.163, p<.001.

공공봉사동기 측정을 위한 개별 측정문항에 대한 국가 간 응답평균 비교에 이어서 공공봉사의 각 차원별 응답평균을 비교하고자 한다. 공공봉사 호감도(APS) 차원은 공공봉사동기 개념의 수단적 동기를 대변한다. 수단적 동기란 의미 있는 공공봉사를 하기 위한 수단 선택, 즉 행동지향성을 반영하고 있다. 공공봉사동기의 차원 가운데 공공봉사 호감도 수준이 높을수록 국가와 사회를 위하여 좋은 일을 실천할 가능성이 높아진다고 예측할 수 있다. APS에 대한 4개 설문문항 전체에 대한 응답평균값을 활용한 국가 간 비교에서 F-검증 결과 국가 간에 통계적으로 유의미한 차이가 있는 것으로 나타나고 있다(F=15.236, p<.001). 조사대상 국가 가운데 우리나라의 응답평균이 15.48로 가장 낮으며, 스위스의 응답평균이 17.05로 가장 높다. 사후검증 결과, 우리나라는 중국을 제외한 다른 모든 나라와 통계적으로 유의미한 분명한 차이가 있는 것으로 나타나고 있다. 즉, 우리나라와 중국이 하나의 조합(subset)으로 묶이고, 그 외 다른 국가들은 모두 하나의 조합으로 묶인다. 그리고 서양 국가들의 응답평균이 유교 국가군보다 높다. 유럽이나 미국과 같은 서양 국가들에 비하여 우리나라 공무원들의 공공봉사를 하려는 행동지향성이 상대적으로 낮은 편이라고 볼 수 있다.

〈표 5-3〉 공공봉사동기 수준에 대한 국제비교

국가	한국	중국	덴마크	미국	영국	호주	스위스	프랑스	평균
공공봉사 호감도(APS)	15.48	16.01	16.72	16.44	16.42	16.80	17.05	16.76	16.46
공공가치 몰입(CPV)	16.26	16.31	16.77	16.74	17.11	17.46	17.59	17.60	16.99
동정심 (COM)	15.81	15.93	16.28	16.08	15.80	16.49	15.96	16.33	16.09
자기희생 (SS)	13.60	14.14	13.93	13.14	12.46	13.18	13.08	13.50	13.37
공공봉사 동기(PSM)	61.15	62.39	63.70	62.40	61.79	63.93	63.68	64.19	62.91

공공가치 몰입(CPV) 차원은 공공봉사동기 개념의 가치기반적 동기를 대변한다. 가치기반적 동기는 사람들이 성취하려고 노력하는 궁극적인 공공가치에 관한 것이다. CPV에 대한 4개 설문문항 전체에 대한 응답평균값을 활용한 국가 간 비교에서 F-검증 결과 국가 간에 통계적으로 유의미한 차이가 있는 것으로 나타나고 있다($F=19.085$, $p<.001$). 조사대상 국가 가운데 우리나라의 응답평균이 가장 낮으며, 프랑스와 스위스의 응답평균이 가장 높은 편이다. 사후검증 결과, 우리나라의 응답평균은 호주, 프랑스, 스위스, 영국과 통계적으로 유의미한 분명한 차이가 있는 것으로 나타나고 있다. CPV는 공공봉사를 통하여 달성하고자 추구하는 궁극적인 가치에 대하여 얼마나 중요하게 인식하는지에 대한 것인데, 우리나라의 응답평균이 가장 낮다는 것은 공공가치에 대한 내재화 정도가 다른 나라에 비하여 부족하다는 점을 보여준다고 할 수 있다.

동정심(COM) 차원은 공공봉사동기 개념의 동일시 동기를 대변한다. 동일시 동기는 봉사하려는 대상이나 집단에 관한 것으로, 이러한 타인과의 정서적 연대는 다른 사람을 위해 봉사하려는 행동의 감정적

기반이 된다는 점에서 중요하다. COM에 대한 4개 설문문항 전체에 대한 응답평균값을 활용한 국가 간 비교에서 F-검증 결과 국가 간에는 통계적으로 유의미한 차이가 있는 것으로 나타나고 있다(F=3.757, p<.001). 조사대상 국가 가운데 영국과 우리나라의 응답평균이 가장 낮으며, 호주의 응답평균이 가장 높은 편이다. 사후검증 결과, 우리나라는 호주와 통계적으로 유의미한 차이를 보이는 것으로 나타나고 있다. 하지만 모든 국가들이 동일 집단군으로 묶여, 국가 간의 차이는 크지 않다. 사회적 약자나 차별받는 사람들에 대하여 동정심을 갖는 정도는 동양과 서양을 막론하고 유사하나, 측은지심(惻隱之心)을 강조하는 유교문화의 영향을 받은 우리나라나 중국의 응답평균이 서양 국가들에 비하여 높지 않다는 사실은 주목할 만하다.

자기희생(SS) 차원은 공공봉사동기 실현을 위한 토대가 된다. SS에 대한 4개 설문문항 전체에 대한 응답평균값을 활용한 국가 간 비교에서 F-검증 결과 국가 간에 통계적으로 유의미한 차이가 있는 것으로 나타나고 있다(F=8.814, p<.001). 조사대상 국가 가운데 영국의 응답평균이 가장 낮으며, 중국의 응답평균이 가장 높은 편이다. 사후검증 결과, 우리나라는 영국과 통계적으로 유의미한 분명한 차이가 있는 것으로 나타나고 있다. 영국, 미국, 호주 등 앵글로 국가들의 응답평균이 낮은 편이며, 북유럽 국가인 덴마크, 유교국가군에 속하는 중국과 우리나라의 응답평균이 높은 편이다. 우리나라와 중국의 경우, 국가와 사회를 위하여 자신의 이익을 희생할 수 있다는 태도는 집단주의적 성향이 강한 유교문화의 영향으로 해석할 수도 있다.

공공봉사동기 측정을 위한 4개 차원별 응답평균을 비교해 보면, 첫째, 모든 국가에서 동일하게 CPV가 가장 높으며 APS 및 COM이 중간 수준이고 SS가 가장 낮다. 즉, 동양과 서양을 막론하고 공공가치 몰입 차원에 대한 응답평균이 가장 높고 자기희생 차원에 대한 응답평균이 가장 낮다. 이는 체제와 문화의 차이에도 불구하고 보편적으로 사고와 인식 차원에서는 국가와 사회 발전을 위하여 공공가치를 추구하여야 한다고 판단하지만, 실제 국가와 사회를 위하여 불이익 또는 희생을 감수하겠다는 의지는 상대적으로 낮다고 해석할 수 있다. 둘째, 다른 나라들의 경우에는 모두 APS의 응답평균이 COM보다 높았지만 유독 우리나라만 COM의 응답평균이 APS보다 높게 나타났다. 이는 우리나라의 경우 평등의식이 강하고 사회적 약자에 대한 정서적 공감대가 형성되어 있어서 어려운 사람들을 보면 안타깝게 여기고 도와주려는 경향이 강하기 때문이라고 해석할 수도 있고, 또는 다른 나라에 비하여 실제 국가와 사회를 위하여 좋은 일을 하려는 실천지향성·행동지향성이 낮기 때문이라고 해석할 수도 있다. 미국을 비롯한 서양 국가들은 공공봉사동기 수준이 높은 사람들이 정부기관에서 일하고자 하는데, 그 주된 이유는 정부에서 국가와 사회를 위하여 일할 기회가 많기 때문이라고 한다(Lewis & Frank, 2002; Vandenabeele, 2008). 우리나라에서는 공무원이란 직업을 매우 선호하지만, 그 주된 이유는 신분보장과 경제적 안정 때문이다. 따라서 서양 국가들은 공직 지원자들의 공공봉사 호감도 수준이 우리나라보다 높기 때문에, 공무원이 된 이후 사회화 과정과 교육훈련 및 업무수행을 통한 경험 등 조직생활을 통해 공공봉사 호감도 수준이 증가한다고 하더라도 공무원 입직 당시의 수준 차이로 인해 우리나라 공무원들의 공공봉사 호감도 수준이 서양 국가들에 비하여 낮은 편이라고 해석할 수 있다.

공공봉사동기에 대한 측정지표 16개 모두에 대한 응답평균값을 활용한 국가 간 비교에서 F-검증 결과 국가 간에 통계적으로 유의미한 차이가 있는 것으로 나타나고 있다(F=6.280, p<.001). 조사대상 국가 가운데 우리나라의 응답평균이 61.15로 가장 낮으며 프랑스의 응답평균이 64.19로 가장 높고, 조사대상 국가 전체의 평균은 62.91이다. 동일한 유교국가군에 속하는 중국과 비교해도 응답평균은 1.24 정도 낮다. 자기희생을 제외한 3개 차원에서 전체 평균보다 낮은 수치를 보이고 있다. 사후검증 결과, 공공봉사동기 측정지표 전체에 대한 응답평균에서 우리나라는 호주, 덴마크, 프랑스, 스위스와 통계적으로 유의미한 분명한 차이가 있는 것으로 나타나고 있다. 이 조사결과를 보면, 우리나라 공무원들의 공공봉사동기 수준은 다른 비교대상 국가들에 비하여 낮다고 말할 수 있다. 또한 제2장에서 살펴본 것처럼, 집단주의 성향이 강한 우리나라의 경우 개인주의 성향이 보다 강한 미국이나 유럽국가들에 비하여 공공봉사동기 측정문항에 대하여 보다 긍정적으로 응답하는 사회적 소망성 편향의 정도가 높다고 볼 수 있다(Kim & Kim, 2012b). 따라서 우리나라 공무원들의 실제 공공봉사동기 수준은 이보다 더 낮으며 다른 나라와의 격차도 더 클 것이라고 예상할 수도 있다.

공공봉사동기를 연구하는 중요한 이유는 공공봉사동기가 정부와 공무원에게 여러모로 긍정적인 영향을 미치기 때문이다. 우리나라 공무원들의 공공봉사동기 수준이 다른 나라들보다 낮다면, 이는 다른 모든 조건들이 동일하다고 가정할 때 우리나라 공무원들의 역량이나 정부의 질, 정부 성과가 다른 나라들에 비하여 낮다는 것을 의미한다.

제3절 맺음말

표본의 유사성을 최대한 확보하기 위하여 각 나라마다 지방자치단체에 근무하는 정규직 일반 공무원 약 250명 정도를 대상으로 설문조사를 실시한 후, 응답 결과를 비교하였다. 공공봉사동기에 대한 4개 하위 차원의 16개 측정문항에 대한 각 국가별 응답평균을 비교한 결과, 공공봉사 호감도 차원의 경우 덴마크, 호주, 스위스, 프랑스의 응답평균이 높은 편이며 우리나라의 응답평균이 가장 낮았다. 공공가치 몰입 차원에서는 호주, 스위스, 프랑스의 응답평균이 높은 편이며, 우리나라의 응답평균이 가장 낮았다. 동정심 차원의 경우에는 호주와 프랑스의 응답평균이 높은 편이며, 우리나라의 응답평균이 가장 낮았으나 국가 간의 차이는 그다지 크지 않았다. 자기희생 차원에서는 중국의 응답평균이 가장 높으며, 영국의 응답평균이 가장 낮았고 우리나라는 평균보다 약간 높은 수준이다. 각 차원별 응답평균을 합산한 공공봉사동기 전체의 경우, 프랑스의 응답평균이 64.19로 가장 높으며, 우리나라는 61.15로 가장 낮았다. 언어와 문화가 상이한 국가 간 응답평균의 차이를 직접적으로 비교하는 데에는 주의가 필요하다. 하지만, 이러한 공공봉사동기 수준의 차이가 시사하는 바는, 다른 모든 외생적 변수들이 동일하다고 가정할 경우 공공봉사동기 수준이 낮은 국가의 정부의 질, 성과 및 경쟁력이 공공봉사동기 수준이 높은 비교대상 국가들에 비하여 낮을 것이라는 점이다.

비교대상 국가들에 비하여 우리나라 공무원들의 공공봉사동기 수준이 가장 낮은 이유는 무엇일까? 한국사회 전반의 공공봉사동기 수준이 다른 국가들에 비하여 낮기 때문에 공무원들의 공공봉사동기 수준이 낮은지, 우리나라의 경우 지원자의 공공봉사동기 수준과는 별로 관계가 없는 필기시험 위주의 선발방식으로 인해 임용되는 공무원들의 공공봉사동기 수준이 다른 나라들에 비하여 낮은지, 공무원에 대한 교육훈련 등 사회화 과정이 공공봉사동기 증진에 효과적이지 않아서 공무원 재직기간 동안 다른 나라들과 비교하여 공공봉사동기 수준의 격차가 발생하는지 등 다양한 측면에서 원인을 규명하여야 한다. 이와 관련하여, 첫째, 국가의 사회문화적 특성과 공공봉사동기의 관계를 분석해야 할 필요가 있다. Hofstede(1991, 2001)는 국가 간 문화 차이를 비교하면서 개인주의 대 집단주의, 권력 격차, 불확실성 회피성향, 남성적 성향 대 여성적 성향(masculinity vs. feminity) 차원 등을 활용하고 있다. 우리나라는 집단주의적이며, 권력 격차가 크고, 불확실성 회피성향이 강하며, 여성적 성향을 보인다고 할 수 있다. 그와 정반대로 미국은 개인주의적이며, 권력 격차가 적고, 불확실성 회피성향이 약하며 남성적 성향을 가지고 있다고 한다(Hofstede, 1991, 2001). 이처럼 국가별로 상이한 사회문화적 특성과 국민의 공공봉사동기 수준이 관계가 있는지에 대하여 앞으로 보다 많은 연구가 이루어질 필요가 있다. 둘째, 제2장에서 분석한 것처럼, 우리나라의 경우 공공봉사동기 수준이 높은 지원자들이 정부에서 국가와 사회를 위하여 봉사할 수 있는 많은 기회를 가질 수 있을 것이라는 기대를 가지고 공무원이 된다기보다는, 오히려 공공봉사동기 수준과는 관계없이 신분보장과 경제적 안정을 추구하는 지원자들이 필기시험 성적이 좋아서 공무원이 된다고 말하는 것이 더 설득력이 있다. 그러면 국가별로 상이한 공무원 선발방법과 임용 당시 공무원의 공공봉사동기 수준이 관계가 있는지에 대한 분석이 앞으로 이루어져야 할 것이다. 셋째, 공무원에 대한 능력개발, 유지·활용, 평가 및 환류, 보상 등 인적자원관리 활동과 리더십, 의사소통, 의사결정, 조직문화 등 조직관리 활동이 공공봉사동기와 관계가 있는지를 분석하고, 국가 간에 이런 조직의 제도적·관리적 차원의 특징들이 어떤 차이가 있는지를 파악할 필요가 있다. 이처럼 사회문화와 공무원제도 그리고 조직관리 방식이 공공봉사동기 수준과 관계가 있는지에 대하여 깊이 있는 연구가 이루어져야 한다. 이러한 국가 간 비교 연구들을 바탕으로 공공봉사동기 수준을 증진할 수 있는 다각도의 방안을 모색하여야 할 것이다.

제6장 공공봉사동기는 어떻게 증진할 수 있는가?

제6장 공공봉사동기는 어떻게 증진할 수 있는가?

개인의 공공봉사동기는 다양한 요인에 의하여 형성된다. 개인의 타고난 기질과 성향 같은 유전적 요인도 물론 영향을 미칠 것이다. 하지만 사회구성원의 성장과 생활을 통하여 공공봉사동기 수준을 보다 증진하는 방안을 모색하는 것이 더 중요하다. 그동안의 연구성과는 사회·역사적인 요인과 조직생활이 공공봉사동기와 관련이 있다는 것을 보여 주고 있다(Moynihan & Pandey, 2007; 김서용·조성수·박병주, 2010). 즉, 다양한 형태의 사회화(socialization)가 개인의 공공봉사동기 증진에 기여할 수 있음을 보여 주고 있다(Perry, 1997). 첫째, 개인의 자라 온 가정환경이 공공봉사동기에 영향을 미친다. 부모와의 관계, 가정에서의 교육, 모범(role model)이 되는 친척 등 가정에서의 성장과정을 통하여 보고 듣고 배우고 경험하는 모든 활동이 개인의 공공봉사동기 형성에 영향을 미친다. 따라서 가정에서의 사회화를 통하여 공공봉사동기를 증진할 수 있다. 둘째, 개인의 성장과정에서의 경험이 공공봉사동기에 영향을 미친다. 학교생활과 종교생활, 사회단체 등을 통한 봉사활동과 개인적으로 도움을 주고받은 경험이 공공봉사동기 형성에 영향을 미친다. 그러므로 학교와 사회에서 이루어지는 사회화를 통하여 공공봉사동기를 증진할 수 있다. 셋째, 조직생활이 공공봉사동기에 영향을 미친다. 조직에서의 상사와 동료와의 사회적 관계, 업무 경험, 조직의 관리방식 등 조직에서의 관계와 활동이 공무원의 공공봉사동기에 영향을 미친다. 따라서 정부조직에서의 사회화를 통하여 공공봉사동기를 증진할 수 있다. 아래에서는 한국사회의 공공봉사동기 증진에 보다 중요하다고 여겨지는 요소들을 중심으로 방안을 모색하고자 한다.

제1절 학교교육

우리나라에서는 중학교까지 의무교육을 실시하며, 대부분의 중학교 졸업생은 고등학교에 진학하고 고등학교 졸업생 5명 중 4명은 대학에 진학한다(한국교육개발원, 2011). 우리나라 초·중등교육은 대학입시에 초점을 맞추고 있다는 데에는 이론(異論)의 여지가 없다. 이런 한국적 상황에서 학교교육이 공공봉사동기 형성에 긍정적인 기여를 할 수 있는 방안을 다음과 같이 구상해 보고자 한다.[1)]

첫째, 초등학교 전 학년에서 "나와 우리(가칭)" 교과목을 신설하되, 이는 점수화(서열화)하지 않는다. 이 교과목은 지식을 전수하거나 무엇을 가르치는 것이 아니라, 전적으로 행동과 참여만으로 수업을 진행한다. 수업은 하지만 학업성취도 평가는 없으며, 수업시간에 출석하는 것만으로 교과목을 이수하는 '참여와 행동을 통한 학습'이 되도록 한다. 초등학교 과정에서 "나와 우리" 과목 이수는 놀이와 체험을 통

1) 저자가 초·중등교육에 대해서는 잘 알지 못하는 만큼, 잘못된 설명이 있더라도 양해를 부탁드립니다.

하여 혼자가 아닌 여럿이 함께 하는 협력을 통해 만족과 보람을 체득하는 다양한 기회를 제공하는 데 초점을 둔다.

저학년은 놀이 중심으로 하되, 여럿이 한 팀을 이루어 서로 상의하고 돕고 역할을 분담하면서 재미를 느끼도록 하는 데 중점을 둔다. 수업시간에 그냥 놀이를 하는데, 혼자가 아니라 여럿이 함께 협력하면서 놀도록 하는 것이다. 이를 통하여 상호작용을 하면서 서로에 대한 관심, 배려, 공동작업, 도움, 규칙, 협력을 통한 목표 달성에 몸과 마음이 모두 익숙해지도록 한다. 체험을 통하여 친구들과의 협력적 상호관계를 형성하고 함께 목표를 이루어가는 연습을 하면서 자연스럽게 더불어 생활하는 데 익숙해지도록 한다.

고학년에서는 견학과 체험을 함께하면서 집단과제 수행을 통해 보람과 만족, 성취감, 행복을 느낄 수 있도록 한다. 혼자서는 할 수 없으나 여럿이 함께하면 해결할 수 있는 만들기, 키우기, 해결하기 등의 집단과제를 수행하면서 자연스럽게 함께하는 공동체 의식을 배양하고, 자신만이 아닌 팀, 학급, 학교, 이웃, 지역사회에 도움을 주는 경험을 공유할 수 있도록 한다. 학교 주변의 공공시설이나 이웃을 방문하여 문제를 함께 해결해 보는 체험학습도 필요하다. 다른 사람에게 쓸모 있는 존재이고 다른 사람의 행복에도 관심을 가지는 것이 자신도 행복하게 한다는 것을 체감하도록 한다.[2)] 주변의 다른 사람들이 살아가는 삶의 양태를 직접 경험하고, 우리와 이웃이 함께 행복할 수 있는 방법을 스스로 강구해 보는 기회를 부여하는 것도 필요하다.

둘째, 중·고등학교 전 학년에서 "인간과 사회(가칭)" 교과목을 신설하되, 기존의 점수 따기 위주의 형식적 봉사활동은 폐지하고 사회

---

2) 하승수. 〔경향논단〕 "국민의 행복을 바란다면"(경향신문, 2013년 1월 23일자, 31면).

의 다양한 삶의 모습들을 이해하고 다른 사람들과 사회를 위해 봉사하는 경험을 할 수 있도록 한다. 이 교과목 역시 점수화(서열화)하지 않으며, 지식을 전수하기 위한 수업은 하지 않는다. 우리 사회의 다양한 삶을 직간접적으로 체험하고, 우리가 서로 의존적인 존재임을 느끼도록 하여야 한다. 급우들과 함께 곤란한 이웃을 직접 도와주고 우리 사회가 당면한 문제들을 직접 관찰하고 해결하는 과정에 동참하는 다양한 봉사활동을 통하여 '사회구성원으로서의 마음가짐'을 만들어가도록 한다. 타인에 대한 배려와 도움, 그리고 함께 노력하는 과정에서 얻는 보람과 만족, 자부심을 급우들과 함께 경험하도록 한다.

"인간과 사회" 교과목 이수와 같이 공부나 입시에 대한 부담감 없는 정규 학교교육을 통한 성장기의 봉사활동 경험은 학생들에게 친사회적 동기를 내재화하는 기회를 부여하며, 사회적 약자들과의 공감대를 형성하는 기회를 제공한다. 그러므로 학교와 지역의 다양한 기관·시설·단체와의 협력관계를 확립하여 학생들에게 봉사활동 및 사회를 이해하는 경험을 할 수 있는 다양한 기회를 제공하여야 할 것이다. 세계은행은 젊은 전문가들에게 가장 먼저 가난한 사람들의 일상생활을 관찰하도록 하는 프로그램을 운영하고 있다(Paarlberg, Perry, & Hondeghem, 2008: 270). 성장기의 봉사 경험은 사적인 이익을 초월하여 공공선에 대한 의식을 함양하며 국가와 사회를 위한 역할을 부여함으로써 공직에 대한 관심을 제고하고 지속적으로 봉사활동에 참여하도록 유도한다. 어릴 때부터 봉사활동을 통하여 도움을 받는 사람들과의 상호작용은 성인이 된 후에도 더 포괄적인 정책문제에 대해 관심을 갖게 만들고 국가와 사회에 대한 인식을 심화시킨다.

대학에서도 '사회봉사' 교육과정을 보다 활성화하여야 할 것이다. 우리나라 일부 대학에서는 정규 교육과정의 일환으로 '사회봉사' 교과목을 개설하여 학점을 부여하고 있다. 이를 보다 체계화하여, (1) 교과목의 목표와 사명을 구체화하고, (2) 지역사회 및 이웃과의 접촉 이전에 강의와 토론을 통하여 한국사회의 특성에 대하여 논의하고, 지역사회와 도움이 필요한 이웃을 위해 대학생들이 무엇을 할 수 있는지 스스로 고민할 수 있는 기회를 부여하고, (3) 학생들에게 다양한 사회봉사 활동을 소개하고, 관련 기관 및 단체와 연결시켜 주며, (4) 학생들은 매주 정기적으로 봉사활동을 수행한 후, (5) 봉사활동 결과를 정리하고, '보다 나은 사회를 만들기 위하여 어떻게 기여할 수 있을 것인지'에 대한 보고서를 작성하도록 한다.[3)]

학교교육에서 가장 중요한 핵심은 우리 모두가 서로 의존해서 살아갈 수밖에 없다는 사실과, 노력하면 더 좋은 사회를 만들 수 있다는 것을 경험적으로 깨닫게 하는 데 있다. 아울러 우리 사회에는 여러 가지 삶의 모습들이 공존하며 도움과 관심이 필요한 많은 이웃이 있다는 사실과, 우리 모두를 위하여 함께 추구해야 하는 소중한 가치와 규범들이 존재한다는 것을 머리와 가슴으로 익히도록 하여야 한다. 그리고 행동과 체험을 통하여, 배려·협동·봉사와 같은 다른 사람들과의 상호작용이 우리 모두를 위해서 필수적일 뿐만 아니라 자신에게 보람과 만족, 자긍심과 성취감, 행복과 같은 내재적 만족을 가

---

3) 최근 보고된 실증적 연구 결과에서는 이러한 프로그램의 참여 여부가 공공봉사동기에 강한 긍정적 영향을 미친다고 한다(Seider, Rabinowicz, & Gillmor, 2011). 미국의 가톨릭대학교인 Ignatius University는 1970년부터 선택과목으로 일 년 과정의 SERVE 프로그램을 운영하고 있는데, 이 프로그램 참여자들은 공정한 사회에 대한 학습, 강의, 토론과 함께 50여 가지 사회봉사활동 가운데 자신에게 적합한 활동형태를 선택하여 직접 지역사회와 불우이웃을 돕는 활동을 일 년간 매주 10시간씩 한다. 이 프로그램에는 매년 12명의 교수진과 400명의 학생이 참여한다. 이 프로그램에 참여한 이후 학생들은 전에 비하여 공공봉사동기가 보다 증대되었으며, 참여하지 않은 학생들과 비교해서도 공공봉사동기 수준이 더 높아졌다.

져다 준다는 점을 스스로 체득할 수 있는 기회를 최대한 제공하여야 할 것이다.

제2절 공무원 채용방식

공직사회의 공공봉사동기 수준을 제고하기 위해서는 공공봉사동기 수준이 높은 사람들이 공직에 지원하도록 유도하고, 공직생활을 통해 공공봉사동기가 보다 증진될 수 있도록 기회를 제공하여야 한다. 첫째, 공무원 채용과정에서 높은 공공봉사동기를 가진 인재들을 적극적으로 끌어들여야 한다. 고길곤 · 박치성(2010)에 따르면, 싱가포르와 중국 대학생 가운데 공직을 미래직업으로 선택한 대학생들은 '사회에 봉사할 기회'를 각각 3번째와 2번째로 중요한 요인으로 지적하였으나, 우리나라 대학생들은 이를 9번째로 중요한 동기요인이라고 선택하였다고 한다. 현재의 공무원 공개경쟁채용 시험제도를 개선하여, 공직 지원동기, 공무원으로서 갖추어야 할 의지와 자세 등을 보다 중요하게 평가할 수 있도록 하여야 한다. 정부에서도 2009년부터 공무원 채용 때 봉사정신 등 공직 적합성 검증을 강화하는 추세이다.[4] 다양한 방법을 통하여 공

4) 파이낸셜뉴스, "공무원 채용 때 봉사정신 등 검증 강화한다"(기사입력: 2009년 6월 9일, 기사검색: 2012년 5월 28일). 이 기사에서, 행정안전부는 "기존 공무원 면접시험은 업무수행과 관련된 측면 평가 중심으로 이뤄져 공직자로서의 가치관 · 태도 측면에 대한 검증이 부족했다"며 "특히 공무원은 국민에게 봉사 · 헌신하는 마음가짐이 가장 중요한 만큼 봉사정신을 중점적으로 검증하고 윤리의식과 준법정신 등도 평가할 예정"이라고 말했다. 행정안전부 관계자는 "기존 면접시험에서 다소 불명확하게 정의됐던 '공무원으로서의 정신자세'를 보다 명확하게 정의하고 심층적인 검증을 통해 국민의 공복(公僕)으로서 자세를 갖춘 사람을 채용할 것"이라고 말했다.

직자로서 갖추어야 하는 사명감과 의식, 공공봉사동기 등을 보다 심도 있게 검증할 수 있도록 제도적 보완이 필요하다. 이를 위한 방안으로 상황판단검사(situational judgment test)를 들 수 있다. 상황판단검사는 업무수행과정에서 당면할 만한 실제적이면서도 어려운 상황을 제시하고 지원자에게 이러한 상황에서 무엇을 어떻게 할 것인지를 묻는 방법으로, 지원자의 가치관과 태도를 평가하는 데 유용하다. 또한 과거의 행동은 미래의 행동을 예측할 수 있기 때문에, 과거 행동이나 경험을 중심으로 한 심층면접도 공공봉사동기를 평가하는 중요한 수단이 될 수 있다(Paarlberg, Perry, & Hondeghem, 2008: 270). 또는 지원자의 성품을 평가하여 공직 부적격자를 가려낼 수 있도록 인성검사를 도입하는 방안도 고려할 수 있다.[5)]

둘째, 공직채용박람회와 같이 정부와 공직에 대한 정보를 얻을 수 있는 기회를 통하여, 지원자들에게 자신의 가치관과 희망이 실제 정부조직이나 공직 업무와 부합하는지를 평가할 수 있는 기회를 제공하여야 한다. 채용 면접이나 직무 소개를 통하여 정부조직의 문화와 가치를 이해하고 본인의 가치관과 조직이 추구하는 가치와의 적합성(fit) 여부를 스스로 판단할 수 있는 기회를 부여하여야 한다. 공무원 채용공고를 낼 때에도 직무수행요건에 대한 설명에서 공직자로서 가져야 할 자세와 태도가 자세하게 소개되어야 할 것이다. 채용과정에서도 정부와 지원자가 서로에 대하여 충분한 정보를 얻을 수 있도록 하여야 한다(Paarlberg, Perry, & Hondeghem, 2008: 270). 공공봉사동기는 보수, 봉사 기회 등 다른 직무 특성과의 상호작용을 통하여 직업 선택 결정에 영향을 미치고(Christensen & Wright, 2011), 개인-조직 적합성이

5) 이 방안은 정원희 박사가 제안(2013. 1. 24. 사적 대화)한 것이다.

공공봉사동기와 공직 선택 간의 관계를 매개하므로, 공공봉사동기 수준이 높은 사람들이 보다 정부에 호감을 갖고 지원하도록 공무원 채용과정에서 그들의 봉사지향적인 가치와 욕구에 보다 부합할 수 있도록 적극적인 노력을 경주하여야 한다(Carpenter, Doverspike, & Miguel, 2012).

셋째, 공무원 시보임용제도를 적극적으로 활용하여야 한다. 지금은 공무원 임용시험에 최종 합격된 자를 공무원으로 정식 임용하기 전에 일정한 기간 동안 실제로 직무를 수행할 수 있는 기회를 부여하는 시보(試補) 임용을 하고 있다. 시보임용은 임용후보자들이 행정실무나 관리 능력을 익히도록 하는 한편, 그들의 직무수행의 적격성 여부를 심사하려는 데 그 의의가 있다. 시보기간 동안은 신분이 보장되지 않는다. 시보의 근무 성적이 불량하거나 징계 사유에 해당될 경우에는 면직, 면직 제청 또는 징계위원회의 의결을 거쳐 징계를 할 수 있다. 하지만, 실제 그런 경우는 거의 없는 실정이다. 우리나라에서는 시보제도가 선발과정으로써 기능을 수행하지 못한 채 형식적으로 운용됨으로써, 초임공무원에게 필요한 기초적인 조직적응 훈련의 의미만 소극적으로 수행하고 있다는 평가를 받고 있다(강성철 외, 2008: 292). 따라서 시보임용기간 동안 임용후보자의 공직관, 윤리의식, 공공봉사동기 등을 측정하거나 평가하기는 매우 어려운 실정이다. 앞으로 시보임용제도를 보다 적극적으로 활용하여 공무원으로서의 적격성 여부를 검증하는 기회로 활용하여야 한다. 임용후보자에 대한 체계적인 평가체계를 구축하여, 임용후보자의 직무수행능력뿐만 아니라 공공봉사동기를 비롯한 공직자로서 갖추어야 할 가치관과 태도를 종합적으로 평가하여야 한다. 이처럼 시보임용제도를 공직에의 부적격자를 가려내는 최종적인 선발과정으로 적극 활용하여, 공무원 선발의 타당성을 제고하여야 할 것이다.

넷째, 공무원시험에 응시하기 전에 반드시 공직생활에 대한 강좌를 이수하도록 의무화할 필요가 있다. 각 대학마다, 그리고 한국방송통신대학교, 사이버대학교 및 교육방송(EBS)을 통하여 공직생활을 소개하는 "정부와 공직생활에 대한 이해(가칭)" 강좌를 무료로 개설하도록 하고, 반드시 이 강좌를 미리 이수하여야만 공무원시험에 응시할 수 있는 자격을 부여하도록 할 필요가 있다.[6] 이 강좌에서는 헌법의 기본정신, 정부의 역할, 행정부와 입법부와의 관계, 중앙정부와 지방자치단체 간의 관계, 공공가치와 공익, 정부와 국민과의 관계, 공직윤리, 공무원의 역할과 의무 등 올바른 공무원이 가져야 할 가치관과 태도를 배울 수 있도록 하여야 한다. 이 강좌는 점수화하지 않고, 이수(통과) 여부만으로 공무원시험 응시자격 여부를 판단할 수 있도록 하는 게 타당하다. 마치 숙려(熟廬)기간을 두는 것처럼, 무작정 신분보장이나 안정적 보수 때문에 공직에 지원하는 게 아니라 본인 스스로 내가 공직을 감당할 만큼의 사명의식을 갖추고 있는지 점검한 후, 비로소 국가와 국민을 위해 평생 헌신하겠다는 신념이 서면 그 때 공무원시험에 응시하도록 정부가 유도할 필요가 있다.

정부가 보다 적극적으로 공직에 적합한 인재를 채용하고자 노력하여야 한다.[7] 공직 선택동기에 따라 공무원이 되고 난 후 조직생활 및

---

6) 2시간씩 15회, 30시간 정도 교육이면 적절할 듯하다.

7) "'정부는 오직 국민을 위해 존재하며, 공무원은 그 봉사자'라는 소명의식 없이, 아직도 공직 진출을 입신출세(立身出世)의 수단이나 평생직장이 보장되는 '철밥통' 쯤으로만 생각하는 공무원들이 존재하는 한, 우리는 결코 선진국이 될 수 없다. 모름지기 '공직이란 세금을 내는 국민을 하늘처럼(적어도 고객으로) 모시는 심부름꾼'이라는 이 지극히 초보적인 인식이 초등학생부터 모든 공직지망생들에 이르기까지 모두에게 철저하게 각인되도록 해야 하며, 필요한 제도의 혁신 없이는 선진국으로의 진입이 절대 불가능하다는 사실을 잊지 말아야 하겠다."(조창현, 〔칼럼〕대한민

업무수행과정에서의 태도와 행동이 다르다(김상묵, 2005). 공익과 공적 가치에 대한 추구, 사회적 약자에 대한 동정심, 국가와 국민을 위한 헌신 등 공직자로서 국가와 사회를 위해 봉사하려는 공공봉사동기 수준이 높은 인재가 정부에 많이 들어올수록 정부의 질도 높아지고 정부에 대한 국민의 신뢰도 증진될 수 있을 것이다.

제3절 직무 재설계

국가와 국민을 위하여 봉사하려고 공직에 들어온 공무원들이 공직생활에서 더 많은 보람과 성취감을 느낄 수 있도록 지원하여야 한다.[8)]공공봉사동기 수준이 높은 공무원일수록 내재적 보상을 중요시한다(Crewson, 1997; Houston, 2000; Wright, 2007). 국민에게 더 가치 있는 서비스를 제공하고 공익 증진을 위한 정책과 프로그램을 개발·집행하면서 공무원들은 자신이 중요한 업무를 수행하며 이를 성공적으로 수행할 수 있는 능력을 보유하고 있다는 점에서 성취감을 느끼고, 일의 성과를 통해 스스로 보람과 만족감을 느끼는 내재적 보상을 얻게 된다. 따라서 공무원이 업무수행을 통하여 더욱 많은 보람과 성취감 등 내재적 동기부여가 이루어지도록 직무가 설계되어야 한다.

직무 설계(job design)란 특정한 직무 수행자에게 업무를 부여하고

국의 국가경쟁력은? 문화저널21, 2012년 6월 28일자. http://www2.mhj21.com/sub_read.html?uid=57366&section=sc128).

8) 직무 재설계 방안에 대한 설명은 아래 학술논문을 토대로 한 것이다.
김상묵·김영종. 2005. 정부조직의 직무특성에 관한 연구. 『한국행정학보』, 39(2): 63-86.

업무를 성취하기 위하여 활용해야 하는 기술, 장비, 과정 등을 제시해 주는 과정을 의미한다. 즉, 누가 어떤 일을 어떻게 수행해야 하는가를 설정해 주는 것이다. 직무 설계는 공무원으로 하여금 담당 업무의 사회적 중요성에 대한 이해를 증진하고 달성해야 하는 목표의 명료성을 제고하여 공공봉사 가치와 성과 간의 관계를 더욱 강화한다. 이를 통하여 공무원의 기존 공공봉사 가치를 증진하고 가치와 행동 간의 관계를 강화한다(Grant, 2007).

Hackman & Oldham(1975; 1980)은 직무특성모형(job characteristics model)을 통하여, 직무 특성이 심리 상태에 영향을 미치게 되고 그 결과 높은 내재적 동기, 높은 성장 만족도, 높은 직무만족과 업무성과 향상을 초래하게 된다고 한다. 따라서 관리자들은 핵심적인 직무 특성을 제고하도록 직무를 재설계함으로써 내재적 동기부여를 촉진하는 심리상태를 조장할 필요가 있다고 한다. 내재적 업무동기는 기능 다양성(skill variety), 과업 정체성(task identity), 과업 중요성(task significance), 자율성(autonomy), 환류(feedback) 등 5가지 핵심적인 직무 특성의 상태에 의해 촉진된다고 한다. 일반적으로 이러한 핵심적인 직무특성은 비록 정도의 차이는 있지만 모든 직무에서 발견할 수 있는 공통적인 특성이다. 기능 다양성은 특정 직무를 수행하는 데 필요한 기능과 능력의 정도를 의미한다. 이것은 공무원이 자신의 기능과 능력을 얼마만큼 다양하게 발휘할 수 있도록 하는가에 초점을 두고 있다. 둘째, 과업 정체성은 업무가 분명한 정체성을 지니고 업무 전체의 완결을 요구하는 정도를 의미한다. 즉, 업무의 시작부터 가시적인 결과를 나타내는 끝까지 업무를 수행하는 정도를 말한다. 셋째, 과업 중요성은 업무가 조직 내외의 다른 사람의 생활이나 업무에 심대한 영향을 미치는 정도를 의미한다. 넷째, 자율성은 업무를 수행하는 과정을 결정하고 일정을 수립하는 데 공무원에게 부여된 자유, 독립성, 재량권의 정도를 의미한다. 다섯째, 환류는 자신이 수행한 업무의 결과가 얼마나 효과적인지에 대하여 분명하고 직접적인 정보를 얻는 정도를 의미한다.

정부조직과 민간기업조직은 환경적 요인, 조직-환경 간 관계, 조직의 역할 · 구조 · 과정에서 상당한 차이가 있다. 민간조직과는 달리 대부분의 정부조직은 산출물을 경제시장에서 판매하지 않는다. 따라서 경제시장에 의해서 제공되는 정보와 인센티브는 없거나 미약한 실정이다. 시장의 부존재(不存在)로 인해 다른 정부기관(입법부, 사법부 및 감사기관 등)은 정부조직의 업무수행절차, 운영 및 전략목표에 대한 과중한 외부적 통제를 부과하는 법적 · 제도적 제약장치를 활용하게 된다. 이로 인해 정부조직은 민간조직에 비하여 목표와 성과기준이 보다 복잡해지고, 내부 규칙과 보고체계도 더욱 정교하게 구비되며 보다 엄격한 계층제적 구조와 집권화 경향을 보이게 된다(Rainey, 1997). 이러한 공사조직 간의 차이는 개별 구성원의 담당 직무에도 반영되어 정부조직의 직무특성과 민간조직의 직무특성은 서로 상이할 것으로 예측할 수 있다. 정부조직의 경우에는 보다 엄격한 내부적 통제, 계층제적 구조와 집권화 경향으로 인하여, 특정 업무를 한 공무원이 전담하여 결정을 내리고 집행하며 업무에 대한 포괄적인 권한과 책임을 지기보다는 오히려 수직적인 조직계층의 여러 사람이 권한과 책임을 분담하고 수평적인 조직계층의 다수 공무원이 의사결정과정에 참여하는 경향이 많다. 우리나라 중앙부처와 광역자치단체 그리고 정보통신분야의 대표적인 민간기업체들을 대상으로 한 직무진단조사 결과를 보면, 민간기업체는 정부조직에 비하여 업무수행을 통한 내재적 동기부여 가능성이 높다고 한다(김상묵 · 김영종, 2005). 이는 공무원들의 경우 업무수행을 통한 내재적 동기부여 가능성이 민간기업에 비하여 현저하게 낮다는 것을 의미한다. 다른 모든 변수들을 상수로 가정할 경우, 내재적 동기부여 수준이 높은 조직이 그렇지 않은 조직에 비하여 보다 성과가 높으며 구성원들의 만족도도 높다고 할 수 있다. 정부조직이 직무 재설계를 통하여 공무원의 내재적 동기를 보다 더 유발할 수 있기 위해서는 다음과 같은 방안을 더욱 적극적으로 고려할 필요가 있다.[9)]

첫째, 과업의 중요성에 대한 공무원의 인식을 제고하여야 한다. 이를 위해서는 먼저 직무 목표를 명확히 설정하여야 한다. 직무 목표의 설정은 공무원이 담당하는 업무를 수행함으로써 어떤 성과를 달성해야 하는가를 제시해 주는 것으로, 조직 전체의 비전과 목표 및 조직 단위의 목표와 계층적으로 연계되어야 한다. 즉, 각 공무원이 주어진 목표를 성실히 달성하면 곧 조직 전체의 목표가 달성되는 연쇄효과를 가져야 하며, 이를 공무원들이 숙지하여야 한다. 이를 통해 공무원들 스스로 담당하고 있는 업무가 얼마나 중요한지, 그리고 왜 중요한지를 인식할 수 있게 하여야 한다. 또한 공무원이 수행하는 업무의 모호성을 줄여야 한다(한에스더·이근주, 2012). 공무원이 수행하는 업무의 내용·절차·효과 등에서 공무원이 체감하는 모호성을 최소화하도록 관리전략을 수립하고, 담당 업무의 구체적인 내용, 수행하는 업

9) 우리나라 중앙행정기관의 중상위층 관리자(실·국장급 및 과장급)들을 대상으로 한 직무성격 및 직무동기에 대한 조사 결과를 바탕으로 정책적 함의를 논의하면서, 박천오(2008)는 중앙행정기관의 경우 정책 및 프로그램의 형성과 실행에 관련된 업무 비중이 높으며, 이것이 주요 동기유발 인센티브가 된다고 파악하고 있다. 이로 인해 중상위층 관리자들이 상당한 수준의 공공봉사동기를 지녔다고 해석할 수 있으며, 직무 재설계 등을 통해 보다 의미 있는 과제를 부여하고 직무수행 과정에 자율성을 확대하여 중상위층 관리자들에 대한 내재적 인센티브를 지속적으로 강화하여야 할 필요성이 있다고 한다.

무의 실질적인 의미, 성과 관련 정보를 충분하고 지속적으로 제공하여 업무와 관련된 불확실성을 최소화 하여야 할 것이다. 업무에서 목표의 역할을 재발견하는 것이야말로 업무와 공무원의 동기를 연결하는 열쇠이다. 목표를 명확하게 이해하지 않고서는, 공무원들이 자신의 업무 행동에 대한 이성적인 선택을 할 수가 없고, 자신의 일이 가진 의미를 발견할 수 없다. 동기유발을 위해서는 공무원들에게 자신의 일상을 구조화하고 자신이 몰두할 수 있는 의미 있는 일을 부여하여야 한다. 이를 위해서는 직무 목표의 설정, 조직-부서-개인별 목표간 연계 강화 등의 방안을 고려할 수 있다. 그리고 설정된 직무 목표와 부합되는 구체적이고 명확한 업무를 부여하고 업무에 대한 권한과 책임을 분명하게 설정하여 업무에 대한 주인의식(ownership)을 고취하여야 한다. 아울러 업무의 성과에 대한 본인의 역할과 기여가 중요하다는 점을 인식하도록 하여 업무성과에 대한 책임의식을 강화할 필요가 있다(한에스더 · 이근주, 2012). 이를 통해 자신이 수행하는 업무가 왜 중요하며, 업무성과가 어떤 의미가 있는지를 인식할 수 있도록 하여야 한다. 아울러 불필요하거나 중복적인 업무를 제거하여 공무원들이 더 의미 있고 중요한 업무에 집중하도록 하여야 한다. 업무가 중요하다고 인식할수록 업무에 대한 책임감과 보람이 증진되고, 업무성과로 인한 내재적 보상은 증가한다.

둘째, 과업의 정체성을 제고하여야 한다. 이를 위해서는 먼저 업무의 완결성 제고가 필요하다. 책임감이란 나눌 수 있는 성질의 것이 아니다. 목표 달성에 대한 기쁨을 맛볼 수 있도록 시작과 끝을 서로 연계시키는 것이 필요하다. 커다란 만족을 느낄 수 있는 업무는 대개 단독으로든 팀으로든 처음부터 끝까지 작업할 수 있는 업무, 완결적인 단위를 형성하는 업무들이다. 하나의 업무 전체, 자신이 한 일로 인정받을 수 있는 일을 완수하는 것이 보다 의미 있는 일이다. 따라서 가능하다면 개개인의 공무원들이 한 프로젝트 전체를 혹은 최소한 한 프로젝트의 중요한, 눈으로 확인할 수 있는 부분을 수행할 수 있도록 업무 과제를 설계하거나 할당하는 것이 중요하다. 이 직무 설계의 원칙은 공무원들이 보다 큰, 그리고 확인 가능한 공헌을 하도록 유도한다. 이는 또한 공무원들이 더 큰 자부심을 가질 수 있도록 해주기도 한다. 이를 위해서는 주요 사업에 대한 전담관리자(project manager)제도 도입, 주요 업무에 대한 업무전담제 실시 등의 방안을 고려할 수 있을 것이다.

셋째, 자율성을 제고하여야 한다. 이를 위해서는 권한위양(empowerment)이 더욱 활발하게 이루어져야 한다. 권한이양 혹은 권한부여라고도 번역되는 임파워먼트의 보다 정확한 의미는 '능력을 키워주고 그에 걸맞는 권한을 부여한다'는 뜻이다. 부연하면, 공무원의 업무수행능력을 제고시키고 상급자들이 지니고 있는 권한을 실무자에게 위양하여 그들의 책임 범위를 확대함으로써, 공무원들이 보유하고 있는 잠재능력 및 창의력을 최대한 발휘시키는 방법이다. 업무수행에 대한 권한과 책임이 주어지면 공무원은 선택의 느낌(sense of choice)을 갖게 된다. 자신이 일을 주도해 나가는 책임 있는 의사결정자라는 자각과 자신이 성숙한 성인처럼 느껴짐을 알 수 있다. 따라서 일에 더욱 몰입하게 되고 새로운 정보를 알려고 하고, 보다 많은 호기심과 흥미를 갖게 된다. 행동의 자율성이 있으므로 상황이 변화되거나 더 좋은 방안이 생각나면 그 즉시 조정하고 조치를 취할 수 있다. 권한의 위양은 새로운 일의 시작, 혁신과 창의성, 그리고 이전에 없었던 실험적 시도 등을 유발할 수 있다. 또한 공무원은 강한 주인의식을 느끼고 자신의 결정에 따른 결과에 대해 개인적으로 책임감을 느끼게 된다.

이를 위해서는 업무의 목표와 방향을 설정한 후 구체적인 수행방법은 담당 공무원에게 위임하는 재량권 확대, 권한의 하부 위임을 확대하는 전결권 부여 확대 등의 방안이 적절하다. 아울러 담당 직무에 유연성을 부여할 필요가 있다. 명확한 직무규정은 각 공무원이 담당하여야 할 역할과 기능을 분명하게 해 준다는 장점이 있으나 한편으로는 일을 적게 하려는 구실로 활용되고, 직원들의 타 분야에 대한 이해나 조율 수준이 낮아지고, 관리자가 직무범위 내에서만 업무 지시가 가능하며, 기능별 구조조정을 최소화하는 도구로 활용되는 문제점이 있다. 명확한 직무규정은 조직이나 부서가 환경변화에 보다 신속하게 대응하고 특정 문제에 대하여 공동 노력하거나 공무원 상호 간의 협력과 조정을 하는 데에는 오히려 장애가 되고 있다. 따라서 업무 경계에 있는 직무에 유연성을 부여함으로써 인력을 충분히 활용하고, 업무 기능 간의 보다 강력한 인간관계를 구축하고 조율 수준을 높일 필요가 있다(Gittell, 2003). 각 공무원의 담당직무에 '조직목표 달성과 조직활동의 효율성 제고를 위해서 해야 할 것은 모두 포함한다'는 항목을 추가하는 것도 고려할 만하다. 이는 지금도 공무원의 업무가 과중한데 더욱 격무에 시달리게 만든다고 생각할 수도 있으나, 불필요한 업무를 과감히 제거하고 본인의 판단에 맡긴다면 공무원의 조직에 대한 기여도를 증진시키고 조직을 위해 보다 헌신할 수 있도록 유도하여 공무원의 내재적 보상을 증진시키는 계기가 될 수 있을 것이다.

넷째, 더욱 적극적인 환류가 필요하다. 업무수행에 대한 성과 점검 및 환류는 공무원의 업무수행과 목표 달성 정도를 정기적으로 점검하고, 업무수행에 대한 자문과 조언을 통해 지속적으로 개선과 발전을 유도하는 관리과정을 의미한다. 이러한 점검은 정기적으로, 예측 가능하게 이루어지며, 보다 건설적인 방향으로의 변화와 발전을 유도하는 긍정적인 측면의 평가를 의미하며, 관리자와 부하 간의 쌍방향적인 의사소통을 통해 이루어진다. 이러한 환류를 통해 공무원은 자신의 업무수행 성과에 대한 정보를 얻을 수 있을 뿐만 아니라 업무수행 방식의 개선과 발전을 통해 자신의 역량을 제고할 수 있다. 따라서 공무원에 대한 성과 점검과 환류는 공무원의 성과 향상을 유도한다. 긍정적인 환류는 역량감을 증가시키지만 부정적 환류는 그것을 저하시키며, 사람들은 긍정적인 환류보다 부정적인 것에 훨씬 더 민감한 경향이 있다. 따라서 적극적인 칭찬을 통해 조직원들의 노력에 의해 달성된 긍정적인 측면들에 더 초점을 맞추어야 할 것이다.

제4절 정부의 조직관리

정부조직의 관리방식 개선도 함께 수반되어야 한다. 그동안 정부조직은 중앙집중적·계층제적 통제와 상세한 규정과 절차를 바탕으로 조직을 관리하여 왔다. 하지만 이러한 관리방식은 공무원들이 뚜렷한 목표의식 없이 부여된 일만 하도록 요구하여, 업무수행을 통해서 얻을 수 있는 보람과 성취감, 만족 수준을 위축시켜 왔다. 이로 인해 공무원들은 업무수행을 통해 얻을 수 있는 내재적 보상에 대한 욕구를 충족시킬 수 있는 기회를 충분히 갖지 못하였다고 볼 수 있다. 조직생활과 업무수행을 통하여 공무원들의 공공봉사동기 증진을 유도할 수 있도록 조직을 관리하여야 한다.

첫째, 공무원들에 대한 교육훈련과 조직 내 사회화 과정을 통해 직무수행을 통한 보람과 성취감이 중요한 직무가치가 되도록 유도하여야 한다. 조직의 사명, 비전, 전략, 리더십과 자신의 가치가 서로 부합한다고 인식할 때 공공봉사동기가 증진된다. 공직이 항상 공무원의 공공봉사동기를 충족시킬 수 있는 기회를 제공하는 것은 아니다(Vinzant, 1998). 공공봉사동기 수준이 높은 지원자들은 공직에 들어온 후 제도적 규제와 조직의 규칙들로 인해 봉사하려는 자신들의 열망이 제약을 받게 된다면 좌절하게 될 것이다(Moynihan & Pandey, 2007). 적실성 있는 교육훈련과 멘토링(mentoring)을 통해 직무수행을 통한 내재적 보상의 중요성을 인식시키고 공직생활의 보람과 매력에 대하여 공무원들이 올바르게 인지할 수 있도록 하여야 한다. 공공봉사동기가 공무원의 직무만족과 조직몰입에 미치는 영향은 자신들의 업무가 공공봉사동기를 충족시킬 수 있는 기회를 제공한다고 느낄 때 보다 강해진다(Steijn, 2008; Taylor, 2008). 그러므로 정부조직은 조직의 사명과 비전에 공공가치가 명확하게 반영되도록 설정하고, 이러한 가치들을 공무원들과 소통하는 데 많은 노력을 기울여야 할 것이다.

둘째, 조직의 응집력 제고가 요구된다. 목표와 비전은 이질적인 사람들이 문제 해결을 위해 서로 협동하고 노력을 조화시키는 구심점을 제공한다. 조직의 비전은 공무원들에게 의미 있고 가치 있는 미래상을 제시하는 것이다. 이 공유된 비전이 없다면 조직의 열정은 초점이 없어지거나, 통합되지 않고 서로 다른 방향으로 흩어질 수 있다. 공무원 모두가 이러한 목표와 비전을 인식하고 상호 협력하도록 조직 전체가 공공가치 실현과 공익 증진을 추구하는 공동운명체임을 자각하도록 하여야 한다. 응집력 제고를 위해서는 의사결정에의 참여 확대, 수평적 논의 공간 제공 등 개방적이고 원활한 의사소통이 가능하도록 조직분위기를 개선하여야 한다.

셋째, 상사의 역할 변화를 추구하여야 한다. 앞으로 상사의 역할은 결정을 강요하기 위해서 권위와 힘을 행사하는 일은 줄이고, 주로 부하의 의사결정과 업무수행에 대하여 지식과 정보를 제공하고 전문가로서 자문을 해주는 데 중점을 두어야 한다. 부하에게 권한과 책임을 많이 부여하게 되면, 부하는 상사가 제공하는 자료를 환영하고 더 찾게 될 것이다. 팀 빌딩(team building) 기술과 같은 대인관계 및 사회적 기술을 습득하여 부하들과 적극적으로 교감하면서, 상사는 코치와 같은 역할을 수행하여야 한다. 부하직원들이 업무수행을 통하여 보람과 긍지를 느끼며 이를 통해 공공봉사동기가 보다 증진되도록 유도하고, 부하직원의 성공적인 업무수행을 통한 경력개발을 돕는 상담자・조력자의 역할을 담당하여야 한다. 또한 협력적이며 지원적인 업무환경 조성을 통하여 부하들을 격려하고 보다 발전하도록 유도하여야 한다.

넷째, 공무원의 자부심을 고취하여야 한다. 조직관리의 가장 중요한 목표는 공무원들이 주인의식과 자부심을 갖도록 하는 것임을 인식해야 한다. 담당하는 일의 목표가 의미 있고, 업무를 자기책임하에 수행하도록 재량권이 부여되며, 업무를 수행하면서 자신이 유능하다고 느끼고, 목표를 성취해 가고 있다는 느낌을 공무원이 받도록 하여야 한다. 공무원들이 국가와 사회 발전을 위하여 자신들이 중요한 역할을 수행한다고 여기는 자부심이 강할수록 공공봉사동기가 보다 증진될 것이다. 공무원들이 국가와 사회 발전에 기여한다는 자부심과 책임감을 느끼도록 조직을 관리하는 것이 관리자의 책무임을 인식하여야 한다.

다섯째, 공무원으로서의 바람직한 태도와 행동을 보여 주지 못하는 공무원을 걸러낼 수 있는 제도적 장치를 마련하여 부적격자를 퇴출시킬 수 있는 가능성을 열어두어야 한다. 한 번 공무원이 되면, 정년까지 무사히 간다는 인식이 바뀌도록 하여야 한다. 공직자로서 갖추어야 할 자세와 자질을 구비하지 못한다면, 국가발전과 사회를 위해 봉사하려는 의지와 자세가 갖추어져 있지 않다면 공직사회에서 퇴출될 수 있다는 점을 명확하게 해 줄 필요가 있다. 더욱 심도 있는 검토가 필요하겠으나, 퇴출 가능성을 열어 준다는 사실만으로도 상당한 자극이 될 수 있을 것이다.

제5절 맺음말

어떻게 하면 공공봉사동기를 보다 증진시킬 수 있을까? 여러 가지 방안을 모색해 볼 수 있겠으나, 가장 좋은 방법은 다양한 체험을 통하여 스스로 국가와 사회를 위해 기여하거나 공공가치 실현과 공익의 증진을 위하여 노력하고 싶다는 생각이 스스로 들도록 안내하는 것이다. 지금까지의 연구성과를 돌이켜 보면, 개인적인 차원의 가정교육, 봉사경험, 사회생활, 직장에서의 사회화 및 업무수행 경험 등 다양한 형태의 사회화가 공공봉사동기의 형성과 증진에 긍정적인 영향을 미친다고 볼 수 있다. 하지만 공공봉사동기 형성에 큰 영향을 미친다고 볼 수 있는 가정생활이나 개인적인 경험은 각자 상이할 뿐만 아니라 제도적으로 관여할 수 있는 영역이 아니다. 이 장에서는 우리 사회 전반의 공공봉사동기 증진을 위한 학교교육과 공직사회의 공공봉사동기 증진을 위한 방안을 제시하였다.

초·중등교육에서는 점수화하지 않는 행동 중심의 교과목 개설과 이수를 통하여 집단활동, 체험학습, 탐방, 봉사활동, 과제수행 등 학생들이 직접 참여하고 체험하는 교육으로 우리 모두가 서로 의존적인 존재임을 경험적으로 깨닫게 하고, 우리 사회에는 여러 가지 삶의 모습들이 공존하며 도움과 관심이 필요한 많은 이웃과 시급히 해결하거나 개선해야 하는 많은 사회문제가 있고 우리 모두를 위하여 함께 추구해야 하는 소중한 가치와 규범들이 존재한다는 것을 머리와 가슴으로 익히도록 하여야 한다. 행동과 체험을 통한 배려, 협동, 봉사와 같은 다른 사람들과의 상호작용은 공공봉사동기의 형성에 긍정적으로 기여할 수 있을 것이다.

공무원 채용과정에서 정부가 더 적극적으로 공공봉사동기 수준이 높은 인재들이 공직에 지원하도록 유도하고, 공직생활에 대한 강좌 이수 및 공직채용박람회 등을 통하여 신분보장이나 경제적으로 안정된 생활을 위해서가 아니라 공직자로서 국가와 사회를 위해 봉사하려는 사명의식이 충만한 인재들이 지원하고 선발될 수 있는 제도를 마련하여야 할 것이다.

공공봉사동기 수준이 높은 공무원일수록 내재적 보상을 중요시한다고 볼 수 있으므로, 공무원이 업무수행을 통하여 더욱 많은 보람과 성취감 등 내재적 동기부여가 이루어지도록 직무가 설계되어야 한다. 내재적 업무동기는 기능 다양성, 과업 정체성, 과업 중요성, 자율성, 환류 등 핵심적인 직무 특성을 제고하도록 직무를 재설계함으로써 내재적 동기부여를 촉진하는 심리상태를 조장하여야 할 것이다.

또한 조직생활과 업무수행을 통하여 공무원들의 공공봉사동기 증진을 유도할 수 있도록 조직을 관리하여야 한다. 공무원에 대한 교육훈련과 평가뿐만 아니라 리더십, 의사소통, 의사결정, 조직문화, 동기부여 등 정부조직의 인력관리 및 조직관리를 통하여 공무원들이 업무수행을 통해서 얻을 수 있는 보람과 성취감 및 만족 수준을 제고하고 공공봉사동기를 증진시켜야 할 것이다. 아울러 정부는 국가와 사회를 위하여 공공가치를 증진하고자 최선을 다한다는 분명한 조직 정체성을 부각시켜야 하며, 정부와 국민 간의 긴밀한 소통을 통하여 공무원들에게 끊임없이 국가와 사회를 위해 봉사한다는 정체성을 부여할 필요가 있다.

제7장
마무리

제 7 장 마무리

현대사회에서 인간은 혼자만의 힘으로 살아갈 수 없다.[1] 모든 사람들이 아름답고 행복한 삶을 꿈꾸지만, 이 또한 개인의 노력과 능력만으로 성취되지는 않는다. 이웃과 사회의 도움 없이는 원하는 성취를 이루기 어려우며, 혼자서 모든 걸 해결하고자 하여도 정부와 사회가 뒷받침해 주지 않는다면 어렵다. 결국 인간은 국가와 사회라는 틀 안에서 서로 관계를 형성하며 도움을 주고받으며 살아가는 것이다. 때로는 모든 사회생활과 인간관계에서 해방되어 혼자만의 공간에서 어떤 방해도 없이 살고 싶은 충동을 느끼지만 그것이 지속될 수 없다는 것을 우리 모두 잘 알고 있다. 라면을 먹으려 해도 슈퍼마켓에 가서 여러 사람의 노력으로 만든 라면을 슈퍼마켓 주인에게 돈을 주고 사야 한다. 깊은 산속에서 도를 닦으며 산다 해도 누구의 도움 없이 지내기는 힘들 것이다. 가족이든 친구이든 누군가와는 관계를 맺고 도움을 주고받고 살 수밖에 없다.

버스를 타고 등교하는 상황을 예로 들면, 도로공사를 한 건설업체나 인부들이 부실공사를 하지 않았기에, 교통신호등을 만든 업체나

1) 아래 내용은 『서울과기대신문』, 제512호(2012년 6월 11일자)에 실린 교수칼럼 "만인채무론"(김상묵)에서 소개된 바 있다.

근로자들이 불량품을 만들지 않았기에, 버스 회사가 부실하게 정비를 하지 않았기에, 운전기사가 안전운전을 했기에 우리는 무사히 학교에 온다. 만약 누군가가 수익을 더 많이 남기려 했거나 기분 내키는 대로 일했다면 사고가 났을 수도 있을 것이다. 아마도 공사를 하거나 정비를 하면서 승객들의 안전을 염려했기 때문에 그렇게 하지 않았을 것이다. 아니면, 불량품을 만들거나 부실공사를 하면 처벌을 받기 때문에 그렇게 하지 않았을 것이다. 그렇다면 처벌 규정을 만든 국회의원이나 공무원이 있기에 무사히 학교에 온다. 이처럼 우리는 알게 모르게 많은 사람들의 신세를 지면서 세상을 살아간다.

학교 근처 식당은 점심을 먹으러 오는 학생들이 있기에 장사를 할 수 있고, 병원은 계절마다 아픈 환자들이 있어서 문 닫을 걱정을 않고, 이동통신사는 수다스러운 이용자들로 인해 수익을 올리고, 국회의원은 놀러가는 대신 국민의 의무를 다한 유권자들이 있기에 당선되며, 공무원은 세금을 충실히 납부하는 납세자 덕분에 봉급을 받고, 대학은 학생들이 있기에 운영된다. 지금 첨단제품으로 많은 수익을 올리는 큰 기업이라고 하더라도, 그동안 성능이 좀 떨어지더라도 국산품을 애용해야 나라가 발전한다는 신념으로 상품을 구매해 준 많은 국민들과 자국 기업을 보호하고 육성해야 국가경제가 발전한다고 여겨 다양한 정책적인 지원을 해 온 정부가 있었기에 생존과 성장이 가능하였다고 볼 수 있다. 한편, 이를 다시 뒤집어 생각하면, 학생들은 식당이 있어서 맛있는 점심을 먹고, 환자는 감기만 들어도 의사를 만나며, 이동통신사가 있기에 연인들은 별을 보며 임을 그리워하지 않아도 된다. 즉, 우리 모두는 누군가에게 도움을 주며 또한 누군가로부터 도움을 받는다.[2)]

2) 2013년 1월 13일 방영된 KBS 2TV의 "다큐3일 – 광장시장 먹자골목의 72시간의

이처럼 모든 사람들은 다른 모든 사람들에게 빚을 지고 있다. 하지만 실제 빚을 갚거나 돌려받을 방법은 없다. 누구에게 얼마나 빚을 지고 있는지 모두 다 계산할 수도 없고, 또 일일이 찾아다니면서 빚을 갚으려면 비용과 시간이 많이 들어 하려야 할 수도 없다. 그래서 두루두루 여러 사람들과 관련 있는 일을 찾아 함으로써 개별적인 채무를 한꺼번에 상환하는 게 보다 현실적임을 알게 된다. 일일이 만나서 개인적으로 빚을 정리하는 대신에 여러 사람들이 모인 사회를 위해 봉사함으로써 다른 많은 사람들에 대한 빚을 갚는 셈이 되며, 또한 타인의 노력으로 증진된 공공가치와 공익으로부터 혜택을 받음으로써 다른 많은 사람들로부터 빚을 상환받은 셈이 되는 것이다. 결국 개개인의 채무 정리는 국가와 사회를 위한 공공봉사를 매개로 이루어지게 된다. 즉, 국가와 사회를 위한 봉사를 통하여 그동안 마음속으로 빚진 여러 사람들에게 보답할 수 있는 기회를 갖게 되는 것이다. 우리가 사회의 공공가치 실현과 공익(公益)의 증진을 위하여 노력하려는 의지를 가지는 근저(根底)에는 명시적이든 묵시적이든 간에 우리 모두의 마음속에 다른 모든 사람들에게 빚을 지고 있다는 채무(債務) 의식이 있다고 생각한다.

예를 들면, 마이크로소프트의 공동창업자이자 세계 2위 부호인 빌 게이츠(Bill Gates)는 650억 달러(약 69조 1,299억 원)에 이르는 자신의 재산을 타인의 생명을 살리는 데 쓰겠다고 밝혔다. 이를 위한 조치로 우선 향후 6년 동안 18억 달러(약 1조 9,208억 원)를 전 세계 소아마비 퇴치운동에 쓸 계획이라고 말했다. 게이츠는 "다른 사람들을 위해 더

이야기"에서 서울 광장시장의 어느 음식점 주인은 여러 음식점들이 이웃해서 음식을 파니까 많은 사람들이 여기 와서 음식을 찾는다고 하면서, "이웃이 참 고맙다"고 하였다. 즉, 생활 속에서 이미 이러한 관계를 인식하고 있는 것이다.

많은 일을 하고 싶으며, 그것이 나에게 성공을 안겨 준 세상에 보답하는 길"이라고 말했다. 그는 "나에게 돈은 일정 수준을 넘어서면 아무런 효용이 없다"며 "돈의 효용은 세계의 극빈층을 위한 조직을 만들고 재원을 모으는 데 있다"고 밝혔다. 또한 게이츠는 "아내와 나는 오랫동안 우리의 재산을 세상에 가장 의미 있는 방식으로 돌려줄 것에 대해 의논해 왔다"고 하였다.[3] 게이츠의 결심에는 '지금까지 다른 여러 사람들의 도움으로 돈을 크게 벌었으니, 이제는 내 재산을 가난하고 아픈 사람들을 위해 사용함으로써 그동안 도와준 많은 사람들의 도움에 보답하고자 한다'는 채무의식이 들어 있다고 볼 수 있다.

공공봉사동기는 공공가치 실현과 공익의 증진을 위하여 노력하려는 동기 또는 국가와 사회를 위하여 봉사하려는 성향으로 이해할 수 있다. 이에 대한 연구는 시작한 지 아직 얼마 되지 않았으나 오랜 인류 역사를 통하여 보편적으로 추구해 온 '더불어 잘 사는 사회를 만들려는' 인간의 노력과 맥을 같이 한다. 이러한 사회가 되려면 제도나 법률도 잘 갖추어야 하지만 무엇보다도 사회를 구성하는 개개인이 변해야 한다. 즉, 핵심은 사람이다. 사람이 바뀌어야 한다. 세계 여러 나라의 많은 학자들이 공공봉사동기에 주목하는 이유는 공공봉사동기가 미치는 긍정적인 영향 때문이다. 시민 개인의 공공봉사동기 수준이 높아질수록 사회와 이웃을 위한 활동에 보다 많이 참여할 것으로 예상한다. 공무원 개인의 공공봉사동기 수준이 향상되면 공직윤리가 보다 확립되고 직무태도와 성과도 좋아질 것으로 예상한다. 공직사회 전반의 공공봉사동기 수준이 향상되면 정책 및 정부활동의 공공성이 제고되고, 정부의 질과 성과도 높아질 것으로 예상한다. 한 사

3) 경향신문, 2013년 1월 23일자, 29면.

회의 공공봉사동기 수준이 높아지면 사회적 갈등이 줄어들고 공공선이 증진되며 사회의 질 또한 높아질 것으로 예상한다. 공공봉사동기는 개인을 변화시키고 정부를 발전시키며 좋은 사회를 만드는 열쇠가 될 수 있다.

인간은 누구나 공공봉사동기를 가지고 있다. 비록 개인별로 그 수준은 차이가 있을 수 있으나, 적절한 환경과 기회가 주어진다면 공공봉사동기 수준은 보다 증진될 수 있다. 공공봉사동기는 개인적인 특성과 경험 그리고 사회와 직장에서의 경험과 상호작용을 바탕으로 형성된다. 지난 20여 년간 우리나라뿐만 아니라 세계적으로 공공봉사동기에 대한 많은 연구들이 수행되었다. 이 책에서는 선행연구에 대한 검토와 심층면접을 토대로 가설을 설정하고, 이를 검증하기 위한 다양한 경험적 연구와 분석 결과를 설명하였다. 한국적 상황에서의 공공봉사동기는 다른 나라들과 공통적인 특성을 갖기도 하지만 한국적 특수성도 가지고 있다는 점을 발견하였다. 이는 한 개인의 공공봉사동기는 인간이 가진 보편적 특성에 기인한 측면도 있지만, 그 사람이 속한 사회의 역사·문화적 특성에 근거한 면도 있다는 점을 시사한다. 공공봉사동기의 긍정적 효과를 향유하려면 이를 보다 향상시킬 수 있는 방안을 다각도로 모색하여야 할 것이다. 다양한 체험을 통하여 자연스럽게 공공봉사동기가 형성되고 증진되도록 안내하는 길을 마련해야 한다. 공공봉사동기의 중요성을 인식하고, 학교교육에서부터 공공봉사동기 형성을 위한 토대를 형성하고 다양한 사업과 프로그램을 통하여 국민 모두의 공공봉사동기를 증진하려는 노력이 필요하다. 하지만 아직도 공공봉사동기를 종합적으로 이해하기에는 연구가 많이 부족하다. 앞으로 더욱 폭넓은 다양한 연구들을 통하여 공공봉사동기의 세계적 보편성과 한국적 특수성에 대한 이해가 보다 증진되기를 기대한다. 세계평화와 인류공영은 단순히 꿈이 아니다. 한 사람 한 사람 우리 모두가 변하면 된다.

| 참고문헌 |

강성철・김판석・이종수・최근열・하태권. 2008. 『새 인사행정론』, 개정6판. 서울: 대영문화사.

고길곤. 2011. 전문가로서 공직가치를 찾아가는 한 여성 행정안전부 공무원의 성장에 대한 사례연구. 서울대학교 한국정책지식센터 제580회 「정책&지식」 포럼(2011. 10. 24) 발표논문.

고길곤・박치성. 2010. 대학생의 직업 선택동기와 동직동기. 『행정논총』, 48(2): 339-368.

고병익. 1996. 『동아시아의 전통과 변용』. 서울: 문학과 지성사.

국정홍보처. 2006. 「2006년 한국인의 의식・가치관 조사 결과 보고서」.

김상묵. 2003. 공공봉사동기와 내적 보상의 중요성에 대한 탐색적 연구. 『한국행정논집』, 15(4): 771-790.

김상묵. 2005. 공직 선택동기와 공무원의 행태. 『한국행정연구』, 14(2): 297-325.

김상묵・김영종. 2005. 정부조직의 직무특성에 관한 연구. 『한국행정학보』, 39(2): 63-86.

김상묵・남궁근. 2005. 북유럽국가 정부인사개혁전략의 특징과 결과. 『한국행정학보』, 39(3): 229-250.

김서용. 2009. 공직동기의 결정요인에 대한 실증분석. 『행정논총』, 47(1): 181-208.

김서용・조성수・박병주. 2010. 공직동기(PSM)의 선행요인: 사회화 요인의 비교분석. 『한국행정학보』, 44(1): 147-177.

김승혜. 2001. 『유교의 뿌리를 찾아서』. 서울: 지식의 풍경.

김영평・정인화. 2004. 『유교문화의 두 모습』. 서울: 아연출판부.

김태호・김유한. 2010. 공공봉사동기의 영향요인에 대한 분석. 한국인사행정학회 2010 춘계학술대회 발표논문집, 117-137.
김태호・노종호. 2010. 공공봉사동기가 조직 구성원의 혁신행동에 미치는 영향에 관한 연구. 『행정논총』, 48(3): 143-168.
뚜웨이밍 / 정용환 역. 1999. 『뚜웨이밍의 유학강의』. 서울: 청계.
박민영. 2008. 『논어는 진보다』. 서울: 포럼.
박순애・정선경. 2011. 조직공정성과 경력정체가 조직효과성에 미치는 영향. 『한국사회와 행정연구』, 21(4): 1-23.
박천오. 2008. 우리나라 중상위직 중앙공무원의 직무성격과 직무동기. 『한국인사행정학회보』, 7(1): 179-201.
박천오・강제상・권경득・김상묵. 2001. 한국 여성공무원의 잠재적 생산성에 관한 실증적 연구: 공무원의 인식을 중심으로. 『한국정책학회보』, 10(3): 199-224.
배귀희. 2012. 과정추적 방법을 통한 공직봉사동기와 낭중지추의 관계에 관한 연구: 보건복지부 L 서기관의 사례를 중심으로. 『한국사회와 행정연구』, 22(4): 473-495.
배병삼. 2012. 『우리에게 유교란 무엇인가』. 서울: 녹색평론사.
백완기. 1982. 『한국의 행정문화』. 서울: 고대출판부.
성균관대학교 유학과 교재편찬위원회. 1996. 『유학사상』. 서울: 성균관대학교 출판부.
손명구. 2007. 우리나라 지방직공무원의 공공봉사동기에 관한 경험적 연구: 서울시 서초구청 공무원들을 중심으로. 서울산업대학교 IT정책전문대학원 박사학위논문.
신황용・이희선. 2012. 공공조직 조직성과의 결정요인에 관한 연구: 공직동기, 신분불안, 직무만족을 중심으로. 『행정논총』, 50(1): 1-35.
원숙연・전소연. 2010. 동기의 다차원적 구조와 조직몰입: 성차(성차)를 중심으로 한 시론적 접근. 『행정논총』, 48(2): 217-248.
윤태림. 1969. 『한국인의 성격』. 서울: 한국교육총서 출판사.
윤태림. 1970. 『한국인』. 서울: 현암사.
이규만・정윤길. 2001. 지방공무원의 조직시민행동에 있어서 사회적 교환

관계와 집단응집력의 역할. 『한국행정논집』, 13(1): 129-148.
이근주. 2005a. PSM과 공무원의 업무 성과. 『한국사회와 행정연구』, 16(1): 81-104.
이근주. 2005b. 공사부문 종사자간 동기요인의 차이 분석: PSM을 활용하여. 『한국행정연구』, 14(2): 71-99.
이근주·이혜윤. 2007. 보상 유형에 대한 차별적 기대가 공무원의 성과에 미치는 영향에 관한 연구. 『한국행정학보』, 41(2): 117-140.
이대희. 1991. 유교적 행정문화에 대한 새로운 해석. 『한국행정학보』, 25(2): 549-567.
이명진. 2010. 공직 동기 이론에 대한 비판적 고찰: 한국 공무원의 직업선택동기를 중심으로. 2010년 서울행정학회 춘계학술대회 발표논문.
이문영. 1996. 『논어·맹자와 행정학』. 서울: 나남출판사.
이상호. 2011. 『사단칠정 자세히 읽기』. 파주: 글항아리.
이희태. 2010. 공무원 성과급제도의 동기부여 효과 분석: 성과상여금제도를 중심으로. 『지방정부연구』, 14(1): 159-180.
장호석. 2011. 『공무원 패널조사를 위한 결과보고서』. 서울: 한국행정연구원.
전영한. 2009. 공공·민간조직 비교연구 메타분석: Sayre 명제의 재검증. 『행정논총』, 47(2): 61-93.
정성호. 2011. 한국행정학자의 『논어』 읽기: 한국의 유교적 행정 연구검토. 『한국조직학회보』, 8(3): 1-23.
정양은. 1970. 감정론의 비교연구: 사회적 감정을 중심으로. 『한국심리학회지』, 1(3): 77-90.
정진일. 2005. 『유교윤리』. 서울: 박영사.
조긍호. 1998. 『유학심리학』. 서울: 나남출판.
조긍호. 2003. 『한국인 이해의 개념틀』. 서울: 나남출판.
조긍호. 2007. 『동아시아 집단주의의 유학사상적 배경: 심리학적 접근』. 파주: 지식산업사.
조선일. 2011. 교육부의 낭중지추(囊中之錐)를 찾아서: 열정, 학습, 토론을 통한 문제해결. 서울대학교 한국정책지식센터 제588회 「정책&지식」 포럼(2011. 11. 21) 발표논문.

조태준 · 윤수재. 2009. 공공서비스동기(Public service motivation)와 성과간 관계에 대한 연구. 『한국행정연구』, 18(1): 223-252.

차재호. 1994. 『문화설계의 심리학』. 서울: 서울대학교 출판부.

최상진. 2000. 『한국인 심리학』. 서울: 중앙대학교 출판부.

최준식. 1999. 『한국의 종교, 문화로 읽는다』. 서울: 사계절.

최준식. 2003. 유교, 한국인의 사회윤리를 결정한 종교. 『진리의 벗이 되어』, 66: 27-30.

한국갤럽. 1990. 『한국인의 종교와 종교의식』. 서울: 한국갤럽.

한국갤럽. 2004. 『한국인의 종교와 종교의식』. 서울: 한국갤럽.

한국교육개발원. 2011. 『교육통계연보 2011』. 서울: 한국교육개발원.

한덕웅. 1994. 『퇴계심리학』. 서울: 성균관대학교 출판부.

한석태. 1999. 한국행정문화의 유교적 전통요소: 문헌비평적 고찰. 『한국행정학보』, 33(4): 95-111.

한에스더 · 이근주. 2012. 조직경험과 업무특성이 PSM(공공봉사동기)에 미치는 영향에 대한 분석. 『행정논총』, 50(2): 89-112.

함종석. 2010. 『행정에 관한 공무원 인식조사』. 한국행정연구원 연구보고서 2010-14-2.

현상윤. 1949. 『조선유학사』. 서울: 민중서관.

황성돈. 1993. 한국 관료문화와 이의 유교적 뿌리에 관한 성격 재조명. 『한국행정연구』, 2(4): 103-118.

Agho, Augustine O., Charles W. Mueller, and James L. Price. 1993. Determinants of Employee Job Satisfaction: An Empirical Test of a Causal Model. *Human Relations*, 46(8): 1007-27.

Allen, Nathalie J., and John P. Meyer. 1990. The Measurement and Antecedents of Affective, Continuance and Normative Commitment to the Organization. *Journal of Occupational Psychology*, 63:

1-18.

Alonso, Pablo, and Gregory B. Lewis. 2001. Public Service Motivation and Job Performance: Evidence from the Federal Sector. *American Review of Public Administration*, 31(4): 363-380.

Ambrose, Maureen L., and Carol T. Kulik. 1999. Old Friends, New Faces: Motivation Research in the 1990s. *Journal of Management*, 25(3): 231-292.

Andersen, Lotte Bøgh, Thomas Pallesen, and Lene Holm Pedersen. 2011. Does Ownership Matter? Public Service Motivation Among Physiotherapists in the Private and Public Sectors in Denmark. *Review of Public Personnel Administration*, 31(1): 1027.

Angle, Harold L., and Marian B. Lawson. 1994. Organizational Commitment and Employees' Performance Ratings: Both Type of Commitment and Type of Performance Count. *Psychological Reports*, 75: 1539-1551.

Angle, Harold L., and James L. Perry. 1981. An Empirical Assessment of Organizational Commitment and Organizational Effectiveness. *Administrative Science Quarterly*, 26: 1-14.

Au, Chor Fai. 1996. Rethinking Organizational Effectiveness: Theoretical and Methodological Issues in the Study of Organizational Effectiveness for Social Welfare Organizations. *Administration in Social Work*, 20: 1-21.

Balfour, Danny L., and Barton Wechsler. 1996. Organizational Commitment: Antecedents and Outcomes in public organizations. *Public Productivity & Management Review*, 19(3): 256-277.

Bandura, Albert. 1986. The Explanatory and Predictive Scope of Self-Efficacy Theory. *Journal of Social and Clinical Psychology*, 4(3): 359-373.

Bateman, Thomas S., and Dennis W. Organ. 1983. Job Satisfaction and the Good Soldier: the Relationship between Affect and Employee Citizenship. *Academy of Management Journal*, 26(4): 587-595.

Batson, C. Daniel, and Laura L. Shaw. 1991. Evidence for Altruism: Toward a Pluralism of Prosocial Motives. *Psychological Inquiry*, 2(2): 107-122.

Bellé, Nicola. 2013. Experimental Evidence on the Relationship between Public Service Motivation and Job Performance. *Public Administration Review*, 73(1): 143-153.

Bolon, D. S. 1997. Organizational citizenship behavior among hospital employees: a multidimensional analysis involving job satisfaction and organizational commitment. *Hospital & Health Services Administration*, 42(2): 221-241.

Bouckaert, Geert. 2001. Pride and Performance in Public Service: Some Patterns of Analysis. *International Review of Administrative Sciences*, 67(1): 15-27.

Bozeman, Barry. 2007. *Public Values and Public Interest*. Washington: Georgetown University Press.

Brereton, Michael, and Michael Temple. 1999. The New Public Service Ethos: An Ethical Environment For Governance. *Public Administration*, 77(3): 455-474.

Brewer, Gene A. 2002. Public Service Motivation: Theory, Evidence, and Prospects for Research. Paper prepared for delivery at the Annual Meeting of the American Political Science Association, Boston, Massachusetts, August 29~September 1, 2002.

Brewer, Gene A. 2003. Building Social Capital: Civic Attitudes and Behavior of Public Servants. *Journal of Public Administration Research and Theory*, 13(1): 5-26.

Brewer, Gene A. 2008. Employee and Organizational Performance. In

James L. Perry & Annie Hondeghem eds., *Motivation in Public Management: The Call of Public Service*, 136-156. Oxford: Oxford University Press.

Brewer, Gene A. 2011. A symposium on public service motivation: Expanding the frontiers of theory and empirical research. *Review of Public Personnel Administration*, 31(1): 3-9.

Brewer, Gene A., Adrian Ritz, and Wouter Vandenabeele. 2012. Introduction to a Symposium on Public Service Motivation: An International Sampling of Research. *International Journal of Public Administration*, 35(1): 14.

Brewer, Gene A., and Sally Coleman Selden. 1998. Whistle Blowers in the Federal Civil Service: New Evidence of the Public Service Ethic. *Journal of Public Administration Research and Theory*, 8(3): 413-439.

Brewer, Gene A., and Sally Coleman Selden. 2000. Why elephants gallop: Assessing and predicting organizational performance in federal agencies. *Journal of Public Administration Research and Theory*, 10: 685-711.

Brewer, Gene. A., Sally Coleman Selden, and Rex L. Facer, II. 2000. Individual Conceptions of Public Service Motivation. *Public Administration Review*, 60: 254-264.

Bright, Leonard. 2005. Public Employees with High Levels of Public Service Motivation: Who Are They, Where are They and What do They Want? *Review of Public Personnel Administration*, 25(2): 138-155.

Bright, Leonard. 2007. Does Person-Organization Fit Mediate the Relationship Between Public Service Motivation and the Job Performance of Public Employees? *Review of Public Personnel Administration*, 27(4): 361-379.

Bright, Leonard. 2008. Does Public Service Motivation Really Make a Difference on The Job Satisfaction and Turnover Intentions of Public Employees? *American Review of Public Administration*, 38(2): 149-166.

Bright, Leonard. 2009. Why Do Public Employees Desire Intrinsic Nonmonetary Opportunities? *Public Personnel Management*, 38(3): 15-38.

Bright, Leonard. 2011. Does Public Service Motivation Affect the Occupation Choices of Public Employees? *Public Personnel Management*, 40(1): 11-24.

Buelens, Marc., and Herman Van den Broeck. 2007. An Analysis of Differences in Work Motivation between Public and Private Sector Organizations. *Public Administration Review*, 67(1): 65-74.

Buurman, Margaretha, Josse Delfgaauwa, Robert Dur, and Seth Van den Bossche. 2012. Public Sector Employees: Risk Averse and Altruistic? *Journal of Economic Behavior & Organization*, 83: 279-291.

Byrne, Barbara M. 2001. *Structural Equation Modeling with AMOS: Basic Concepts, Applications, and Programming*. Mahwah, NJ: Lawrence Erlbaum Associates.

Cable, Daniel M., and D. Scott DeRue. 2002. The Convergent and Discriminant Validity of Subjective Fit Perceptions. *Journal of Applied Psychology*, 87(5): 875-884.

Cameron, Kim S. 1986. Effectiveness as Paradox: Consensus and Conflict in Conceptions of Organizational Effectiveness. *Management Science*, 32: 539–553.

Camilleri, Emanuel. 2006. Towards Developing an Organisational Commitment—Public Service Motivation Model for the Maltese Public Service Employees. *Public Policy and Administration*, 21(1): 63-

83.

Camilleri, Emanuel. 2007. Antecedents Affecting Public Service Motivation. *Personnel Review*, 36(3): 356-377.

Camilleri, Emanuel. 2009. The Relationships between Personal Attributes, Organization Politics, Public Service Motivation and Public Employee Performance. Paper presented at the 2009 International Public Service Motivation Research Conference in Bloomington, Indiana, June 7-10, 2009.

Camilleri, Emanuel, and Beatrice I. J. M. Van Der Heijden. 2007. Organizational Commitment, Public Service Motivation, and Performance Within the Public Sector. *Public Performance & Management Review*, 31(2): 241-274.

Caplan, Robert D. 1987. Person-Environment Fit Theory and Organizations: Commensurate Dimensions, Time Perspectives, and Mechanisms. *Journal of Vocational Behavior*, 31(3): 248-67.

Carpenter, Jacqueline, Dennis Doverspike, and Rosanna F. Miguel. 2012. Public Service Motivation as a Predictor of Attraction to the Public Sector. *Journal of Vocational Behavior*, 80(2): 509-523.

Castaing, Sébastien. 2006. The Effects of Psychological Contract Fulfillment and Public Service Motivation on Organizational Commitment in the French Civil Service. *Public Policy and Administration*, 21(1): 84-98.

Chatman, Jennifer A. 1989. Improving Interactional Organizational Research: A Model of Person-Organization Fit. *Academy of Management Review*, 14(3): 333-49.

Chatman, Jennifer A. 1991. Matching people and organizations, Selection and socialization in public accounting firms. *Administrative Science Quarterly*, 36(3): 459-484.

Choi, Do Lim. 2004. Public Service Motivation and Ethical Conduct.

International Review of Public Administration, 8(2): 99-106.

Christensen, Robert K., and Bradley E. Wright. 2011. The Effects of Public Service Motivation on Job Choice Decisions: Disentangling the Contributions of Person-Organization Fit and person-Job Fit. *Journal of Public Administration Research and Theory*, 21(4): 723-743.

Clerkin, Richard M., and Jerrell D. Coggburn. 2012. The Dimensions of Public Service Motivation and Sector Work Preferences. *Review of Public Personnel Administration*, 32(3): 209-235.

Clerkin, Richard M., Sharon R. Paynter, and Jami Katheleen Taylor. 2012. Public Service Motivation in Undergraduate Giving and Volunteering Decisions. *American Review of Public Administration*, 39(6): 675-698.

Connolly, Terry, Edward J. Conlon, and Stuart Jay Deutsch. Organizational Effectiveness: A Multiple-Constituency Approach. *Academy of Management Review*, 5(2): 211-217.

Coursey, David H., and Sanjay K. Pandey. 2007. Public Service Motivation Measurement: Testing an Abridged Version of Perry's Proposed Scale. *Administration & Society*, 39(5): 547-568.

Coursey, David H., James L. Perry, Jeffrey L. Brudney, and Laura Littlepage. 2008. Psychometric Verification of Perry's Public Service Motivation Instrument: Results for Volunteer Exemplars. *Review of Public Personnel Administration*, 28: 79-90.

Crewson, Philip E. 1997. Public-Service Motivation: Building Empirical Evidence of Incidence and Effect. *Journal of Public Administration Research and Theory*, 7(4): 499-518.

DeHart-Davis, Leisha, Justin Marlowe, and Sanjay K. Pandey. 2006. Gender Dimensions of Public Service Motivation. *Public Administration Review*, 66(6): 873-887.

Dess, Gregory G., and Richard B. Robinson, Jr. 1984. Measuring Organizational Performance in the Absence of Objective Measures: The case of the privately-held firm and conglomerate business unit. *Strategic Management Journal*, 5(3): 265-273.

Dollinger, Marc J., and Peggy A. Golden. 1992. Interorganizational and Collective Strategies in Small Firms: Environmental Effects and Performance. *Journal of Management*, 18(4): 695-715.

Dovidio. John F. 1984. Helping Behavior and Altruism: An Empirical an Conceptual Overview. *Advances in Experimental Social Psychology*, 17: 361-427.

Edwards, Jeffrey R. 1991. Person-job fit: A conceptual integration, literature review, and methodological critique. In Cary L. Cooper & Ivan T. Robertson eds., *International Review of Industrial and Organizational Psychology*, Vol. 6, 283-357. Oxford, UK: John Wiley & Sons.

Ellickson, Mark C., and Kay Logsdon. 2001. Determinants of Job Satisfaction of Municipal Government Employees. *State and Local Government Review*, 33(3): 173-84.

Evans, David C., Daniel J. Garcia, Diane M. Garcia, and Robert S. Baron. 2003. In the Privacy of Their Own Homes: Using the Internet to Assess Racial Bias. *Personality and Social Psychology Bulletin*, 29(2): 273-284.

Forbes, Daniel P. 1998. Measuring the Unmeasurable: Empirical Studies of Nonprofit Organization Effectiveness from 1977 to 1997. *Nonprofit and Voluntary Sector Quarterly*, 27: 183-202.

Fornell, Claes, and Fred L. Bookstein. 1982. Two Structural Equations Models: LISREL and PLS Applied to Customer Exit-Voice Theory. *Journal of Marketing Research*, 19(4): 440-52.

Frank, Sue A., and Gregory B. Lewis. 2004. Government employees:

Working hard or hardly working? *American Review of Public Administration*, 34(1): 36-51.

Frederickson, H. George, and David K. Hart. 1985. The Public Service and the Patriotism of Benevolence. *Public Administration Review*, 45: 547-553.

Fried, Yitzhak, and Gerald R. Ferris. 1987. The Validity of the Job Characteristics Model: A review and meta-analysis. *Personnel Psychology*, 40: 287-332.

Gabris, Gegald T., and Gloria Simo. 1995. Public Sector Motivation as an Independent Variable Affecting Career Decisions. *Public Personnel Management*, 23: 33-51.

Georgellis, Yannis, and Vurain Tabvuma. 2010. Does Public Service Motivation Adapt? *Kyklos*, 63(2): 176-191.

Giauque, David, Adrian Ritz, Frédéric Varone, Simon Anderfuhren-Biget, and Christian Waldner. 2011. Putting Public Service Motivation into Context: A Balance between Universalism and Particularism. *International Review of Administrative Sciences*, 77(2): 227-253.

Gist, Marilyn E. 1987. Self-Efficacy: Implications for Organizational Behavior and Human Resource Management. *Academy of Management Review*, 12(3): 472-485.

Gittell, Jody Hoffer. 2003. *The Southwest Airlines Way: Using the Power of Relationships to Achieve High Performance*. New York: McGraw-Hill.

Grant, Adam M. 2007. Relational Job Design and the Motivation to Make a Prosocial Difference. *Academy of Management Review*, 32(2): 393-417.

Grant, Adam M. 2008. Employees Without a Cause: The Motivational Effects of Prosocial Impact in Public Service. *International*

Public Management Journal, 11(1): 48-66.

Hackman, J. Richard, and Greg R. Oldham. 1975. Development of the Job Diagnostic Survey. *Journal of Applied Psychology*, 60(2): 159-170.

Hackman, J. Richard, and Greg R. Oldham. 1976. Motivation through the Design of Work: Test of a theory. *Organizational Behavior and Human Performance*, 16: 250-279.

Hackman, J. Richard, and Greg R. Oldham. 1980. *Work Redesign*. Reading, MA: Addison-Wesley.

Hansen, Morten Balle. 2009. Antecedents of Public Service Motivation: The Case of Danish Municipal Managers. Paper presented at the 2009 International Public Service Motivation Research Conference in Bloomington, Indiana, June 7-10, 2009.

Herscovitch, Lynne, and John P. Meyer. 2002. Commitment to Organizational Change: Extension of a Three-Component Model. *Journal of Applied Psychology*, 87: 474-487.

Herzberg, Frederick. 1967. *Work and the Nature of Man*. Cleveland, OH: World Book.

Hoffman, Brian J., and David J. Woehr. 2006. A Quantitative Review of the Relationship between Person-Organization Fit and Behavioral Outcomes. *Journal of Vocational Behavior*, 68(3): 389-399.

Hoffman. Martin L. 1981. Is Altruism Part of Human Nature? *Journal of Personality and Social Psychology*, 40: 121-137.

Hofstede, Geert. 1991. *Cultures and Organizations*. London: Harper Collins Business.

Hofstede, Geert. 2001. *Culture's Consequences: Comparing values, behaviors, institutions, and organizations across nations*. Thousand Oaks: Sage.

Horton, Sylvia. 2006. The Public Service Ethos in the British Civil

Service: An Historical Institutional Analysis. *Public Policy and Administration*, 21(1): 32-48.

Horton, Sylvia. 2008. History and Persistence of an Idea and an Ideal. In James L. Perry & Annie Hondeghem eds., *Motivation in Public Management: The Call of Public Service*, 17-32. Oxford: Oxford University Press.

Horton, Sylvia, and Annie Hondeghem. 2006. Editorial: Public Service Motivation and Commitment. *Public Policy and Administration*, 21: 1-12.

House, Robert J., Paul J. Hanges, Mansour Javidan, Peter W. Dorfman, and Vipin Gupta. 2004. *Culture, Leadership, and Organizations: The GLOBE Study of 62 Societies*. Thousand Oaks: Sage.

Houston, David J. 2000. Public Service Motivation: A Multivariate Test. *Journal of Public Administration Research and Theory*, 10(4): 713-727.

Houston, David J. 2006. 'Walking the Walk of Public Service Motivation': Public Employees and Charitable Gifts of Time, Blood, and Money. *Journal of Public Administration Research and Theory*, 16(1): 67-86.

Houston, David J. 2009. The Importance of Intrinsic and Extrinsic Motivators: Examining Attitudes of Government Workers in North America and Western Europe. Paper presented at the 2009 International Public Service Motivation Research Conference in Bloomington, Indiana, June 7-10, 2009.

Houston, David J. 2011. Implications of Occupational Locus and Focus for Public Service Motivation: Attitudes toward Work Motives across Nations. *Public Administration Review*, 71(5): 761-771.

Hui, Chun, Cynthia Lee, and Denise M. Rousseau. 2004. Psychological Contract and Organizational Citizenship Behavior in China: Investigating Generalizability and Instrumentality. *Journal of Applied Psychology*, 89(2): 311-321.

Hulin, Charles L. 1991. Adaptation, Persistence, and Commitment in Organizations. In Marvin D. Dunnette & Leaetta M. Hough eds., *Handbook of Industrial and Organizational Psychology*, Vol. 2, 445-505. Palo Alto, CA: Consulting Psychologists Press.

Jacobson, Willow S. 2011. Creating a Motivated Workforce: How Organizations can Enhance and Develop Public Service Motivation (PSM). *Public Personnel Management*, 40(3): 215-238.

Jang, Chyi-Lu. 2012. The Effect of Personality Traits on Public Service Motivation: Evidence from Taiwan. *Social Behavior and Personality*, 40(5): 725-734.

Jørgensen, Torben B., and Barry Bozeman. 2007. Public Values: An Inventory. *Administration & Society*, 39(3): 354-381.

Judge, Timothy A., Sharon Parker, Amy E. Colbert, Daniel Heller, and Remus Ilies. 2001. Job Satisfaction: A Cross-Cultural Review. In Neil Anderson, Deniz S. Ones, Handan Kepir Sinangil, & Chockalingam Viswesvaran eds., *Handbook of Industrial, Work and Organizational Psychology*, Vol. 2, 25-52. London: Sage.

Jung, Chan Su, and Hal G. Rainey. 2009. Organizational Goal Characteristics and Public Duty Motivation in U. S. Federal Agencies. Paper presented at the International Public Service Motivation Research Conference, June 7-9, Bloomington, Indiana.

Kim, Sangmook. 2005. Individual-Level Factors and Organizational Performance in Government Organizations. *Journal of Public Administration Research and Theory*, 15(2): 245-261.

Kim, Sangmook. 2006. Public Service Motivation and Organizational

Citizenship Behavior. *International Journal of Manpower*, 27(8): 722-740.

Kim, Sangmook. 2009a. Revising Perry's Measurement Scale of Public Service Motivation. *American Review of Public Administration*, 39(2): 149-163.

Kim, Sangmook. 2009b. Testing the Structure of Public Service Motivation in Korea: A Research Note. *Journal of Public Administration Research and Theory*, 19(4): 839-851.

Kim, Sangmook. 2011. Testing a Revised Measure of Public Service Motivation: Reflective versus Formative Specification. *Journal of Public Administration Research and Theory*, 21(3): 521-546.

Kim, Sangmook. 2012. Does Person-Organization Fit Matter in the Public Sector? Testing the Mediating Effect of Person-Organization Fit in the Relationship between Public Service Motivation and Work Attitudes. *Public Administration Review*, 72(6): 830-840.

Kim, Sangmook, and Wouter Vandenabeele. 2010. A Strategy for Building Public Service Motivation Research Internationally. *Public Administration Review*, 70(5): 701-709.

Kim, Sangmook, Wouter Vandenabeele, Lotte Bøgh Andersen, Francesco Paolo Cerase, Robert K. Christensen, Céline Desmarais, Maria Koumenta, Peter Leisink, Bangcheng Liu, Jolanta Palidauskaite, Lene Holm Pedersen, James L. Perry, Adrian Ritz, Jeannette Taylor, Paola De Vivo, and Bradley E. Wright. 2010. The Development of an International Instrument to Measure Public Service Motivation: A Research Note. Unpublished Manuscript.

Kim, Sangmook, Wouter Vandenabeele, Bradley E. Wright, Lotte Bøgh Andersen, Francesco Paolo Cerase, Robert K. Christensen,

Céline Desmarais, Maria Koumenta, Peter Leisink, Bangcheng Liu, Jolanta Palidauskaite, Lene Holm Pedersen, James L. Perry, Adrian Ritz, Jeannette Taylor, and Paola De Vivo. 2013. Investigating the Structure and Meaning of Public Service Motivation across Populations: Developing an International Instrument and Addressing Issues of Measurement Invariance. *Journal of Public Administration Research and Theory*, 23(1): 79-102.

Kim, Seung Hyun, and Sangmook Kim. 2012a. Social Desirability Bias in Measuring Public Service Motivation. Presented at the XVI IRSPM (International Research Society for Public Management) Conference at University of Rome Tor Vergata, Rome, Italy, April 11~13, 2012.

Kim, Seung Hyun, and Sangmook Kim. 2012b. Cultural Diversity and Social Desirability Bias in Measuring Public Service Motivation. Presented at the 2012 EGPA Annual Conference, Bergen, Norway, September 5~8, 2012.

Knoke, David, and Christine Wright-Isak. 1982. Individual Motives and Organizational Incentive Systems. *Research in the Sociology of Organizations*, 1: 209-254.

Kristof, Amy L. 1996. Person-Organization Fit: An Integrative Review of its Conceptualizations, Measurement, and Implications. *Personnel Psychology*, 49(1): 1-49.

Kristof-Brown, Amy L., Ryan D. Zimmerman, and Erin C. Johnson. 2005. Consequences of Individuals' Fit at Work: A Meta-Analysis of Person-Job, Person-Organization, Person-Group, and Person-Supervisor Fit. *Personnel Psychology*, 58(2): 281-342.

Kwon, Yongsoo. 2002. A Process Model of Organizational Commitment of Korean Government Employees: The Effects of Organizational Practices, Role Ambiguity, and Trust on Altruism.

International Review of Public Administration, 7(2): 81-97.

Lalwani, Ashok K., Sharon Shavitt, and Timothy Johnson. 2006. What is the Relation between Cultural Orientation and Socially Desirable Responding? *Journal of Personality and Social Psychology*, 90(1): 165-178.

Larson, Erik W., and Cynthia V. Fukami. 1984. Relationships between Worker Behavior and Commitment to the Organization and Union. *Academy of Management Proceedings*, 34: 222-226.

Lawler, Edward E., III. 1971. *Pay and Organizational Effectiveness: A Psychological Review*. New York: McGraw-Hill.

Lee, Myoung Jin. 2010. Developing the Concept of Public Service Motivation: Universal human motivation versus public sector's unique characteristics. 2010년 한국행정학회 추계국제학술대회 발표논문.

Leisink, Peter, and Bram Steijn. 2009. Public Service Motivation and Job Performance of Public Sector Employees in the Netherlands. *International Review of Administrative Sciences*, 75(1): 35-52.

Lewis, Gregory B., and Sue A. Frank. 2002. Who Wants to Work for the Government? *Public Administration Review*, 62(4): 395-404.

Liou, Kuo-Tsai, and Ronald C. Nyhan. 1994. Dimensions of Organizational Commitment in the Public Sector: An Empirical Assessment. *Public Administration Quarterly*, 18(1): 99-118.

Liu, Bangchang, Lanying Du, Hao Wen, and Bo Fan. 2012. Public Service Motivation of Public-versus Private-Sector Employees in a Chinese Context. *Social Behavior and Personality*, 40(9): 1409-1418.

Liu, Bangchang, Chun Hui, Jin Hu, Wensheng Yang, and Xinli Yu. 2011. How well can Public Service Motivation Connect with

Occupational Intention? *International Review of Administrative Sciences*, 77(1): 191-211.

Liu, Bangchang, Jianxin Liu, and Jin Hu. 2010. Person-Organization Fit, Job Satisfaction, and Turnover Intention: An Empirical Study in the Chinese Public Sector. *Social Behavior and Personality*, 38(5): 615-26.

Liu, Bangcheng, Ningyu Tang, and Xiaomei Zhu. 2008. Public Service Motivation and Job Satisfaction in China: An Investigation of Generalisability and Instrumentality. *International Journal of Manpower*, 29(8): 684-99.

Locke, Edwin A. 1976. The Nature and Causes of Job Satisfaction. In Marvin D. Dunnette ed., *Handbook of Industrial and Organizational Psychology*, 1297-1343. Chicago: Rand McNally.

Maesschalck, Jeroen, Zeger van der Wal, and Leo Huberts. 2008. Public Service Motivation and Ethical Conduct. In James L. Perry & Annie Hondeghem eds., *Motivation in Public Management: The Call of Public Service*, 157-176. Oxford: Oxford University Press.

Maidani, Ebrahim A. 1991. Comparative Study of Herzberg's Two-Factor Theory of Job Satisfaction among Public and Private Sectors. *Public Personnel Management*, 20: 441-448.

March, James G. and Johan P. Olsen, 1989. *Rediscovering Institutions: The Organizational Basis of Politics*. New York: Free Press.

Mason, E. Sharon. 1995 Gender Differences in Job Satisfaction. *Journal of Social Psychology*, 135(2): 143-147.

McCracken, Melody Je', Thomas F. McIlwain, and Myron D. Fottler. 2001. Measuring Organizational Performance in the Hospital Industry: an Exploratory Comparison of Objective and Subjective Methods. *Health Services Management Research*, 14(4): 211-219.

Meyer, John P., and Natalie J. Allen. 1984. Testing the "Side-Bet Theory" of Organizational Commitment: Some Methodological Considerations. *Journal of Applied Psychology*, 69: 372-378.

Meyer, John P., and Natalie J. Allen. 1991. A Three-Component Conceptualization of Organizational Commitment. *Human Resource Management Review*, 1(1): 61-98.

Meyer, John P., Natalie J. Allen, and Catherine A. Smith. 1993. Commitment to Organizations and Occupations: Extensions and Test of a Three-Component Conceptualization. *Journal of Applied Psychology*, 78(4): 538-51.

Meyer, John P., and Lynne Herscovitch. 2001. Commitment in the Workplace: Toward a General Model. *Human Resource Management Review*, 11(3): 299-326.

Meyer, John P, Sampo V. Paunonen, Ian R. Gellatly, Richard D. Goffin, and Douglas N. Jackson. 1989. Organizational Commitment and Job Performance: It's the nature of the commitment that counts. *Journal of Applied Psychology*, 74(1): 152-156.

Meyer, John P., David J. Stanley, Lynne Herscovitch, and Laryssa Topolnytsky. 2002. Affective, Continuous, and Normative Commitment to the Organization: A Meta-analysis of Antecedents, Correlates, and Consequences. *Journal of Vocational Behavior*, 61 (1): 20-52.

Meyer, Renate E., and Gerhard Hammerschmid. 2006. Changing Institutional Logics and Executive Identities: A Managerial Challenge to Public Administration in Austria. *American Behavioral Scientist*, 49(7): 1000-1014.

Moorman, Robert H. 1991. Relationship between Organizational Justice and Organizational Citizenship Behaviors: Do fairness perceptions influence employee citizenship? *Journal of Applied Psychology*, 76(6): 845-855.

Moorman, Robert H. 1993. The Influence of Cognitive and Affective Based Job Satisfaction Measures on the Relationship Between Satisfaction and Organizational Citizenship Behavior. *Human Relations*, 46(6): 759-776.

Mowday, Richard T., Lyman W. Porter, and Robert Dubin. 1974. Unit Performance, Situational Factors, and Employee Attitudes in Spatially Separated Work Units. *Organizational Behavior and Human Performance*, 12: 231-248.

Mowday, Richard. T., Richard M. Steers, and Lyman W. Porter. 1979. The Measurement of Organizational Commitment. *Journal of Vocational Behavior*, 14(2): 224-247.

Moynihan, Donald P., and Sanjay K. Pandey. 2007. The Role of Organizations in Fostering Public Service Motivation. *Public Administration Review*, 67(1): 40-53.

Moynihan, Donald P., Sanjay K. Pandey, and Bradley E. Wright. 2009. Pulling the Levers: Leadership, Public Service Motivation and Mission Valence. Paper presented at the 2009 International Public Service Motivation Research Conference in Bloomington, Indiana, June 7-10, 2009.

Naff, Katherine C., and John Crum. 1999. Working for America: Does Public Service Motivation Make a Difference? *Review of Public Personnel Administration*, 19(3): 5-16.

Noblet, Andrew J., and John J. Rodwell. 2009. Integrating Job Stress and Social Exchange Theories to Predict Employee Strain in Reformed Public Sector Contexts. *Journal of Public Administration Research and Theory*, 19(3): 555-578.

O'Reilly, Charles A., and Jennifer Chatman. 1986. Organizational

Commitment and Psychological attachment: The effects of compliance, identification, and internalization on prosocial behavior. *Journal of Applied Psychology*, 71: 492-499.

Organ, Dennis W. 1988. *Organizational Citizenship Behavior: The Good Soldier Syndrome*. Lexington: Lexington Books.

Organ, Dennis. W., and Mary Konovsky. 1989. Cognitive versus affective determinants of organizational citizenship behavior. *Journal of Applied Psychology*, 74: 157-164.

Organ, Dennis W., and Andreas Lingl. 1995. Personality, Satisfaction, and Organizational Citizenship Behavior. *Journal of Social Psychology*, 135(3): 339-350.

Organ, Dennis W., and Katherine Ryan. 1995. A Meta-Aanlytic Review of Attitudinal and Dispositional Predictors of Organizational Citizenship Behavior. *Personnel Psychology*, 48(4): 775-802.

Ostroff, Cheri. 1992. The Relationship between Satisfaction, Attitudes, and Performance: An organizational level analysis. *Journal of Applied Psychology*, 77(6): 963-974.

O'Toole, Barry J. 2000. The Public Interest: A Political and Administrative Convenience?. In Richard A. Chapman ed., *Ethics in Public Service for the New Millennium*, 71-91. Aldershot: Ashgate.

Paarlberg, Laurie E., James L. Perry, and Annie Hondeghem. 2008. From Theory to Practice: Strategies for Applying Public Service Motivation. In James L. Perry & Annie Hondeghem eds., *Motivation in Public Management: The Call of Public Service*, 268-293. Oxford: Oxford University Press.

Paine, Jeffrey R. 2009. Relating Public Service Motivation to Behavioral Outcomes among Local Elected Administrators. Paper presented at the International Public Service Motivation Research Conference, June 7-9, Bloomington, Indiana.

Pandey, Sanjay K., and Edmund C. Stazyk. 2008. Antecedents and Correlates of Public Service Motivation. In James L. Perry & Annie Hondeghem eds., *Motivation in Public Managemen: The Call of Public Service*, 101-117. Oxford: Oxford University Press.

Pandey, Sanjay K., Bradley E. Wright, and Donald P. Moynihan. 2008. Public Service Motivation and Interpersonal Citizenship Behavior in Public Organizations: Testing a Preliminary Model. *International Public Management Journal*, 11(1): 89-108.

Park, Sung Min, and Hal G. Rainey. 2007. Antecedents, Mediators, and Consequences of Affective, Normative, and Continuance Commitment: Empirical Effects of Commitment Effects in Federal Agencies. *Review of Public Personnel Administration*, 27(3): 197-226.

Paulhus, Delroy L. 1984. Two-Component Models of Socially Desirable Responding. *Journal of Personality and Social Psychology*, 46: 598-609.

Perry, James L. 1996. Measuring public service motivation: An assessment of construct reliability and validity. *Journal of Public Administration Research and Theory*, 6: 5-22.

Perry, James L. 1997. Antecedents of Public Service Motivation. *Journal of Public Administration Research and Theory*, 7(2): 181-197.

Perry, James L. 2000. Bringing Society In: Toward a Theory of Public Service Motivation. *Journal of Public Administration Research and Theory*, 10(2): 471-488.

Perry, James L. 2011. The Growth of Public Service Motivation Research. *Korean Journal of Policy Studies*, 26(3): 1-12.

Perry, James L., Jeffrey L. Brudney, David Coursey, and Laura Littlepage. 2008. What Drives Morally Committed Citizens? A Study of the Antecedents of Public Service Motivation. *Public Administration Review*, 68: 445-458.

Perry, James L., and Annie Hondeghem eds. 2008. *Motivation in Public Management: The Call of Public Service*. Oxford: Oxford University Press.

Perry, James L., Annie Hondeghem, and Lois Recascino Wise. 2010. Revisiting the Motivational Bases of Public Service: Twenty Years of Research and an Agenda for the Future. *Public Administration* Review, 70(5): 681-690.

Perry, James L., and Lyman W. Porter. 1982. Factors Affecting the Context for Motivation in Public Organizations. *Academy of Management Review*, 7(1): 89-98.

Perry, James L., and Lois R. Wise. 1990. The Motivational Bases of Public Service. *Public Administration Review*, 50: 367-373.

Piliavin, Jane Allyn, and Hong-Wen Charng. 1990. Altruism: A Review of Recent Theory and Research. *Annual Review of Sociology*, 16: 27-65.

Podsakoff, Philip M., Scott B. MacKenzie, Jeong-Yeon Lee, and Nathan P. Podsakoff. 2003. Common Method Biases in Behavioral Research: A critical review of the literature and recommended remedies. *Journal of Applied Psychology*, 88(5): 879-903.

Porter, Lyman W., Richard M. Steers, Richard T. Mowday, and Paul V. Boulian. 1974. Organizational Commitment, Job Satisfaction, and Turnover among Psychiatric Technicians. *Journal of Applied Psychology*, 59: 603-609.

Powell, Thomas C. 1992. Organizational Alignment as Competitive Advantage. *Strategic Management Journal*, 13: 119-134.

Pratchett, Lawrence, and melvin Wingfield. 1996. Petty Bureaucracy and Woolly-minded Liberalism? The Changing Ethos of Local

Government Officers. *Public Administration*, 74(4): 639-656.

Puffer, Sheila M. 1987. Prosocial Behavior, Noncompliant Behavior, and Work Performance among Commission Salespeople. *Journal of Applied Psychology*, 72(4): 615-621.

Rainey, Hal G. 1982. Reward Preferences among Public and Private Managers: In Search of the Service Ethic. *American Review of Public Administration*, 16(4): 288-302.

Rainey, Hal G. 1997. *Understanding and Managing Public Organizations*, 2nd ed. San Francisco: Jossey-Bass.

Rainey, Hal G., and Paula Steinbauer. 1999. Galloping Elephants: Developing Elements of a Theory of Effective Government Organizations. *Journal of Public Administration Research and Theory*, 9(1): 1-32.

Ritz, Adrian, and Christian Waldner. 2011. Competing for Future Leaders: A Study of Attractiveness of Public Sector Organizations to Potential Job Applicants. *Review of Public Personnel Administration*, 31(3): 291-316.

Robertson, Peter J., and Shui-Yan Tang. 1995. The Role of Commitment in Collective Action: Comparing the organizational behavior and rational choice perspectives. *Public Administration Review*, 55(1): 67-80.

Romzek, Barbara S. 1989. Personal Consequences of Employee Commitment. *Academy of Management Journal*, 32(3): 649-661.

Romzek, Barbara S. 1990. Employee investment and commitment: The ties that bind. *Public Administration Review*, 50: 374-382.

Rose, Roger P. 2012. Preferences for Careers in Public Work: Examining the Government-Nonprofit Divide Among Undergraduates Through Public Service Motivation. *American Review of Public Administration*, first published on May 10, 2012 as doi: 10.1177/

0275074012444900

Saks, Alan M., and Blake E. Ashforth. 1997. A Longitudinal Investigation of the Relationships between Job Information Sources, Applicant Perceptions of Fit, and Work Outcomes. *Personnel Psychology*, 50(2): 395-426.

Salancik, Gerald R., and Jeffrey Pfeffer. 1978. A Social Information Processing Approach to Job Attitudes and Task Design. *Administrative Science Quarterly*, 23: 224-253.

Schappe, Stephen P. 1998. The Influence of Job Satisfaction, Organizational Commitment, and Fairness Perceptions on Organizational Citizenship Behavior. *Journal of Psychology: Interdisciplinary and Applied*, 132(3): 277-290.

Schein, Edgar H. 1992. *Organizational Culture and Leadership*. San Francisco: Jossey-Bass.

Schneider, Benjamin. 1987. The People Make the Place. *Personnel Psychology*, 40(3): 437-453.

Seider, Scott C., Samantha A. Rabinowicz, and Susan C. Gillmor. 2011. The Impact of Philosophy and Theology Service-Learning Experiences upon the Public Service Motivation of Participating College Students. *Journal of Higher Education*, 82(5): 597-627.

Scott, Patrick G., and Sanjay K. Pandey. 2005. Red Tape and Public Service Motivation. *Review of Public Personnel Administration*, 25: 155-180.

Shore, Lynn M., and Sandy J. Wayne. 1993. Commitment and Employee Behavior: Comparison of affective commitment and continuance commitment with perceived organizational support. *Journal of Applied Psychology*, 78(5): 774-780.

Smith, C. Ann, Dennis W. Organ, and Janet P. Near. 1983. Organizational Citizenship Behavior: Its Nature and Antecedents.

Journal of Applied Psychology, 68: 653-663.

Somers, Mark, and Dee Birnbaum. 2000. Exploring the relationship between commitment profiles and work attitudes, employee withdrawal, and job performance. *Public Personnel Management*, 29(3): 353-365.

Spector, Paul E. 1992. *Summated Rating Scales Construction: An Introduction*. Newbury Park: CA: Sage.

Spector, Paul E. 1997. *Job Satisfaction*. Thousand Oaks: Sage.

Staw, Barry M., Nancy E. Bell, and John A. Clausen. 1986. The Dispositional Approach To Job Attitudes: A Lifetime Longitudinal Test. *Administrative Science Quarterly*, 31(1): 56-77.

Staw, Barry M., and Jerry Ross. 1985. Stability in the Midst of Change: A dispositional approach to job attitudes. *Journal of Applied Psychology*, 70(3): 469-480.

Steen, Trui. 2008. Not a Government Monopoly: The Private, Nonprofit, and Voluntary Sectors. In James L. Perry & Annie Hondeghem eds., *Motivation in Public Management: The Call of Public Service*, 203-222. Oxford: Oxford University Press.

Steijn, Bram. 2004. Human Resource Management and Job Satisfaction in the Dutch Public Sector. *Review of Public Personnel Administration*, 24(1): 291-303.

Steijn, Bram. 2008. Person-Environment Fit and Public Service Motivation. *International Public Management Journal*, 11(1): 13-27.

Steijn, Bram, and Peter Leisink. 2006. Organizational Commitment among Dutch Public Sector Employees. *International Review of Administrative Sciences*, 72(2): 187-201.

Svara, James. 2007. *The Ethics Primer for Public Administrators in Government and Nonprofit Organizations*. Sudbury: Jones and Bartlett Publishers.

Taylor, Jeannette. 2007. The Impact of Public Service Motives on Work Outcomes: A Comparative Multi-dimensional Analysis. *Public Administration*, 85(4): 931-959.

Taylor, Jeannette. 2008. Organizational Influences, Public Service Motivation and Work Outcomes: An Australian Study. *International Public Management Journal*, 11(1): 67-88.

Taylor, Jeannette, and Jonathan H. Westover. 2011. Job Satisfaction in the Public Service: The Effects of Public Service Motivation, Workplace Attributes and Work Relations. *Public Management Review*, 13(4): 1-21.

Vandenabeele, Wouter. 2007. Toward a Theory of Public Service Motivation: An institutional approach. *Public Management Review*, 9: 545-556.

Vandenabeele, Wouter. 2008. Government Calling: Public Service Motivation as an Element in Selecting Government as an Employer of Choice. *Public Administration*, 86: 1089-1105.

Vandenabeele, Wouter. 2009. The Mediating Effect of Job Satisfaction and Organizational Commitment on Self-Reported Performance: More Robust Evidence of the PSM-Performance Relationship. *International Review of Administrative Sciences*, 75(1): 11-34.

Vandenabeele, Wouter, and Annie Hondeghem. 2005. Values and Motivation in Public Administration: Public Service Motivation in an International Comparative Perspective. Presented at the Joint EGPA-ASPA Conference: Ethics and Integrity of Governance - The first transatlantic dialogue, Leuven, Belgium, 2-5 June 2005.

Vandenabeele, Wouter, Sarah Scheepers, and Annie Hondeghem. 2006. Public Service Motivation in an International Comparative Perspective: The UK and Germany. *Public Policy and Administration*, 21(1): 13-31.

Vandenabeele, Wouter, and Steven van de Walle. 2008. International Differences in Public Service Motivation: Comparing Regions across the World. In James L. Perry and Annie Hondeghem (eds.), *Motivation in Public Management: The Call of Public Service*, 223-244. Oxford: Oxford University Press.

Vandenberg, Robert J., and Charles E. Lance. 2000. A Review and Synthesis of the Measurement Invariance Literature: Suggestions, Practices, and Recommendations for Organizational Research. *Organizational Research Methods*, 3(1): 4-70.

Venkatraman, N., and Vasudevan Ramanujam, 1987. Measurement of Business Economic Performance: An Examination of Method Convergence. *Journal of Management*, 13(1): 109-122.

Verquer, Michelle L., Terry A. Beehr, and Stephen H. Wagner. 2003. A Meta-Analysis of Relations between Person-Organization Fit and Work Attitudes. *Journal of Vocational Behavior*, 63 (3): 473-89.

Vinzant, Janet Coble. 1998. Where Values Collide: Motivation and Role Conflict in Child and Adult Protective Services. *American Review of Public Administration,* 28(4): 347-366.

Viswesvaran, Chockalingam, and Deniz S. Ones. 2000. Perspectives on models of job performance. *International Journal of Selection and Assessment*, 8(4): 216-226.

Wasti, S. Arzu. 2005. Commitment Profiles: Combinations of organizational commitment forms and job outcomes. *Journal of Vocational Behavior*, 67(2): 290-308.

Westover, Jonathan H., and Jeannette Taylor. 2010. International Differences in Job Satisfaction: The Effects of Public Service

Motivation, Rewards and Work Relations. *International Journal of Productivity and Performance Management*, 59(8): 811-28.

Wetzels, Martin, Gaby Odekerken-Schröder, and Claudia van Oppen. 2009. Using PLS Path Modeling for Assessing Hierarchical Construct Models: Guidelines and Empirical Illustration. *MIS Quarterly*, 33(1): 177-95.

Wiggins, Jerry S. 1964. Convergences among Stylistic Response Measures from Objective Personality Tests. *Educational and Psychological Measurement*, 24(3): 551-562.

Williams, Larry J., and Stella E. Anderson. 1991. Job Satisfaction and Organizational Commitment as Predictors of Organizational Citizenship and In-Role Behaviors. *Journal of Management*, 17(3): 601-617.

Williams, Steve, and Wong Tze Shiaw. 1999. Mood and Organizational Citizenship Behavior: The Effects of Positive Affect on Employee Organizational Citizenship Behavior Intentions. *Journal of Psychology: Interdisciplinary and Applied*, 133(6): 656-668.

Wise, Lois Recascino. 2000. The Public Service Culture. In Richard J. Stillman, II. ed., *Public Administration Concepts and Cases*, 7th ed., 342-353. Boston: Houghton Mifflin.

Wittmer, Dennis. 1991. Serving the People or Serving for Pay: Reward Preferences Among Government, Hybrid Sector, and Business Managers. *Public Productivity & Management Review*, 14: 369-383.

Wright, Bradley E. 2004. The Role of Work Context in Work Motivation: A Public Sector Application of Goal and Social Cognition Theories. *Journal of Public Administration Research and Theory*, 14(1): 59-78.

Wright, Bradley. E. 2007. Public Service and Motivation: Does Mission Matter? *Public Administration Review*, 67(1): 54-63.

Wright, Bradley E., and Adam M. Grant. 2009. Advancing Public Service Motivation Research: Research Designs for Key Questions about Emergence and Effects. Paper presented at the 2009 International Public Service Motivation Research Conference in Bloomington, Indiana, June 7-10, 2009.

Wright, Bradley E., and Adam M. Grant. 2010. Unanswered Questions about Public Service Motivation: Designing Research to Address Key Issues of Emergence and Effects. *Public Administration Review*, 70(5): 691-700.

Wright, Bradley E., and Soonhee Kim. 2004. Participation's Influence on Job Satisfaction: The Importance of Job Characteristics. *Review of Public Personnel Administration*, 24(1): 18-40.

Wright, Bradley E., Donald P. Moynihan, and Sanjay K. Pandey. 2011. Pulling the Levers: Transformational Leadership, Public Service Motivation, and Mission Valence. *Public Administration Review*, 72(2): 206-215.

Wright, Bradley E., and Sanjay K. Pandey. 2008. Public Service Motivation and the Assumption of Person-Organization Fit: Testing the Mediating Effect of Value Congruence. *Administration & Society*, 40(5): 502-21.

| 찾아보기 |

용 어

ㅊ

ㅌ

ㅍ

ㅎ

이 름

D~F

G~J

S~V

저자 소개

김상묵(金相默) 한양대학교 행정학과 졸업
한양대학교 대학원 행정학과 졸업
미시간주립대학교 대학원 정치학과 졸업(정치학박사)
서울과학기술대학교 행정학과 교수

아산재단 연구총서 제345집

한국인의 공공봉사동기
-세계적 보편성과 한국적 특수성- 값 14,500원

2013년 5월 20일 1판 1쇄

저 자 김 상 묵
발 행 인 임 동 규
발 행 처 **집 문 당**
주 소 110-360 서울특별시 종로구 돈화문로 82
등 록 1971. 3. 23. 제300-2012-69호
영 업 부 (02)743-3192~3 팩스(02)742-4657
전자우편 sale@jipmoon.co.kr
편 집 부 (02)743-3096~7 팩스(02)743-0227
전자우편 edit@jipmoon.co.kr
홈페이지 www.jipmoon.co.kr

ISBN 978-89-303-1600-2
978-89-303-1500-5(세트)

이 도서의 국립중앙도서관 출판시도서목록(CIP)은 e-CIP홈페이지(http://www.nl.go.kr/ecip)와 국가자료공동목록시스템(http://www.nl.go.kr/kolisnet)에서 이용하실 수 있습니다.
(CIP제어번호: CIP2013004445)

아 | 산 | 재 | 단 | 연 | 구 | 총 | 서

1 전환기의 중국경제
김윤환 외 | 단국대 경제학과

2 폴란드 경제의 변천 개혁과 그 전망
김광수 | 숭실대 경제학과

3 재소한인
이광규 외 | 서울대 인류학과

4 소련산림과 임업
홍성천 외 | 경북대 임학과

5 아세안의 정치경제
김국진 외 | 외교안보연구원

6 태국의 사회변동과 경제발전
최석만 외 | 전남대 사회학과

7 중국의 사회경제 통계분석
신한풍 외 | 고려대 통계학과

8 중국의 정치와 경제
박두복 외 | 외교안보연구원

9 동유럽의 개혁과 시장경제의 도입
허만 외 | 부산대 사범대학

10 동유럽의 개혁운동
박영신 | 연세대 사회학과

11 현대 러시아 연구
기연수 외 | 한국외대 노어과

12 전략적 선택과 기업의 국제경쟁력
이장호 | 서강대 경영대학

13 협동사회의 정착과 정부의 역할
이종범 외 | 고려대 행정학과

14 한국 제조기업 생산성의 동적 분석
노부호 외 | 중앙대 경영대학

15 분배의 정의
변형윤 외 | 서울대 경제학과

16 도덕적 행동의 강화
이훈구 외 | 연세대 심리학과

17 관료부패와 통제
김해동 외 | 서울대 행정대학원

18 한국경제의 내실 있는 성장
정창영 외 | 연세대 경제학과

19 한국국민정신운동의 역사와 발전방향
박수명 외 | 부산대 사범대학

20 한국대학생의 가치성향과 상담효과
이영희 외 | 숙명여대 교육학과

21 가출청소년과 학교관리체제
안창규 외 | 부산대 교육학과

22 동북아 정세변화와 한·일관계
한승조 외 | 고려대 정치외교학과

23 언론과 부정부패
정대철 외 | 한양대 신문방송학과

24 한국의 고등학교 교육
이원호 외 | 부산대 교육학과

25 가족과 방송
김학수 외 | 서강대 신문방송학과

26 재정개혁의 전망과 재산세제의 개편 과제
오연천 | 서울대 행정대학원

27 청소년을 위한 전자게임 프로그램의 규제 및 평가체계 개발
박혜원 외 | 울산대 가정관리학과

28 정신장애자 가족의 사회심리적 특성
이근후 외 | 이화여대 의과대학

29 가족의 관계역동성과 문제인식
이광규 외 | 서울대 인류학과

30 현대인과 한국전통음식
승정자 | 숙명여대 식품영양학과

31 기업의 초고속정보통신망활용
안중호 | 서울대 경영학과

32 지역발전을 위한 교육자치제의 개선방안
김남순 | 조선대 사범대학

33 전환기의 공무원 가치관
조경호 | 울산대 행정학과

34 지방자치와 사회복지의 과제
김영모 | 중앙대 사회복지학과

35 WTO체제하의 지방중소기업 지원정책
최명주 외 | 계명대 통상학부

36 현대한국의 시민운동
이효선 | 중앙대 사회학과

37 기업 세계화의 단계 및 정도의 측정
허영도 외 | 울산대 경영학과

38 가족복지를 위한 가족주치의 시범사업의 효과
이혜리 외 | 연세대 가정의학교실

39 한국대학생의 삶의 만족도
김재은 외 | 이화여대 교육심리학과

40 지역경제와 지역산업구조의 개편방향
정기화 외 | 전남대 경제학부

41 중국기업의 소유형태별 경영특성
노철화 외 | 부산대 무역학과

42 남북한의 인성 · 사상교육
한승조 외 | 고려대 정치외교학과

43 연계적 뇌기능 조언을 위한 의료용 멀티미디어 시스템의 설계
유선국 | 연세대 의용공학교실

44 다민족국가의 민족문제와 한인사회
최협 외 | 전남대 인류학과

45 저소득층지역 청소년 여가문화와 소집단 활성화
박문수 외 | 서강대 사회학과

46 삶의 질의 국제비교와 지역간 비교분석
이재기 외 | 울산대 경제학과

47 21세기 지역주민의 삶의 질
양종회 외 | 성균관대 사회학과

48 삶의 질에 대한 국가간 비교
조명한 외 | 서울대 심리학과

49 외국인 노동자의 노사관계와 사회적 적응
석현호 외 | 성균관대 사회학과

50 한국의 사법제도와 발전 모델
정종섭 | 건국대 법학과

51 고령화사회와 중상층 노인의 사회활동
조성남 외 | 이화여대 사회학과

52 한국의 서비스 시장 개방정책
한홍렬 | 한양대 경제학부

53 한국과 AFTA간의 교역증진 및 경제 협력방안
손일태 외 | 경희대 경제통상학부

54 물류비 절감을 위한 무역업체의 정보화전략
이영수 외 | 경북대 경제통상학부

55 사회주의 체제전환과 사회정책
오정수 외 | 충남대 사회복지학과

56 남북통일 이후 농업생산체계 개편
홍성규 외 | 건국대 농업경제학과

57 국제화와 세계화
하영선 외 | 서울대 외교학과

58 IMF 개혁정책의 평가와 한국경제의 신(新) 패러다임
조동근 | 명지대 경제학과

59 구조개혁과 실업대책
박동운 | 단국대 경제무역학부

60 21세기 신노사관계
심윤종 외 | 성균관대 사회학과

61 학교에서의 집단 따돌림
이춘재 외 | 가톨릭대 심리학과

62 한국노인의 정신건강실태와 건강증진
조맹제 외 | 서울대 의과대학

63 혁명과 개혁 속의 중국 농민
김광억 | 서울대 인류학과

64 중국의 경제환경과 한국기업의 진출 전략
지용희 외 | 서강대 경영학과

65 김대중 대통령의 시스템 사고
김동환 | 중앙대 공공정책학부

66 실업과 가족해체
최일섭 외 | 서울대 사회복지학과

67 합리적 부채비율 조정방안
오상근 | 동아대 경제학과

68 한국 중산층의 생활문화
문숙재 외 | 이화여대 소비자 · 인간발달학과

69 계층간 갈등상태에서 최적소득세
김진욱 | 건국대 경상학부

70 글로벌 경쟁력 제고를 위한 기업전략과 조직구축
이만우 외 | 고려대 경영학과

71 의료보험과 국민연금의 관리효율화를 위한 통합방안
사공진 외 | 한양대 경제학부

72 정부개혁의 과제와 전략
박우서 외 | 연세대 행정학과

73 책임운영기관 제도에 관한 비교분석
김근세 | 가톨릭대 행정학과

74 새로운 패러다임하에서의 한국기업의 바람직한 지배구조
최운열 외 | 서강대 경영학과

75 현대 한국사회의 계층구조
양춘 외 | 고려대 사회학과

76 한국의 산업정책과 산업구조조정
강인수 | 숙명여대 경제학부

77 기업구조조정
김석진 | 경북대 경영학부

78 지식경영을 위한 인적자원 개발 및 관리체계
장영철 | 경희대 경영학부

79 뉴 비즈니스 모델
전성현 | 국민대 정보관리학부

80 중산층의 정체성과 소비문화
함인희 외 | 이화여대 사회학과

81 외국관광객 유치를 위한 마케팅 전략
박상규 | 강원대 경영학과

82 한국인의 세대별 문학의식
이동순 | 영남대 국문과

83 공공부문의 효율성 평가와 측정
김재홍 외 | 울산대 사회과학부

84 한국 청소년의 정치의식과 형성요인
김광웅 외 | 숙명여대 아동복지학과

85 한국 대학생의 정치의식
배한동 | 경북대 윤리교육과

86 산업의 정보화와 산업발전
이기동 | 계명대 통상학부

87 한국 제조업의 고용조정 분석
이종원 외 | 성균관대 경제학부

88 지식자산에 대한 경영전략적 평가모형 개발
배재학 외 | 울산대 컴퓨터·정보통신공학부

89 관광사업을 위한 한국적 이미지의 휴식복 개발
채금석 | 숙명여대 의류학과

90 한국 정치제도의 개혁
신정현 | 경희대 사회과학부

91 e비즈니스와 아웃소싱 전략
정승화 외 | 연세대 경영학과

92 집단 따돌림의 진단 및 치료방안
홍준표 | 중앙대 인간생활환경학과

93 16대 총선과 낙선운동
조기숙 | 이화여대 국제대학원

94 부동층 유권자 행태 분석
진영재 | 연세대 정치외교학과

95 사이버 공동체의 성공요인
이재관 | 숭실대 경영학부

96 온라인 소비자 행동의 이론과 실증
윤성준 | 경기대 경영학부

97 글로벌 시대 정약용 세계관의 가능성과 한계
차성환 | 한일장신대 역사사회학과

98 러시아의 체제전환 과정에서 나타난 국가의 역할과 그 전망
이상민 외 | 부산대 정치외교학과

99 남북한의 경제발전 수준과 산업구조 비교, 그리고 경제교류 협력방향
주성환 | 건국대 경제학과

100 집단따돌림과 교육해체
한준상 | 연세대 교육학과

101 공적연금제도의 효율성과 개선방안
유금록 | 군산대 행정복지학부

102 벤처기업-대기업의 성공적인 협력 모델
나중덕 | 경산대 경영학과

103 북한의 재외동포정책
조정남 외 | 고려대 정치외교학과

104 사이버 공동체 형성의 역동적 모형
장용호 | 서강대 신문방송학과

105 기업이론과 기업의 소유지배구조
김일태 외 | 전남대 경제학부

106 가축분뇨 자원화를 위한 공동이용조직에 대한 농가선호도 분석
유덕기 | 동국대 생명자원경제학과

107 개혁정책과 전문가 집단
이경원 외 | 제주대 행정학과

108 현대 한국사회의 이중가치체계
신수진 외 | 이화여대 가정관리학과

109 한국의 산업구조 변화와 기업집단 다각화 전략
김용학 외 | 연세대 사회학과

110 지식정보사회의 경제적 모형 설정 및 사례 연구
김범환 | 배제대 경영정보학부

111 변호사징계제도
오종근 | 한림대 법학부

112 인터넷 특허법
김순석 | 광주대 법학과

113 e-비즈니스 시대의 금융 및 재정정책의 새로운 패러다임
이종욱 | 서울여대 경제학과

114 청소년의 하위문화와 정체성
조성남 | 이화여대 사회학과

115 디지털금융시대의 금융구조변화와 정부규제 및 정책
이충열 | 고려대 경제학부

116 지식경영을 위한 기업의 조직설계방안
김경수 외 | 전남대 경영학과

117 전자금융의 발달과 경제정책의 새로운 패러다임
이명훈 | 명지대 경제학과

118 동아시아의 안보와 유엔체제
강성학 편저 | 고려대 정치외교학과

119 유료 치매노인 그룹홈의 개발과 관련 정책
최정신 외 | 가톨릭대 소비자 · 주거학과

120 소비자 지향적 문화산업 정책
홍영준 | 호남대 광고홍보학과

121 국제 · 국가 · 지방 환경규제의 연계
정준금 외 | 울산대 행정학과

122 현행 회사 합병 · 분할제도의 평가와 개선방안
옥무석 외 | 이화여대 법학과

123 배려지향적 도덕성과 정의지향적 도덕성
정옥분 외 | 고려대 사범대학

124 기업구조조정에 대한 채권금융기관 및 금융감독기관의 역할과 책임
이중기 | 한림대 법학과

125 실업대책으로서 한국의 법정기준근로 시간 단축
박영범 | 한성대 경제학과

126 프랑스어의 비분리성 소유개념 표현
노윤채 | 연세대 언어정보연구원

127 지방채의 효율적 관리방안
강태구 | 호원대 법행정학부

128 21세기 산업구조 변화와 과학기술정책
임채성 외 | 그리스도신학대 경영정보학부

129 인터넷 쇼핑몰 이용자의 불평행동
예종석 | 한양대 경영학부

130 한국기업의 성과급제도 현황, 효과 및 개선방안
김성수 | 서울대 경영학과

131 전자상거래와 소비자보호
서민교 외 | 경일대 인터넷국제통상학과

132 평생학습 사회에서의 인적자원개발을 위한 사회적 파트너십 구축
김영화 | 홍익대 교육학과

133 한국 공교육의 새로운 구상과 전략
권대봉 외 | 고려대 교육학과

134 한국의 정부개혁
김태룡 | 상지대 행정학과

135 지방정부 생산성 측정의 이론과 실제
이은국 외 | 연세대 행정학과

136 불가 시문학론
배규범 | 경희대 학술연구 교수

137 남북경제교류의 법적 문제
제성호 | 중앙대 법학과

138 경제위기와 청소년 발달
구인회 | 서울대 사회복지학과

139 생명과학기술의 응용과 기본권보호적 한계
정상기 외 | 한남대 법학과

140 경제발전과 정치환경의 한 · 일 비교분석
정갑영 외 | 연세대 동서문제연구원

141 한국 공교육의 진단
윤정일 외 | 서울대 교육학과

142 우리나라 지방자치 발전을 위한 자치단체장의 역할
정성호 외 | 경기대 사회과학부

143 의료보험제도의 개혁방안
권순원 | 덕성여대 경제학과

144 중등 도덕교육의 현실과 문제
손동현 외 | 성균관대 철학과

145 사이버공동체 발전론
이명식 | 상명대 경영학과

146 남북경협 확대에 대비한 북한 담보제도의 정비방안
박훤일 | 경희대 법과대학

147 한국 공무원 인사제도 개혁
김판석 | 연세대 행정학과

148 교사화법 교육
임칠성 외 | 전남대 국어교육과

149 세계화의 문화정치학
임혁백 외 | 고려대 정치외교학과

150 효과적인 e-SCM을 위한 의사결정 조정 시스템 모형
이원준 | 성균관대 경영학부

151 환경거버넌스
김종순 외 | 건국대 행정학과

152 자동차산업의 인적자원관리
이덕로 | 서원대 경영학부

153 한국과 영국 간 지식기반산업 비교
이명호 | 한국외대 경영학과

154 한국 벤처기업의 기술네트워킹 및 기술마케팅 전략
장영일 | 인제대 경영학부

155 회사변호사의 윤리
오승종 | 성균관대 법과대학

156 미디어교육론
이정춘 | 중앙대 신문방송학과

157 조선시대 서원과 양반
윤희면 | 전남대 역사교육과

158 환경문제와 철학
박찬국 | 서울대 철학과

159 노인보건복지 이론과 실제
김명 외 | 이화여대 보건교육학과

160 북한의 법체계
권재열 외 | 숭실대 법학과

161 생명공학기술의 안전성 확보에 관한 법적 고찰
이재협 | 경희대 법학부

162 청소년복지학
김성이 외 | 이화여대 사회복지학과

163 변화하는 세계, 변화하는 복지국가
조영훈 | 동의대 사회복지학과

164 의리의 윤리와 한국의 유교문화
김낙진 | 진주교대 도덕교육과

165 미국의 통상정책과 통상법
윤충원 | 전북대 무역학과

166 사회복지 프로그램 평가
김학주 | 경상대 사회복지학과

167 환경주의와 지속가능한 발전
정대연 | 제주대 사회학과

168 무역과 환경
김기흥 외 | 경기대 경제학부

169 산업계 유해폐기물의 위험과 관리
김금수 | 호서대 경상학부

170 백범 김구의 지적 계발과정 탐색
문용린 | 서울대 교육학과

171 태평양전쟁 발발 이후 일제의 인적 지배와 그리스도교계의 대응
윤선자 | 전남대 사학과

172 거버넌스 상황에서 갈등관리를 위한 대체적 분쟁해결제도
서순복 | 광주대 법정학부

173 시장경제의 유형과 민주주의
최배근 | 건국대 경상학부

174 일본고전소설 총론
김현정 | 국립한국전통문화학교

175 국어 교육을 위한 국어 문법론
이관규 | 홍익대 국어교육과

176 율곡의 군주론
전세영 | 부산교대 윤리교육과

177 동북아시아 환경협력
정서용 | 명지대 법학과

178 기후변화협약과 기후정책
신의순 외 | 연세대 경제학과

179 인터넷과 국제 학술정보 네트워크-하이퍼링크 분석
박한우 | 영남대 언론정보학과

180 국내 기업복지의 활성화 방안
최수찬 | 연세대 사회복지대학원

181 세계화와 인간안보
김우상 외 | 연세대 정치외교학과

182 세계문화유산 종묘 이야기
지두환 | 국민대 국사학과

183 한국 평생교육의 사회철학적 과제
곽삼근 | 이화여대 교육학과

184 강점모델
정순둘 | 이화여대 사회복지학과

185 글로벌시대의 계약법
박영복 | 한국외대 법과대학

186 배심제와 시민의 사법참여
안경환 | 서울대 법학과

187 동북아공동체
김재한 | 한림대 정치외교학과

188 정치 참여와 탈물질주의
김욱 | 배재대 정치외교학과

189 퍼지전문가회로망을 이용한 금융기관의 사이버 기업여신결정 지원시스템의 개발
권혁대 | 목원대 경영학과

190 환경정책과 환경법
송인성 | 전남대 지역개발학과

191 포스트모던 시대의 평생교육학
한숭희 | 서울대 교육학과

192 현대 한국인의 세대경험과 문화
박길성 외 | 고려대 사회학과

193 서구의 근로연계복지
김종일 | 건국대 사회복지학과

194 사회복지운동론
현외성 | 경남대 사회복지학과

195 외국의 역모기지 사례
유선종 | 건국대 부동산학과

196 옛이야기와 어린이문학
이지호 | 진주교대 국어교육학과

197 노인사회복지관광의 정책과제와 방안
김창수 | 경기대 관광학부

198 복지서비스의 민간위탁 시스템 분석
김순양 | 영남대 행정학부

199 새로운 빈곤층의 대두와 정부의 정책과제
김진욱 | 건국대 경제학과

200 문화행정론
김정수 | 한양대 행정학과

201 스칸디나비아 노인용 코하우징의 계획과 적용
최정신 외 | 가톨릭대 생활과학부

202 북한의 자연생태계
공우석 | 경희대 지리학과

203 통계로 이해하는 러시아
전홍찬 | 부산대 정치외교학과

204 사회복지법인의 경영과 회계
이동규 | 충남대 회계학과

205 의약분업 정책과정
차흥봉 | 한림대 사회복지학과

206 지역공동체와 평생교육
오혁진 | 동의대 평생교육학부

207 아동보호서비스의 실제
한미현 | 백석대 사회복지학부

208 그린마케팅
박재기 | 충남대 경영학부

209 아동권리와 아동복지
이혜원 | 성공회대 사회복지학과

210 국제 이주와 인도인 디아스포라
김경학 | 전남대 인류학과

211 질병과 의료의 사회학
조병희 | 서울대 보건대학원

212 북한이탈주민의 사회통합을 위한 지역복지실천의 모색
이기영 | 부산대 사회복지학과

213 치매노인케어론
조유향 | 초당대 간호학과

214 노인상담입문
서혜경 외 | 한림대 대학원 사회복지학과

215 '통일 이후 통일과정'으로서의 독일 통일영화
이준서 | 이화여대 독어독문학과

216 중국의 사회보장
오정수 | 충남대 사회복지학과

217 환경자원의 경제적 가치와 환경오염의 사회적 비용
김재홍 | 울산대 사회과학부

218 사회복지프로그램의 경제적 평가방법
박창제 외 | 상주대 사회복지학과

219 자유의지와 결정론
안건훈 | 강원대 철학과

220 심리학자들이 쓴 행복한 결혼의 심리학
채규만 외 | 성신여대 심리학과

221 현대 해석학 강의
양해림 | 충남대 철학과

222 한국인의 주거 빈곤과 공공주택
하성규 | 중앙대 도시 및 지역계획학과

223 IMF 경제위기와 한국 출산력의 변화
김두섭 | 한양대 사회학과

224 동아시아의 영토분쟁과 국제법
이석우 | 인하대 법학부

225 독일 복지국가와 사회복지서비스
정재훈 | 서울여대 사회사업학과

226 사회복지사를 위한 실용 비모수통계
엄명용 | 성균관대 사회복지학과

227 피해자학 연구
이윤호 | 동국대 경찰행정학과

228 광고언어창작론
박영준 외 | 부경대 국어국문학과

229 환경규제 패러다임의 전환
한철 | 한남대 법학과

230 고령사회의 노동환경변화와 고용시스템의 문제점 및 법적 대응
고준기 | 국립군산대 법학과

231 세계화와 소득불평등
이성균 외 | 울산대 사회과학부

232 유비쿼터스 사회의 이해
안중호 외 | 서울대 경영학과

233 국제환경책임법론
박병도 | 건국대 법학과

234 한국의 선거와 민주주의
윤종빈 | 명지대 정치외교학과

235 한국 시민운동의 구조와 동학
조대엽 외 | 고려대 사회학과

236 또래관계
송영혜 | 대구대 재활심리학과

237 해외 한국기업과 현지인 노동자
석현호 외 | 에스콰이아학술문화재단

238 독일 국가복지에서 민간복지단체의 역할과 의미
차성환 외 | 한일장신대 사회복지학부

239 청정공학
조정호 | 동양대 생명화학공학과

240 한국전통연희론
심상교 | 부산교육대 국어교육학과

241 정신장애와 가족
서미경 | 경상대 사회복지학부

242 빈곤통계의 작성과 활용
김주환 | 동국대 정보통계학과

243 인터넷과 한국정치
강원택 | 숭실대 정치외교학과

244 북한의 시장경제이행
정영화 외 | 서경대 법학과

245 시스템사고로 본 지속가능한 도시
문태훈 | 중앙대 도시및지역계획학과

246 실버산업과 유비쿼터스 컴퓨팅
고일상 | 전남대 경영학부

247 재활상담과 사례관리
나운환 | 대구대 직업재활학과

248 영유아교육기관에서의 장애 이해 교육
유수옥 | 우석대 유아특수교육과

249 장애의 사회적 의미와 사회통합
박수경 | 대진대 사회복지학과

250 경제분석의 수리적 기초
조인성 | 공주대 경제통상학부

251 비영리부문의 비교연구
김승현 | 서울산업대 행정학과

252 고등교육경제학
반상진 | 전북대 교육학과

253 과학윤리교육의 이론과 방법
조희형 | 강원대 과학교육학부

254 결혼이민자가족의 이해
김오남 | 대불대 사회복지학과

255 동아시아 국가의 공공부조
신동면 | 경희대 사회과학부

256 특수아동 진단 및 평가
이나미 | 대불대 특수교육과

257 계약형 사회복지와 권리옹호시스템
이명현 | 경북대 상주캠퍼스 사회복지학과

258 실내공기질 및 위해성 관리
양원호 | 대구가톨릭대 산업보건학과

259 충남 방언 문법
한영목 | 충남대 국어국문학과

260 교육권론
노기호 | 군산대 법학과

261 도시경관계획론
임승빈 | 서울대 조경 · 지역시스템공학부

262 교통의 새로운 패러다임
김형철 | 경원대 도시계획 · 조경학부

263 노인의 삶의 질 향상을 위한 주거환경 디자인
천진희 | 상명대 디자인대학 실내디자인전공

264 사회복지와 문화
박병현 | 부산대 사회복지학과

265 장애인복지의 이론과 실제
이선우 | 인제대 사회복지학과

266 창의성 개발을 위한 디자인교육 콘텐츠
김선영 | 인천가톨릭대 조형예술대학 환경디자인학과

267 구성주의 사회복지 실천 기술론
고미영 | 서울신학대 사회복지학과

268 장애아교육학
김기흥 | 부산교육대 유아교육과

269 지역사회복지와 자원부문
한상진 외 | 울산대 사회학과

270 환경관리회계
육근효 | 부산외국어대 회계학부

271 인권 관점에서 보는 장애인복지
유동철 | 동의대 사회복지학과

272 정신증상
송지영 | 경희대 의과대학병원 신경정신과

273 사이버공간의 사회심리학
이성식 외 | 숭실대 정보사회학과

274 노인에 대한 사회적 돌봄과 돌봄 서비스의 질 보장
최희경 | 신라대 가족노인복지학과

275 아동 심리치료의 실제
신현균 | 전남대 심리학과

276 사회복지와 위험관리
노충래 | 이화여대 사회복지전문대학원

277 국제 탄소시장의 이해
양승룡 | 고려대 식품자원경제학과

278 타자의 초상
신문수 | 서울대 영어교육과

279 한국정치와 환경정치
나정원 | 강원대 정치외교학과

280 북한이주민
윤인진 | 고려대 사회학과

281 음주의 사회경제적 비용
정우진 외 | 연세대 보건대학원

282 지방정치와 동북아 도시거버넌스
박재욱 | 신라대 행정학과

283 노숙인 복지론
남기철 | 동덕여대 사회복지학과

284 유럽통합과정과 지역협력
이규영 | 서강대 국제대학원

285 사회복지재정 연구
지은구 | 계명대 사회과학대학 사회복지학과

286 지역사회 교육개혁을 위한 시민사회 조직의 참여
김영화 | 홍익대 교육학과

287 복지사회를 대비한 국민연금의 구조개혁
박영석 외 | 서강대 경영학부

288 한미 FTA 지재권 협상에 따른 의약품 분야 사회후생 변화
오근엽 | 충남대 무역학과

289 산업입지, 환경 그리고 지역경제
이기동 외 | 계명대 국제통상학과

290 감성지능 개발을 통한 삶의 질 향상
김경수 외 | 전남대 경영학부

291 교육복지론
이용교 외 | 광주대 사회복지학부

292 인간과 행복에 대한 철학적 성찰
박찬국 | 서울대 철학과

293 유럽연합의 사회통합 사례와 교훈
이무성 | 명지대 정치외교학과

294 민영화와 사회후생
이상호 | 전남대 경제학부

295 북한의 교육학 체계 연구
최영표 외 | 동신대 교육대학원

296 한국 지속가능발전의 구조와 변동
정대연 | 제주대 사회학과

297 우리나라의 공익 연계 마케팅에 관한 연구
임승희 | 전주대 경영학부

298 시각장애인복지론
김영일 | 조선대 특수교육과

299 그린에너지와 환경촉매
정석진 | 경희대 화학공학과

300 취약학교 초등학생을 위한 온라인 보건 교육 프로그램
박경옥 | 이화여대 보건관리학과

301 신탁제도를 통한 고령자의 보호와 지원
최수정 | 서강대 법학전문대학원

302 사회적 약자계층에 대한 실태분석 및 정책방안
이은우 외 | 울산대 경제학과

303 한류 문화와 동북아 공동체
최혜실 | 경희대 국어국문학과

304 노동유연화와 해고보호법
권혁 | 부산대 법학전문대학원

305 사회복지 위험관리의 이해
박미은 | 한남대 사회복지학과

306 의료기관의 회계와 세무
노준화 | 충남대 경영학부

307 여성인적자원의 전문성 확보를 위한 경력개발
백지연 | 이화여대 국제사무학과

308 정신병리
강선경 | 서강대 신학대학원

309 바다의 반란 적조
윤양호 | 전남대 해양기술학부

310 한국 장애인 복지 발달사
이성규 | 서울시립대 사회복지학과

311 서양예술 속의 동양 탐색
진상범 | 전북대 독어독문학과

312 한국인의 도덕성 발달 진단
문용린 | 서울대 교육학과

313 영국정치와 국가복지
고세훈 | 고려대 공공행정학부

314 인간학적 사유를 여는 중도 · 중복장애 교육학
이숙정 | 단국대 특수교육과

315 개별화 교육과정
이소현 | 이화여대 특수교육과

316 인간의 긍정적 성품
권석만 | 서울대 심리학과

317 지방자치와 지역여성의 전망
이혜숙 | 경상대 사회학과

318 한국 현대 노년소설 연구
전흥남 | 한려대 교양학부

319 정보격차 해소를 위한 창의적 정보교육 프로그램
이영준 외 | 한국교원대 컴퓨터교육과

320 한국 가족과 젠더
손승영 | 동덕여대 교양학부

321 한국의 복지혼합
김진욱 | 서강대 신학대학원

322 사회자본과 자원봉사
김태룡 외 | 상지대 행정학과

323 농촌교육복지연구
박삼철 | 단국대 교양학부

324 사회정체성 평가 차원에 대한 국제 비교조사
이명진 | 고려대 사회학과

325 캐나다 복지국가 연구
조영훈 | 동의대 사회복지학과

326 한국의 소수자운동과 인권정책
전영평 외 | 서울대 행정대학원

327 한국과 미국의 보육서비스 전달체계와 품질 비교분석
김근세 외 | 성균관대 국정관리대학원

328 한국사회의 소득불평등과 국민 의료이용
이용재 | 호서대 사회복지학과

329 정보시대의 인간안보
조화순 | 연세대 정치외교학과

330 가족의 사회경제적 특성과 아동발달
김광혁 | 전주대 사회복지학과

331 초 · 중 · 고등학생의 학업소진 진행과정 및 경로분석
이상민 | 고려대 교육학과

332 다문화사회의 사법통역
이지은 | 이화여대 통역번역대학원

333 동아시아 지역주의
유현석 | 경희대 정치외교학과

334 환경친화적 공공시설관리와 지역공동체의 삶의 질
이소영 | 중앙대 실내디자인 · 주거환경학과

335 의료보험의 법정책
김나경 | 성신여대 법과대학

336 양극화 시대 가족해체와 청소년의 적응에 관한 한국과 미국의 비교 연구
오승환 외 | 울산대 사회복지학과

337 기업의 사회적 책임과 지역경제사회발전 연구
허영도 외 | 울산대 경영학부

338 노인의 삶의 질 향상을 위한 온라인 소셜 네트워크 구축 방안
김진우 | 연세대 경영학과

339 청소년 생활역량
윤명희 외 | 동의대 평생교육학과

340 외국인 배우자의 다양성과 국제결혼의 안정성
김두섭 | 한양대 사회학과

341 정보인권의 규범구체화
이민영 | 가톨릭대 법학과

342 한국 사회복지실천의 고유성
최성재 외 | 서울대 사회복지학과

343 스웨덴의 환경책임 실천모형
최희경 | 경북대 행정학부

344 자율운동과 주거공동체
윤수종 | 전남대 사회학과

345 한국인의 공공봉사동기
김상묵 | 서울과학기술대 행정학과

아 | 산 | 재 | 단 | 연 | 구 | 보 | 고 | 서

37 유기질폐기물을 이용한 고단백사료원인 조류의 생산공정
최정우 외 | 서강대 화학공학과

38 초고속정보통신망의 수용성과 정책방향
박영상 외 | 한양대 신문방송학과

39 중국의 강남사회와 한중교섭
조영록 외 | 동국대 사학과

40 세계화시대의 사회·문화의식
신행철 외 | 제주대 사회학과

41 국내 외국인 노동자의 문제와 대책
성규탁 외 | 연세대 사회복지학과

42 노인인력 활용정책과 프로그램
김정후 외 | 강원대 법과대학

43 한일간 학술교류 현황과 활성화방안
정홍익 외 | 서울대 행정대학원

44 계량모형에 의한 한일 경제관계의 이해
김명직 외 | 한양대 경제학부

45 직장인의 음주행태와 삶의 질
진기남 외 | 연세대 보건행정학과

46 유통정보 시스템의 구조와 설계
정용길 | 충남대 경영학과

47 남북통일 이후 사회통합을 위한 교육의 역할
안기성 외 | 고려대 교육학과

48 대중음악에 심취한 청소년들의 심리적 특성
김인경 외 | 연세대 인간행동연구소

49 멀티미디어 시스템을 활용한 교육환경의 개선방안
김한일 | 제주대 컴퓨터교육학과

50 탈냉전기 한일관계의 쟁점
최상룡 | 고려대 정치외교학과

51 자치시대 새로운 '삶의 질' 지표의 모색
김형기 외 | 경북대 경제통상학부

52 유럽통합의 역내외 협력과 갈등
이호재 외 | 고려대 정치외교학과

53 21세기를 대비한 신노사관계
김재원 | 한양대 경제학부

54 대학의 시간제학생 등록제
안규철 외 | 전남대 교육학과

55 21세기에 대비한 방송통신정책
한진만 외 | 강원대 신문방송학과

56 주민참여를 통한 혐오시설 관리운영방안
박균성 외 | 경희대 법학부

57 여성의 정치적 권리인식과 정치참여
전경옥 외 | 숙명여대 정치외교학과

58 한국인 위장질환과 식생활·환경요인 및 *H. pylori* 감염과의 관계
이양자 외 | 연세대 식품영양학과

59 학생과 시민의 자원봉사활동
윤정일 외 | 서울대 교육학과

60 동북아 환경문제와 지역환경협력의 모색
신연재 외 | 울산대 정치외교학과

61 노인 자원봉사활동을 통한 사회통합 프로그램 개발
김동배 | 연세대 사회복지학과

62 물류정보 시스템
김태현 | 연세대 경영학과

63 전자식 문서교환을 이용한 항공화물 운송체계
민재형 | 서강대 경영학과

64 청소년과 성
이근후 | 이화여대 의과대학

65 민족통합과 무궁화호 위성의 남북한 공동활용방안
방정배 | 성균관대 신문방송학과

66 채식주의가 20대 여성의 영양상태와 에스트로겐 대사에 미치는 영향
성미경 | 숙명여대 식품영양학과

67 가상정보공간을 통한 지역개발 활성화 전략
유재천 외 | 한림대 언론정보학부

68 조산아 관리현황 및 정책수립 방안
박상기 외 | 조선대 의과대학

69 남북한관의 의식조사와 통일교육 개선 방안
김동규 외 | 고려대 북한학과

70 동양 전통 자연사상 탐구
장동순 | 충남대 환경공학과

71 초고속정보망의 시뮬레이터 구현
한기준 | 경북대 컴퓨터공학과

72 유통원가 시스템의 유효성
정다미 | 명지대 경영학과

73 국악과 문화관광의 만남
정익준 외 | 동아대 국제관광통상학부

74 기업의 지식경영 활용사례
김창은 | 명지대 산업공학과

75 선진국과 한국의 직업교육·훈련제도의 특성과 한계
정주연 | 고려대 경제학과

76 제주지역 성인 여성의 자원봉사활동
이상철 외 | 제주대 사회학과

77 M&A와 문화충돌 관리
박원우 | 서울대 경영학과

78 폐금속광산 인근 주민들의 중금속 오염실태
정종학 외 | 영남대 의학과

79 북한 농촌·농업실태와 인력자원개발 시스템을 통한 북한 농민의 구호방안
박성열 | 건국대 교육공학과

80 중소 소매점의 경쟁력과 소매성과
채명수 외 | 한국외대 무역학과

81 고령자를 위한 쾌적한 실내온도와 착의량의 설정
정운선 | 안동대 의류학과

82 지역문화 이벤트 PR
박종민 | 경희대 언론정보학부

83 인터넷 지역정보화의 실태와 전략
유평준 외 | 연세대 행정학과

84 여성 삶의 질 향상을 위한 사회교육 활성화 방안
김양희 | 중앙대 가족복지학과

85 벤처기업과 벤처금융
강대석 외 | 충남대 무역학과

86 구조조정기에 있어서 실업대책과 사회안전망 구축
박천익 | 대구대 경제학과

87 한국 유아의 조기교육
이명조 외 | 한국외대 교육대학원

88 남북한 경제공동체 형성전략
이상만 | 중앙대 경제학과

89 지방자치회계의 투명성과 주민의 알 권리
권찬태 외 | 경북대 경영학부

90 정치지도자의 정책리더십
이해영 | 경일대 행정학과

91 경제위기와 한국인의 복지의식
신광영 외 | 중앙대 사회학과

92 북한의 노동
김강식 | 한국항공대 경영학과

93 우리나라 중소기업의 정보기술 활용 현황과 경쟁력 강화를 위한 제안
정승호 | 부산외대 정보시스템학과

94 인간배아복제의 법적 · 윤리적 문제점과 그 해결방안
최병규 | 한경대 법학부

95 가치변화에 따른 투표행태
조찬래 외 | 충남대 정치외교학과

96 인터넷 경매에서의 계약체결과 소비자 보호
이기수 외 | 고려대 법과대학

97 세계화시대 남북한 통합의 방향과 과제
윤민재 | 서울대 사회발전연구소

98 글로벌 시대 지방정부의 문화마케팅 전략
박흥식 | 중앙대 행정학과

99 대졸여성실업의 실태분석 및 대학-노동 시장 간 효율적 연계방안
이은우 외 | 울산대 사회과학부

100 그린 투어리즘의 분석
이응진 | 대구대 관광학부

101 지방자치단체장의 부정부패
오일환 | 한양대 아태지역연구센터

102 산업화가 유교체제하 중국여성의 지위에 미친 영향
천성림 | 배재대 사회과학연구소

103 움직이는 말하기
유혜숙 외 | 나사렛대 교양학부

104 장애학생을 위한 특수교육공학의 활용
김용욱 | 대구대 중등특수교육과

105 지식기반사회의 평생교육 이해와 평생교육 프로그램 개발
박성열 | 건국대 교육공학과

106 N세대의 미술교육
김동철 | 대구교육대 미술교육학과

107 노후계획과 투자
권택호 | 여수대 국제통상학과

108 영화산업
양영철 | 경성대 연극영화학부

109 동유럽의 변혁과 언론의 역할
정대수 | 경남대 정치언론학부

110 환율, 임금, 물가가 국제경쟁력 및 수출입산업에 미치는 영향
하인봉 | 경북대 경제통상학부

111 일본기업의 기술혁신 전략
위정현 | 중앙대 상경학부

112 노후보장정책과 역저당연금제도
조덕호 외 | 대구대 행정학과

113 유비쿼터스 라이프와 미래 사회
김석수 | 한남대 멀티미디어공학과

114 죽음과 관련된 생명윤리적 문제들
구인회 | 가톨릭의과대 인문사회과학교실

115 경제적 세계화와 빈곤문제, 그리고 국가
김준현 | 한일장신대 인문사회과학부

116 한국의 세계불교유산
김종명 | 한국학중앙연구원 한국학대학원

117 복지레저서비스론
고태규 | 한림대 국제학부

118 자생적 철학체계로서 인간중심철학
선우현 | 청주교대 윤리교육과

119 전략적 통합과 한반도 평화체제
김승채 | 고려대 정책대학원

120 환경사법론
전경운 | 경희대 법학부

121 인터넷 자료를 통해 본 한국의 이혼 문화와 사회복지
성정현 외 | 협성대 사회복지학과

122 유럽연합의 사회정책에 관한 연구
문진영 | 서강대 신학대학원 사회복지학과

123 여성건강의 통합적 관점
김혜원 | 관동대 간호학과

124 복잡계 네트워크 과학
강병남 | 서울대 물리천문학부

125 경제적인 3세대 전원주택 개발
박근준 | 호서대 건축공학과

126 사회복지와 인적자원개발
이상일 | 인제대 국제경상학부